贰阅 ERYUE | 阅爱·阅美好

让阅读走心
让阅历丰盛

经验式治疗

心理治疗艺术之

［美］杰弗瑞·萨德◎著
洪伟凯◎译

THE ANATOMY OF EXPERIENTIAL IMPACT

北京日報出版社

图书在版编目（CIP）数据

心理治疗艺术之经验式治疗 /（美）杰弗瑞·萨德著；洪伟凯译. -- 北京：北京日报出版社，2019.1

ISBN 978-7-5477-3186-4

Ⅰ. ①心… Ⅱ. ①杰… ②洪… Ⅲ. ①精神疗法 Ⅳ. ① R493

中国版本图书馆 CIP 数据核字（2018）第 213748 号

北京市版权局著作权合同登记图字：01-2018-7313

Copyright 2014 © Jeffrey K. Zeig

All right reserved under International and Pan-Amercian Copyright Conventions. No part of this book may be reproduced, stored in a retrieval system or transmitted in any form by an electronic, mechanical, photocopying, recording means or otherwise, without prior written permission of the author.

心理治疗艺术之经验式治疗

出版发行：北京日报出版社
地　　址：北京市东城区东单三条 8-16 号东方广场东配楼四层
邮　　编：100005
电　　话：发行部：（010）65255876
　　　　　总编室：（010）65252135
印　　刷：北京旭丰源印刷技术有限公司
经　　销：各地新华书店
版　　次：2019 年 1 月第 1 版
　　　　　2019 年 1 月第 1 次印刷
开　　本：787 × 1092　1/16
印　　张：20.25
字　　数：259 千字
定　　价：88.00 元

版权所有，侵权必究，未经许可，不得转载

写在前头｜给我生命中亲爱的人

艾瑞克森医师传授我很多智慧和经验，我跟他的许多学生一样，一辈子都无法回报艾瑞克森医师所给我的帮助。同时，我有幸从艾瑞克森学派许多同侪当中学习到许多，照姓氏字母顺序排列包括了：莉莉安・博格（Lilian Borges），布兰特・基尔（Brent Geary），斯蒂芬・吉利根（Stephen Gilligan），比尔・欧汉龙（Bill O’Hanlon），杰・海利（Jay Haley），斯蒂芬・兰克顿（Stephen Lankton），卡米洛・洛列多（Camillo Loriedo），克罗伊・玛丹（Cloe’Madanes），欧内斯特・罗西（Ernest Rossi），伯尔尼哈德・特伦克勒（Bernhard Trenkle），保罗・瓦兹拉威克（Paul Watzlawick），以及麦可・雅普克（Michael Yapko）。在这本书中，我写了许多从艾瑞克森医师及这些同侪中得来的智慧。

我要深深地感谢我的编辑，马妮・麦甘（Marnie McGann）和苏西・塔克（Suzi Tucker）。给马妮：你细心又灵敏的笔触帮助我在呈现这本书及其他书的概念时能够更加流畅，更加简单易懂。给苏西：你是我遇见的最厉害的演化式编辑。很感激我的生命里有你们。

我也要感谢我在艾瑞克森基金会的同事们，你们的存在让我的专业工作变得可能。感谢所有基金会员工：瑞秋・卡拉汉（Rachel Callahan），恰克・莱金（Chuck Lakin），史黛西・摩尔（Stacey Moore），莉・麦考密克（Leigh McCormick），马妮・麦甘（Marnie McGann），乔舒亚・麦可劳夫林（Joshua McLaughlin），杰丝・瑞本歇克（Jess Repanshek），内特・索伦森（Nate Sorensen），以及凯莉瓦・卡罗（Kayleigh Vaccaro）。

给乔舒亚：感谢你帮我汇整参考文献。给恰克：你高超的市场经营策略和书籍出版知识总是令我赞叹不已。

同时也感谢乔西（Josh）整理目录和参考文献。

感谢洪伟凯的翻译，使这本书的中文版出版发行美梦成真。

推荐序 1

一个人如何教授别人经验式治疗？我们可以想象它的所有优点，或是描述大师们是如何做治疗的，或是回溯历史，但是到底如何教导？

杰弗瑞·萨德博士与“现代催眠之父”艾瑞克森的个人及专业关系始于 1973 年，这造就了他后来数十年潜心研究艾瑞克森的治疗工作，并发展出经验式治疗的教学方法。同时，他也致力于，甚至是执着于找到新的方法将现象学解释为一个清晰易懂的系统，创造出快速、有效、深入的心理治疗。

尽管萨德博士已经是大师，但他依然保持着作为学生的学习心态，持续从大量的智慧经验里发现新知识——包括心理学、哲学、文学、艺术、医学、头脑科学、喜剧，以及更多方面。我非常感激萨德博士可以暂时停下，创造出这本书《心理治疗艺术之经验式治疗》(*The Anatomy of Experiential Impact*)。这是心理学历史上的重要时刻。

从他的文字里，一个丰富、实用且深刻的炼金术浮现了，一个精准且运用广泛的过程展现出来了。萨德博士的深厚学术基础，以及让人愉悦的即兴发挥，给这些练习提供了很棒的生命力。不论你是一个刚出道的年轻治疗师，还是一辈子持续学习成长的资深治疗师，这本书都将给你提供完整的结构，给你启发意义。

萨德博士曾说，**“心理治疗里的改变最好是通过个人生活经验诱发，而不是通过知识理解”**，因此他在这本书里鼓励治疗师发展个人风格，全方位地参与治疗。他的艾瑞克森治疗风格及萨德派衍生治疗模式，可以与其他治疗学派合并运用。因此，治疗师不需要成为“艾瑞克森学派”，也一样可以获得这本书的最大收益。事实上，书中讨论的步骤和方法可以帮助任何治疗学派达到精益求精的境界。

这本书的架构是清楚易懂的。第一章提到了治疗方法的宏观模式，为后续的讨论提供了一个完整框架：解构状态，分辨不同的状态；在个案所处世界里获取流动的感受；设定目标，量身定制方法，以及治疗师的个人发展。用精彩绝伦的案例清楚印证了他的概念和理论。这些治疗方法是从催眠里面衍生出来的，不受限于传统催眠的框架。这本经典心理学巨作的读者会获得一次清晰的教育，我相信你会对其中许多方法概念一再研读，反复思考印证。

萨德博士是举世闻名的经验学派大师。最令人惊艳的部分是在这本书的字句里，他的教导活灵活现，就好像他现在站在我们眼前教课一样。这本书有着前瞻的细腻设计，读者可以全然沉浸其中，通过好奇心和创造力摘取甜美果实。如果你是治疗师，可以锻炼自己尽情运用多样治疗方法，就像这本书建议的：看见个案、做治疗、达成疗愈。

尼可拉斯 · 康宁斯

(Nicolas A. Cummings)

美国心理学学会前主席

(Former president of American Psychological Association)

推荐序 2 |“解剖”艾瑞克森

“解剖”艾瑞克森？

多么疯狂的想法。

而世上唯一能够“解剖”艾瑞克森的人就是杰弗瑞·萨德。

2002 年秋天，我来到凤凰城参加艾瑞克森基金会举办的密集训练，认识了艾瑞克森医师这位旷世奇才，从传统催眠的困惑回到医学与心理治理的家，也进入了学习艾瑞克森的另一个困惑。

参加课程的同学来自世界不同的国家，同学们的自我介绍总会提到萨德博士，每个人总因为有某种机缘，受萨德博士的启发而来到凤凰城，学习艾瑞克森催眠。在我出发之前，我的老师周立修医师就跟我提到，1996 年他在美国进修时上过萨德博士的课，印象深刻，常常思考如何邀请他来台湾。于是我带了一个任务来到凤凰城：邀请萨德博士来台湾教学。很可惜，萨德博士只为我们上了一天的课程，没有机会更深入地认识他。

然而当天的课程，萨德博士为我带来了最大的冲击。他提到了“成为治疗师（Being a Therapist）”的概念，而非只是“做催眠（Doing Hypnosis）”。这给我开启了一个新的视野：聚焦在“成为人”的自我成长旅程，而非催眠技巧的钻研。

萨德博士 2004 年第一次到台湾开办工作坊，我有机会重新复习了在凤凰城学到的基础课程。萨德博士平实无华的教学，将艾瑞克森间接催眠拆解成简单易学的语法，对我而言又是另一个惊喜。萨德博士 2005 年第二次来台湾，我邀请他到高雄为我督导两个个案，再到台北举办了三天工作坊，接着是四天的大师督导班。在他离开台湾的前一天，上课时他问我：“你可以考虑用我的名字作为你的英文名字。”所以当下我有了英文名字——杰弗瑞·蔡。当天晚餐时，他对我说：“在美国，如果两个人连续朝夕相处了九天，就应该要结婚了。”当时的我只把他的话当成我不是很懂的美国式幽默，但我知道他把我当成家人。直到多年后，我才真正体会到杰夫用他惯用的艾瑞克森风格，为我们的关系做了注解。

在这本书的前言《艾瑞克森与他的治疗方法》中，萨德博士提到他第一次造访艾瑞克森，艾瑞克森向他说了一个“六十个生蚝”的故事，我忍不住热泪盈眶，艾瑞克森医师如此用心地对待一个初次见面的学生，让我很感动。萨德博士说起他与艾瑞克森相处的过程，艾瑞克森不断地示范如何持续学习，一直进步，成为最好的“艾瑞克森”，这激励了萨德博士致力于成为最好的“杰弗瑞·萨德”。即便艾瑞克森过世将近四十年，萨德博士依然持续不断进步着，借此传承艾瑞克森的爱，而我深深感受到了。

学习艾瑞克森催眠最痛苦的是，艾瑞克森太复杂、太难理解了。不论通过书本，还是录音、录影，我们都只能赞叹艾瑞克森能够达到的神奇疗效，但无法理解个中奥秘。很幸运地，经由萨德博士的解说演绎，艾瑞克森多层次沟通与意图被一一拆解，成为我们能够了解的小单元，萨德博士又教导我们如何依据临场需要，组装成量身定制的治疗计划，艾瑞克森催眠变得如此亲近。

很高兴，萨德的心理治疗艺术三部曲中文版能够顺利出版发行。当中最大功臣非伟凯莫属，不仅找到了很棒的出版社，更重要的是将杰夫的书翻译得这么贴近原文，让我们毫无障碍地学习萨德博士最精华的思想。

蔡东杰
华人艾瑞克森催眠治疗学会理事长

推荐序3｜献给非凡的治疗

本人初识萨德博士是在1995年夏天。他第一次到中国来进行短暂的访问，是经由德国同仁介绍而见面的，现在想起来还历历在目。他由香港的徐牧师陪同从香港飞来，我在昆明安排了一天的工作坊，请他在昆明医学院附一院新建成的心理治疗研究中心做了精彩的讲座和临床示教。课后，我陪他们俩去了著名风景区石林，登上了险峻的莲花峰，还正巧赶上了彝族火把节，在山坡草地上半躺着看了中式斗牛。最后一天，他送了两样珍贵的礼物——印第安人手工制作的“抓梦袋”（dreamcatcher）和一块用金属框镶着宝石的项坠。

在此前的几年里，我在德国读博士期间学了一点艾瑞克森的催眠治疗理论和技术，被这个神奇的方法深深地吸引住了，以至在1993年年底回国时，带了整整一箱子这方面的书回来。当时我有个愿望，想翻译这些书，在中国传播艾瑞克森催眠！所以，我对接待这位得了艾瑞克森真传的弟子十分上心，后来频频联系，也获得他邮寄来的多本大作，如饥似渴读了大部分，而且把一些内容翻译、转换成为中文文献，广为传播。1996年，我欲前往“圣地”凤凰城亲自感受艾瑞克森遗风的吹拂。可是不知何故，在成都等候一周却没有获得赴美签证，像是被泼了一头凉水。再后来，由于负责筹办1997年开始的“中德班”，主要精力花在了传播家庭治疗上，对亲自推广催眠的兴趣就被压抑下来了。

不过，艾瑞克森催眠对我的影响从未中断，模仿艾瑞克森风格一直是我临床实践中有意无意的行为倾向。尽管受到生物医学的深度熏陶，我对于临床工作中的艺术却是一往情深。自己学习和运用最多的是以家庭为对象的心理治疗，其中就有很多理念、技术是来自艾瑞克森催眠。在认识萨德前后，我从书本里，以及从萨德的德国老友，主要是根达·舒密特（Gunther Schmidt）、德特·瑞文史多夫（Dirk Revenstorf）、博得·川恩寇（Bernd Trenkle），以及从不说自己做催眠的弗莱兹·赛门（Fritz B. Simon）那里，了解到艾瑞克森的杰出能力，他能够顺乎自然，迅速、直觉地把握咨客的特殊性，在不同意识层面上同时运用令人信服的交流方法，以及擅长运用“矛盾指令”（或悖论指令）。在他身上，人们可以看到一个最佳的榜样——如何处理个体与群体间的联系，如何处理意识与无意识的微妙联系。本人现在临床上践行的“系统式心身医学服务”其实就是“家庭治疗 + 艾瑞克森催眠 + 心身医学 + 中国智慧”的整合模式。

作为一个医生，我是一个不容易崇拜别人的人，对使用“神医、大师”之类的词汇慎之又慎。但对艾瑞克森是个例外，我对他钦佩至极，不吝称他为神医。他离世已很久，只是在录像里看到他的神采。但万幸的是，他的事业有了很好的传承。萨德就是他精神遗产的最重要守护者和发扬光大者之一，可以称其为大师级的心理治疗师。当年在直接领教萨德富于人情味、注重个人体验（本书译为经验）的积极而温暖的风格以后，我曾经受到鼓舞，觉得自己还是具有一些比较天然的从事助人行业的特质的，这些东西可能是学也学不来的；同时，我也庆幸有机会可以从他的言传身教及写在书本里的知识里，继续学习那些可以学以致用、学以长进的东西。

眼下这本书，集中体现了萨德在长期教学培训、临床治疗中积累和升华出来的精彩经验。既有他独有的、别人学不了的天分，也有可以共享和借鉴的宝藏。就像他当年送给我的印第安人的抓梦袋，也许可以帮助我们留住创意、梦想和憧憬，并保护大家免受噩梦侵扰；也像那块金黄色夹杂暗红的宝石，一块“他山之石”，棱角分明中透着温润，像是在点拨闪闪的灵光。

赵旭东

同济大学医学院教授、博士生导师

世界心理治疗学会副主席

中国心理卫生协会副理事长

推荐语

这本书中有许多实用技巧及启发式教导，会带给读者一种全新的惊奇体验。艾瑞克森医师在数十年前开创了一个全新的治疗时代，如今传承到天才般的杰弗瑞·萨德博士手中更是精准明确，令人叹为观止。书中有许多精彩绝伦的故事、深刻的智慧语录，以及一张清晰明白的地图，教导治疗师如何提升自身能力，成为生生不息且有强大疗愈能力的人。关于治疗方法，如果你只愿意选择一本书让自己更精进，这本书就是你唯一选择。

海瑞特·李纳博士（Harriet Lerner）
美国当代作家、哲学家、心理治疗大师
百万畅销书籍 *The Dance of Anger*、*The Dance of Deception* 作者

这是我过去五年所读过的关于心理治疗最棒的一本书。带着令人赞叹的流动和智慧的光芒，萨德博士真正把有效短期治疗的艺术阐述得淋漓尽致。简明清晰的智慧加上诗意般的同频共振，让这本书成为刚入门的新手治疗师及纯熟老练的资深治疗师不可多得的宝典。我极度推崇这本书！

斯蒂芬·吉利根博士（Stephen Gilligan）
当代伟大催眠治疗师、国际生生不息改变学会创始人
全球畅销书籍《潜意识之门：生生不息催眠圣经》《英雄之旅》作者

这本书是正统艾瑞克森学派巨作——奠基于艾瑞克森医师正统的理念和原则，萨德博士将艾瑞克森的理念发扬光大，青出于蓝，而胜于蓝。萨德博士带着崇高的敬意将艾瑞克森的精髓完美演绎，通过他个人千变万化的风格创造出一个简单易懂的治疗公式。萨德博士在书中运用变化无穷的方式帮助读者理解深奥的治疗概念，比如模式、案例、练习、故事、结构和解构、讨论、比较、反思，甚至提供治疗逐字稿。每种方法都帮助我们从不同的角度看见治疗全貌。读者可以在这书中的无数选择里找到最适合自己的练习和方法，从而精进专业能力。萨德博士心理治疗系列三部曲，闪耀着智慧光芒，是其毕生心血结晶。他超凡入圣地吸收各学派精华，集各家之大成，创造出兼具深度与广度的视野，给读者提供一个茁壮成长的绝佳机会。

洛克萨妮 · 艾瑞克森博士（Roxanna Erickson-Klein）
艾瑞克森医师的女儿
The Collected Works of Milton H. Erickson 的共同作者

译者序

当我在纽约市哥伦比亚大学心理治疗研究所学习时，教授们告诉我，心理治疗是一门艺术，当时其实我听不懂是什么意思。做治疗的时间越久，越发现突破自己专业领域上的能力，是一件难如登天的事，直到我遇见杰弗瑞·萨德博士。我的专业成长之路就从他与我的一句禅语展开。

当时我初次遇见萨德老师，看到他神乎其技的催眠治疗，就问他，我要如何学习他这种出神入化、一次就完成一般治疗师好几年做不到的事情。他淡定地喝着一杯乌龙茶，缓缓看进我的眼睛里，告诉我，“这杯茶要凉了”。如果他只是简单地跟我说去凤凰城跟他学习催眠初阶进阶督导班，我可能就只会记住照做，但是他的一句“这杯茶要凉了”，完全激发了我全心投入学习的热情。我知道我想跟萨德老师学习就要趁现在，就趁他的这杯茶还热着的时候，赶快学习。我听懂了他的引导语，体会到了他礼物包装的回答。

我一辈子在心里都会记住他说的这句话，因为这句话让我展开了属于我的英雄之旅。从此我潜心听从他的谆谆教导，学习顶级的心理治疗艺术。这就是他让别人醒觉的厉害之处，到现在我还在继续品尝着萨德老师每次给我的不一样的智慧和人生经验。

这本书的翻译能够完成，一切都从他那句话“这杯茶要凉了”开始。如果我这些年没有跟着他学习，如果我没有反复问他这些方法是什么意思，这本书的中文译本不知要等到何时才会出现。有些时候一句话帮助一个人醒觉过来，后面会发生更多有趣的事情，就像当初艾瑞克森对于他的弟子们，比如萨德老师和吉利根老师所做的事情一样。

萨德老师现在也在不停地点醒可教之才。他是心理治疗界的绝顶治疗高手，是心理治疗培训界的世界顶级讲师，是催眠治疗界的时代开创先驱，他自己本身就是一门艺术。他的生命就像禅一般，总在对的时机、运用对的方法，使对的人醒觉。

一门顶级艺术让我们追趋逐耆。达·芬奇的《蒙娜丽莎》是世界经典，每个人从不同角度看这幅画作就会有不同感受。贝多芬是音乐天才，他的《第五交响曲》总会带给人不同的感受，随着心境变化听着《第五交响曲》就会有不同的体验。萨德老师，就是催眠心理治疗界的达·芬奇、贝多芬，或者毕加索。翻译这本书，就像是我努力把毕加索的东西变成大家能够听懂的语言，就像是我努力把贝多芬的音乐用简单的方式帮助大家体悟。

萨德老师的写作是一种笔歌墨舞的文学艺术，读他的著作就像是读着杜甫的诗歌，会有一种醒觉顿悟的体验。萨德的治疗艺术对于许多资深专业治疗师而言，是不可多得的宝藏。他的著作、他的治疗艺术、他的人生都融合成一种顺势而为的顶级艺术。对我而言，萨德老师是当代非常厉害的绝地武士，他的催眠千变万化，他的治疗巧夺天工，他的写作慧心巧思。看懂的人很多都已经是当代著名的培训讲师、心理学大师、催眠大师。

爱因斯坦的相对论，在当时年代只有少数顶尖专业人士能懂。萨德的醒觉经验式催眠治疗，在过去数十年也只有少数高手能懂。我们真的很高兴，也很感激萨德老师将他毕生智慧倾囊相授，期望有更多人能懂这一门玄妙入神的技艺，能够得心应手地运用在自己的人生旅途中，能够出类拔萃。

萨德老师常说，一个老师自己很厉害不算什么，能够培育出许多厉害的大师，这样的老师才是真正厉害的人。孔子是中国人的至圣先师，他不仅自己学问厉害，同时也培养出很多厉害的学生和大师，这样的老师是有真本事的。带着培育英才的动机，萨德老师经常告诉我，他想要培养更多优秀的心理学家和治疗大师。这本书是他不藏私的毕生治疗心血结晶，心理治疗艺术三部曲中的第二部曲。能够看懂，又能够具体实践运用在自己的专业和生活上，你就是站在大师肩膀上的自出心裁的生命大师了。

洪伟凯
艾瑞克森学派催眠心理治疗师
国际短期心理治疗大会讲师
师承杰弗瑞·萨德博士与斯蒂芬·吉利根博士

开场白

1974—1976 年，我在研究所准备我的临床心理学博士论文。那时候，如果有人问我，我的生涯梦想是什么，我会回答说，我想要游遍全世界，并且传授教导催眠和心理治疗。然而，我没有料想到，在我三十岁的时候，这一切就已经实现了。从那时候起，我有数不尽的机会在世界各地许多很棒的地方教导学生。

我二十六岁时遇见了我的毕生导师艾瑞克森医师，他对我的教导造就了我精彩绝伦的职业生涯。我无法想象如果没有遇见艾瑞克森医师，我的人生会变成什么样。无论是个人生活还是专业领域，我生命里很大一部分的快乐来自艾瑞克森医师对我醍醐灌顶的教导。直到今日，在艾瑞克森医师过世近四十年后，他仍然是我职业生涯里不可或缺的一部分。他的作为和思想也是我在世界各地教导学生的核心价值。

在本书中，我呈现了我的主要教导模式。我花了数十年的时间统整我的教材，很幸运，在多年的经验和智慧累积之后，我有足够的自信与你们分享这种治疗模式。

愿你们好好享受这本书，并从中获得智慧。

杰弗瑞 · 萨德博士

美国亚利桑那州凤凰城

前言｜艾瑞克森与他的治疗方法

如果你问全世界所有的催眠治疗师谁是历史上最伟大的治疗师，大多数催眠治疗师会提到米尔顿·艾瑞克森。1973—1980年，我有幸跟着艾瑞克森学习，这感觉就好像是跟随弗洛伊德学习心理精神分析，或是跟随爱因斯坦学习物理学。

我在1973年第一次遇见艾瑞克森，当时他已经是世界闻名的催眠治疗大师。在1973年，他基本上是半退休状态。那一年有关他治疗工作的许多书籍开始发行，第一本发行的书叫作《不寻常的治疗》(*Uncommon therapy*，1973)，是杰·海利所写。这本书把艾瑞克森塑造成为一个短期心理治疗的大师。随着这本书的发行，许多心理治疗专业人士来到亚利桑那州的凤凰城跟随艾瑞克森学习。我第一次跟艾瑞克森见面是单独见面，但是很快地，许多学生加入，团体上课的形式变成后来大家所熟知的艾瑞克森教学研讨会。

尽管一直被身体的病痛困扰，但当时艾瑞克森是很活跃且魅力十足的。他在十七岁时小儿麻痹症发作，这是造成他身体不好的主因。尽管他年轻时像运动员一样健康，但小儿麻痹症使他瘫痪一整年。在生命后期，他经历了数次小儿麻痹症的复发（现在我们称之为小儿麻痹后遗症），而这对他的身体健康造成很大的影响。他忍受肌肉萎缩的痛苦，渐渐地失去身体协调平衡的能力。

艾瑞克森的右边身体比左边身体更糟糕。如果想要写字，有时候他必须用左手扶着右手才能写。如果要吃东西，他必须极度扭曲他的身体才能把餐具靠近他的嘴巴。在他生命的最后十年，他都是坐在轮椅上的。我刚认识他的时候，他会靠着他虚弱的腿，很短暂地用力，将自己从轮椅上吃力地搬到办公室的椅子上。到最后，他无法搬动自己到办公椅上，只能一直坐在轮椅上。

艾瑞克森的视力是重叠影像的，他的听力受损，长期忍受慢性疼痛。他所有的牙齿掉光，因为肌肉萎缩，他也没有办法戴假牙。这个男人曾经可以像演员一样自由控制他的声音语调，却必须重新学习如何讲话——因为没有牙齿。艾瑞克森同时也是色盲，他总是穿着紫色衣服，因为紫色是他唯一能够看清楚的颜色。

艾瑞克森在专业领域有着天才般的突出贡献，并且，他在处理自己人生挑战上更是达到了普通人不能达到的境界。他是我所遇见的最令人印象深刻、最有醒觉影响力的一个人。在专业领域中，他是治疗技巧运用的大师，然而作为一个人，他是独一无二的。他总是专注聚焦，就算病痛缠身，他还是经常开怀大笑。他给身边人一个信号——他很高兴他活着。如果你觉得自己有病痛，他比你承受更多病痛；如果你觉得自己被禁锢，他比你有更多身体上的限制，然而他很快乐。

我一开始去见他，是想要增进我的临床专业技巧，但是初次见面几分钟之内，我原先假设的目标“如何成为一个更好的治疗师”变得没那么重要了。他循循善诱地教导我成为一个更好的人。我想要待在他的身边学习，因为我感觉我跟一个生命大师在一起。在最艰难的环境下，他忽略自己的疼痛，并且帮助其他人。同时，他用独一无二的方式来呈现他的想法。

在 1973 年 12 月 5 日那天，我第一次与艾瑞克森相处的时光接近尾声。当我们会谈时，他坐在他办公室的椅子上，眼睛看着地板，用一种缓慢谨慎的口气述说一个发生在新奥尔良的故事——新奥尔良闻名的美食是海鲜。他到新奥尔良一间餐厅里用餐，点菜时他点了两打（二十四个）生蚝，吃完这二十四个生蚝，他又点了一打生蚝。当吃完第三打的生蚝时，他又点了一打生蚝！他总共吃了四十八个生蚝！当时，我毫无头绪，不理解他为何要跟我说这个故事，这跟心理治疗有什么关系，但我听得津津有味。另外，我从来没有听过谁可以一次吃掉四十八个生蚝。但这故事有趣的部分还在后头。当他吃完四十八个生蚝后，他又点了一打生蚝！在点这最后一打生蚝时，艾瑞克森跟餐厅里那个目瞪口呆的服务生说，“在我六十岁生日时，吃六十个生蚝岂不是一件很有趣的事吗？！”突然间，我明白了艾瑞克森试图告诉我什么（艾瑞克森的生日是12月5日）。

艾瑞克森用一个独特的方式告诉我一个简单的事实：12月5日是他的生日。他把这个讯息用一个故事包装起来，传递给我。为什么他要这样做呢？他是否在教导我一种传递讯息的方式？还是他在引导我理解他的策略经验式治疗方法？或许艾瑞克森有他个人的理由跟我分享他的生蚝冒险之旅？或是为了他自己艺术性的表达，为了单纯享受这种说话的乐趣而告诉我这故事？或许他是故意这样做的，就好像他在练习他说故事传递讯息的能力，一种他的招牌治疗方式。不管他的意图是什么，这个故事深刻地烙在我脑海里。我永远忘不了这个讯息和他的表达方式，从那时候起，每年他的生日，我都会送他生蚝。

艾瑞克森在他的生蚝故事里阐述了一个原则：创造使人永生难忘的经验。在本书里，我们会提到其他原则。这些原则想法存在于我的身体里，并且持续用数不尽的方式展开。

关于这本书

除了原则之外，本书里你会看到一个短期治疗的模式，这个模式可以叠加在治疗师所惯用的心理治疗学派上，使治疗师的治疗功力更加精进。我在书中用抑郁症的问题来阐述原则和治疗方法，治疗师也可以将这个模式运用在个案所带来的许多社交心理问题上。

在第一章，我列出了心理治疗经验式学派奠基于催眠之上的精华所在。心理治疗里的改变最好是通过个人生活经验诱发，而不是通过知识理解。催眠根本上是一种经验式的治疗方法，其中很重要的是，“通过一种独特的亲身体验，你可以重新找回改变或面对挑战的能力”。本书里所提倡的经验式治疗方法是从催眠治疗学派衍生出来的。在后面的章节会通过一系列步骤创造一个经验式短期心理治疗。

第二章提供一个治疗的宏观模式，总共有五个选择点。后面的章节是围绕这个骨干发展的。第三章提供一个解构状态的方法，我们从催眠开始做起。我们通过解构问题，找到易达成的目标来强化疗愈过程。在第四章，我们通过创建地图的方式进一步了解问题状态、解答状态，甚至是治疗师本身的状态。

一旦找到治疗目标，我们可以通过量身定制的方法使治疗更有效。在第五章我们会提到，治疗师如何聚焦，通过个案的观点和个案的经验语言模式来做治疗。第六章提及进阶的地图构建，这在目标设定上会提供给我们一个更详尽、系统化的观点。

一旦治疗师有治疗目标，就知道如何帮个案量身定制治疗计划，接着需要一个方法来呈现这个目标，我们称之为“礼物包装”。第七章我们会提到呈现量身定制目标的许多方法。第八章，我们讨论量身定制和礼物包装的组合运用。

第九章讨论改变的戏剧化过程。在第十章，我们探讨艾瑞克森最创意无限的一个案例。第十一章的重点是治疗师的个人发展成长。第十二章提供两个案例的临床逐字稿来印证书中的原理。

这本书是我心理治疗艺术三部曲的第二部曲，你也可以单独阅读这本书而不需要三部曲全部读完。第一部曲是《催眠引导》(*The Induction of Hypnosis*，Zeig，2014)，书中讲到的是我的催眠治疗学派，有许多例子用来发展催眠技巧，也会帮助那些使用正统催眠技巧的催眠治疗师提升能力。第三部曲是《治疗师培训手册》(*Psychoaerobics*，Zeig，2015)，这本书提供了很多经验式练习来帮助治疗师发展专业技能。

目录

第三章

催眠教会我的事：解构各种元素

第四章

催眠教会我的事：在治疗里建立目标

第五章

量身定制：评估

第六章

进阶地图制作

第七章

礼物包装

第八章

量身定制组合方格

第九章

艾瑞克森治疗学派的流程

第十章

艾瑞克森治疗飞机恐惧症

第十一章

心理治疗培训手册：运用经验式方法提升治疗师专业能力

第十二章

经验式治疗的临床案例

第一章

CHAPTER ONE

通过人生经验做治疗

艾瑞克森没有告诉我“不要抽烟斗”，相反，他告诉我一个关于他抽烟斗的朋友的故事，将我带领到一个经验式的时刻，引导我有一个概念体验。

在我很年轻时，艾瑞克森医师已经是一个心理治疗大师了。随着时间的推移，他总结了成千上万个独特案例，并记录在临床文献上——历史上没有人比他搜集到的独特案例更多。弗洛伊德只记录了少数的案例。

弗洛伊德对于人们为什么变成现在的样子感兴趣，艾瑞克森对于人们可以如何改变感兴趣。弗洛伊德的焦点放在过去，艾瑞克森则关注于现在及未来的发展。艾瑞克森对于每个案例都有独特的见解，并且对于每种情况都发展出一个新的解决策略。

艾瑞克森是我职业生涯的导师，同时他也是一个非凡卓越的沟通者。艾瑞克森用的沟通方式，可以称为“醒觉式沟通（evocative）”，这种沟通方式有别于一般的讯息式沟通。通常，治疗师会给个案很多讯息和知识，比如“抽烟对你身体不好，抽烟会导致癌症”。或者，治疗师通常会建议“我觉得在你们的关系里应该怎样做……”但是，我们生活里的许多困境并不是通过知识或是建议就可以得到解决的。

艾瑞克森通常会通过故事、隐喻、游戏、困惑、任务和催眠，来提供给个案不一样的体验。他这些做法会使简单的概念变得活灵活现。

以下就是一个艾瑞克森经验式治疗的案例。

抽烟斗

在1976年，我还是一个研究所的学生时，我去拜访了艾瑞克森。我在研究所训练的一部分内容是教导大学部基础心理学，并且看些个案。当时，我喜欢抽烟斗。那是我一个嗜好。我有许多不同的烟斗、一个烟斗架、特殊烟草、一个银色闪亮打火机，以及一整套烟斗的相关工具。我认为自己是一个年轻的心理学家，而心理学家给人的形象总是叼着烟斗。

某一天，我在艾瑞克森家的后院里等着要与艾瑞克森会面，十分放松，他正好坐着轮椅经过我身边，看见我叼着我的烟斗。我去见他并不是因为我需要治疗，只是以一个学生的身份去见他，向他学习。当轮到我与他会面的时候，他开始告诉我一个轻松有趣的故事，是一个关于他抽烟斗的朋友的故事。艾瑞克森说这个朋友很笨拙，因为他不知道该把烟斗放在嘴巴的什么地方。是应该把烟斗放在嘴巴的中间，还是放在嘴巴偏左一厘米的地方？是把烟斗放在嘴巴偏右一厘米的地方，还是放在嘴巴的正中间？这个朋友很笨拙。

然后，这个朋友很笨拙地不知道该从哪里吐出烟，或是如何吐烟。他是应该向上吐出烟？还是向下吐出烟？他应该是扩散式地吐烟？还是集中吐出一圈烟？他很笨拙。

然后，这个朋友很笨拙，因为他不知道该如何握着他的烟斗。他是应该用拇指和食指握着？还是应该用更多根手指握着？他是否该用五根手指紧握着烟斗的底部？他很笨拙。

当艾瑞克森在讲着这个故事时，我心里想着，他干吗告诉我这些？我已经抽烟斗一段时间了，而且我一点也不笨拙。

艾瑞克森继续说着："这个朋友很笨拙，因为他不知道如何点烟。他应该用纸做的火柴、木头火柴，还是应该用打火机？点火应该点在烟斗的前面还是后面？火焰是应该触碰到烟草，还是在烟草的上方就行？他很笨拙。”

“然后这个朋友很笨拙，他不知道烟斗抽完要放在哪里。他应该把烟斗放在桌子上，还是椅子上？应该放在烟斗架子上，还是继续握在手中？他很笨拙。”

我感觉这个单调无聊的谈论至少进行了一个小时。因为我现在很熟悉艾瑞克森的工作，我可以肯定那时候他必定是等到我给出一个微妙的讯息，告诉他“我收到了”才结束这次谈话。（我可能是轻轻点了个头，或是改变一下我的姿势。）

几天之后，在北加利福尼亚州开车回我在旧金山湾区的家的途中，大概是在凤凰城和旧金山的半路途中，我停在红绿灯前面，那时候，我内心里对自己发誓：我再也不想抽烟斗了，我今后再也不想抽烟斗了。整个过程没有退缩，也没有不舒服。存在的只是一个决定，而且是我自己的决定。只有一个目标，就是我自己要戒烟。

艾瑞克森改变了我抽烟斗习惯的情绪背景。我当时二十来岁，作为一个心理治疗专业人士，我最不想要的就是看起来笨拙。我的潜意识一定是连接了艾瑞克森的话语：“烟斗——笨拙；烟斗——笨拙。”

某种程度上，艾瑞克森运用我的意识心智来对抗我的潜意识心智。因为在听了他笨拙朋友的故事之后，每当我想要拿起烟斗，我握着烟斗总是感到不舒服，我不确定该把烟斗放在嘴巴的哪里，不知道该怎样点烟，不知道该如何吐烟。我总是对于抽烟斗想太多，抽烟斗再也不是有趣的事情了。

艾瑞克森并没有跟我直接讨论抽烟斗这个问题本身，他改变了其中的元素。这是艾瑞克森学派的一个重要且基本的原则：不要讨论大问题，要改变其中的小元素。一个相关原则是：创造许多诱发点，而不需要帮助个案把这些点串联起来。如果个案自己“把点连接（自己理出头绪）”，那将会更有说服力，而且个案会感觉有成就感。当艾瑞克森刻意提供一个新的情绪背景（笨拙）时，我自己把这些点连接起来了（由抽烟斗连接到笨拙）。

或许你小时候玩过“连连看”。当我是小孩子时，我会给图画本上色，里面有许多点点，这些点连在一起就变成一个图案。但我永远不会事先知道这个图案是什么，直到我把这些点都连在一起才会知道。当我玩“连连看”时，一个图案突然浮现，我会非常开心。

所以，如果一个个案抱怨说“我很懒惰”，治疗师想要帮助这个个案，最好不要直接去处理懒惰这个大问题。懒惰不是一个完整单位，它由许多元素组成，事实上，有许多过程。所以，与其去诠释懒惰背后的意义，治疗师或许可以微妙地改变个案的情绪背景。

通常，当个案谈论一个问题时，他相信他的问题是一个完整单位。将一个复杂的过程当成一个完整单位来处理或许可以帮助人们有效地沟通，却也可能阻碍改变的发生。如果艾瑞克森相信我抽烟斗是一个完整单位，并用这样的观点来处理，结果可能完全不同。相反，艾瑞克森引导我清楚地意识到我抽烟斗行为的种种组成元素，元素改变了，整个大问题也就跟着改变了，我就戒烟了。

同时，艾瑞克森从未问过我是否还在继续抽烟。相反，他提供给我一个机会去了解我的行为。我了解到抽烟斗的行为跟我新的情绪背景相违背。也因着我的敏锐，我利用这个机会去改变，我也成功了。我戒烟了，而这是我自己自由意志的选择。

我给这个艾瑞克森用来帮我戒烟的方法取了个名字，称为“法拉佛西原则（Farrah Fawcett principle）”。法拉佛西是美国20世纪70年代的一个性感象征代表，她是一个漂亮的女演员。那时候的大学生会在宿舍房间墙上挂着一幅她穿红色泳装的性感海报。那时候，我在医院实习，跟我同事在餐厅里用午餐。桌上放着一本时尚杂志，封面就是这个美丽的女明星。同桌吃饭的人看见杂志封面说道，“她的脚踝太胖了”。有个同事看着杂志封面说，“她的小腿不好看”。有人接着说，“她的屁股跟她的腰比起来，屁股太大”。有人说，“她的胸部太小”。有人说，“她的眼睛不对称”。等我们吃完午餐，我再也不觉得法拉佛西漂亮了。

许多元素协力合作创造了一个完整单位。因此，**当你将一个完整单位分解成许多小元素时，完整单位就失去了它的完整性**——这可以破坏它的完整形态。这也就是艾瑞克森对于我抽烟斗的行为所做的事情。详尽的细微检视可以松动一个结晶化不改变的固定状态。我经常会问那些在痛苦中煎熬的个案，请他们详细地描述他们痛苦的经验，当他们这样做的时候，他们通常觉得没那么痛苦或难受了。不过，根据约翰·特拉沃尔塔原则（John Travolta principle），法拉佛西原则也会有失效的时候，以下就是一个例子。

大约是法拉佛西开始走红的时期，约翰·特拉沃尔塔也是当时走红的美国帅气男演员。有一天，我跟我的助理在用餐，正好约翰·特拉沃尔塔也走进同一家餐厅用餐。我助理是约翰·特拉沃尔塔的粉丝，不停地盯着他看，以至于我们什么工作也做不了。她的头锁定在约翰·特拉沃尔塔的方向，脖子都快要扭断了。为了打断她的迷恋，我解释了法拉佛西原则给我助理听。她听完之后很坚定地告诉我，“这个方法在约翰·特拉沃尔塔身上不适用”。

约翰·特拉沃尔塔原则就是：当我们详尽检视时，有些东西是免疫的，无法破坏它们的完整性！

详尽检视一个问题的许多元素是一种醒觉式思考——我们常用的简单化假设不总是有效。这只是一个松动问题的方法。然而，作为治疗师，我们首先应该建立一个问题及解答的地图。我们在后面的章节会讨论如何创造一个地图，并且用来定制治疗目标。现在，让我们检视一下面对心理问题时常见的治疗学派观点。

聚焦在问题

当个案带着问题来寻求心理治疗时，一个可能的治疗方式是寻找心灵深处的病因或是过去历史问题的根源。虽然这样的寻找不见得会对个案的心理问题产生太大的改变。人们通常相信找到问题的根源就可以解决问题。

在许多领域，了解问题的根源是必要的。比如，在医学领域里，如果病人跟医生说他们感染了病菌，医生需要知道是什么特定的病菌，才能对症下药。机械的领域也是类似的。如果一个机器的运转出了问题，我们要知道发生问题的原因在哪，才能修复机器。

在人类社会里，人们会忍不住去寻找问题的根源，然后怪罪别人。人们经常会责怪别人，问题总是别人造成的，或是某件事造成的。

但是，如果想在社交和心理治疗领域有疗效，我们不需要寻找原因和责怪别人。事实上，在社交心理问题里寻找原因通常不会得到解答。当一对夫妻来做婚姻咨询时，他们经常怪罪对方。就算他们其中一方是对的，我经常会讲一句陈腔滥调：“你可以证明你是对的，或是你可以选择留在婚姻里”。

在心理治疗里寻找病因也不总是无效的。**有时候对于过去历史的了解有策略性价值，可以诱发改变**。比如，一个青少年可能开始抽烟，因为他或者她的父母亲特别看重健康，这时候抽烟就变成一个反抗的行为，用来建立新的自我身份认同。在这种情况下，治疗师可以帮忙找出“病因”，协助青少年去发现积极的休闲娱乐，这些休闲娱乐有别于他或者她的父母亲的方式，同时也可以产生新的自我身份认同。比如，治疗师可以询问青少年个案是否有兴趣参加乐团、参与戏剧演出、参与创造性艺术、照顾动物、烹饪等。

问题可以从多重角度来检视，而找到一个“真正的”病因对许多心理问题而言几乎是不可能的。一个问题可能归因于遗传、过去创伤、环境、有缺陷的童年等因素的组合，或是其他原因。同时，一个问题可能是个案自己的因素，也有可能是跟别人有关的因素引起的。比如，问题可能存在于伴侣其中一人，存在于伴侣两人互动关系之间，存在于个案和整个家庭互动之间，或是存在于整个家庭跟机构互动之间，或是存在于整个家庭与文化的冲突之间。所以，一个问题可以被视为存在个人内在、关系之间，或是一个团体里面。所有这些观点，某种程度上是互相关联的，都可以用来帮助个案改变。

但是，与其寻找一个原因来解决问题，更好的选择是处理一个问题中的许多元素。正如同我们看到艾瑞克森处理我抽烟斗的问题，一个问题是由许多元素组成的。运用这些元素，我们创造出一个问题或解答的地图，然后改变一个问题的许多元素，这在治疗系统里就变得至关重要。

治疗师可以从许多不同观点角度寻找治疗方法。治疗师看问题的观点角度会决定整个治疗方向。

经验式治疗

这本书的主要治疗学派是假设个案困锁在僵化的状态里持续痛苦，而最好的治疗方式是帮助个案亲身体验到改变。经验会改变一个人的情绪和状态，而讯息、知识没有办法做到这点。如果你想要一个人进入幽默的状态，创造一个醒觉式经验，或许可以说个笑话。

让我们思考一个状态：做个负责任的人。父母通常都会希望自己的孩子变成负责任的人。他们通常会告诉孩子要做个负责任的人，有时候他们会这样说："负责任的孩子成绩比较好，取得比较好的成绩表示你会进到好大学，有一个很棒的人生。这就是为什么你要做个负责任的人。"现在，你觉得青少年听到这些关于好成绩或是好学校的说法就会变成负责任的人吗？不太可能。

但是大部分的父母怎么做？他们提供给孩子建议和知识，不停地耳提面命，就算他们经常对结果感到失望，还是会继续这样说。**当我们面对一个简单的任务时，知识和建议或许是有效的，如果要诱发不一样的状态，我们就要创造一种蜕变经验。**

大部分孩子都知道负责任这件事，也知道负责任是一种美德，一个优点。但是，成长的过程和社会心理因素可能会阻碍孩子学会负责任。有时候，孩子反抗父母是为了建立自我身份认同。比如，青少年致力于创造自我身份认同，而他们经常通过反对或反抗父母的观念想法来建立自我身份认同。所以，治疗师可以帮助青少年获取他们的理想状态。

在这里我们以负责任为例子，要让青少年变成负责任的人，治疗师可以考量成长和改变的五个步骤。

步骤一，想法。青少年是否知道负责任是什么意思？如果他们不知道，我们可以教导他们。

步骤二，概念体现："我可以负责任"，这是一种内化的能力。青少年如何从一个想法转变成真实体验概念？必须要有一个关键醒觉经验（Significant Evocative Experience，SEE）来帮助青少年体验概念。或许青少年开始照顾宠物，或许报名去上体操课，或是喜欢上异性然后发现要吸引对方最好的方法是变成负责任的人。

这里我们谈到想法，谈到概念体验。独特经验会诱发负责任的想法，变成负责任的概念体验："我可以是负责任的人"。

步骤三，做决定——内化过程的另一个步骤："我会是负责任的人"。一旦青少年体验到"我可以是负责任的人"这个概念——另一个醒觉经验可以帮助其进一步体验："我将会是负责任的人"。

引导到步骤四，"啊哈！我是负责任的"。这通过另一个蜕变式关键醒觉经验达成。我们可以把这样的经验当成一个参考经验，提供一个更稳固的基础。一个参考经验可能就有蜕变的效果，但有时候可能需要更多的参考经验，一个不够。

步骤五，身份认同："我是一个负责任的人"。当然，我们的目标是建立一个新的身份认同。连接许多参考经验就会创造一个新的身份。比如，幸福的亲密关系或事业上的成就可能连接到一个身份："我是聪明的""我是一个好老师""我结婚了"。但是，参考经验也可能创造不好的身份认同，如"我不够好""没有人爱我"。负面的醒觉经验可能创造负面的身份认同。

不是所有的身份认同都是好的，治疗师必须有多种方法协助个案建立正向身份认同，而这些方法最好是通过醒觉方式达成。运用逻辑思考无法改变我们的身份认同，身份认同的改变需要通过醒觉体验改变。

建立一个适当的身份认同经常是治疗的中心目标。有些人或许会按部就班从想法、概念体现、做决定、进入一个新的状态、建立一个新的身份来进行。但是，有些时候一个新的身份认同可以很快从一个关键醒觉经验来具体实现。以下是个例子。

有一次我帮一群资深治疗师上课，我邀请一个人上台做现场临床示范。上台的是个心理学博士，他提到他酗酒的问题，他对于目标不是很明确：“或许我只应该喝一杯酒。”“又或许，两杯酒也应该可以。”“或许我不应该喝任何酒。”“又或许我不应该碰任何含酒精的饮料。”我们围绕在他的“或许”攻击里面，治疗没有任何进展。所以我使用了一个艾瑞克森学派指导原则来处理这问题：找到一个互动式的解决方案。这个解决方案要有其他人的参与。

在这个案例上，我让自己参与在解决方案里。我邀请对方：“我想跟你达成一个协议。我在接下来一年不吃任何甜点。如果这是我的承诺，那你的承诺是什么？”我了解在这个案例里社交承诺与责任会有重大影响，所以我以身作则做了个承诺，提供我们双方创造一个负责任的结果。结果我们两个人都承诺做到我们的正向誓言。

在这个现场示范里，我是专家的身份。总要有一个人改变，如果个案无法改变，那治疗师可以有所改变。

但是，这个案例也有一个前情提要：

在现场示范的当天早上，我一边做运动，同时听着一个专家在演讲关于饮食的事。那个专家建议，“不要吃糖”。然后我想着，“是啦，听起来不错”。但我完全没想要改变自己的饮食。我并没有真正“听进去”这个讯息。

然而，我不知道的是，某件事正在潜意识层面进行概念蜕变实现的过程。在现场示范结束后的隔天早上，一件我完全没有预期的事情突然发生：我的身份认同改变了，我变得再也不想念甜点了。我感到很神奇。

当我在前一天提供这个解决方案时，我以为我会用我的自我意志力去执行我的承诺。但几乎是立即地，我改变了我的身份认同。整整一年的时间，我没有碰过任何甜点。就算到现在，对于甜点，我也顶多吃一口两口。我不知道我的身份认同会改变。我以为我只是靠着自我决心来做到不吃甜点。但是，通过那个现场示范的经验，完美地把我转换成为一个不一样的人：一个不想吃甜点的人。

根据我的个人经验，不见得一定要按部就班地完成这五个步骤才能获得新的身份认同，不管是正面认同还是负面认同。有时候，我们跳过几个步骤，一个新的身份认同也可即时建立。但是在所有的案例里，**身份认同都是通过经验来创建的，而不是通过提供知识讯息来建立的。**

知道和体现

消化吸收事实和体现适当的概念这两者需要不同的流程。当个案来寻求治疗时，治疗师应该先评量个案是否真实了解自己的问题，概念上个案是否体现他的问题。人们都知道在关系里面要友善对待彼此，人们都知道要有好的健康习惯，人们也知道在工作中或是学校里要做个负责任的人。如果一个员工没有动力工作，如果一对夫妻没有连接，他们或许知道该做什么去改善，但是否真的按他们理解的、知道的事情，实际去执行呢？

以下这个问题的答案对于解决人们生活里许多困境是必要的：连接知道和体现之间的桥梁是什么？艾瑞克森对于这个问题的答案是，实际体验到的经验会创造连接知道和体现之间的桥梁。

但是，在经验式治疗方法里有一个先天模糊的本质。经验，就像隐喻，是隐晦不明的。当一个人对某件事有经验时，通常会使用一种解读的过程。相反，当我们在给出讯息和知识时，不需要任何解读，因为事实都很具体。

就好像艾瑞克森说吃生蚝这个故事。艾瑞克森可以简单直接地告诉我说他的生日是 12 月 5 日。而他用他独特的方式来帮助我了解某些基本的原则：他是一个贯彻经验式风格的人。**将一个讯息包装精美是艾瑞克森经**

验式风格的骨干。这会产生一种效果，让原本隐藏的讯息变得更加活灵活现，永生难忘。正因为他没有直接告知对方，所以他的方式会激发出不同的意义。关于这个我没有预期的吃生蚝故事，我必须激活我的内在智慧来找到那个独特意义。

另一个艾瑞克森学派原则是：总是引导导向，而不是直接告知或建议。比如，他没有告诉我，“不要抽烟斗”。相反，他告诉我一个关于他抽烟斗的朋友的故事，将我带领到一个经验式的时刻，引导我有一个概念体验感受。

成为经验式

或许这听起来有点夸张，但我相信艾瑞克森在他的治疗过程里是百分之百经验式。这不仅是他存在于这世界上的个人风格，也是他的教导风格。当我还是他的学生时，他就一直是经验式的老师。而他的经验式学派是从催眠衍生出来的。

艾瑞克森是催眠大师，而催眠本身就是一种经验式的方法。你不会用催眠来提供知识。你不会用催眠来提供建议。你不会用催眠来评论别人的过去历史或是过程。你使用催眠来帮助个案实际体验到自我成长发展——个案可以真实体验到蜕变，进入一个最佳状态。如果治疗师用催眠做基础发展经验式学派，那他们在做治疗的过程中很自然会是经验式风格。他们可能提供一个正式的催眠引导，而这完全是经验式的风格。但就算他们没有提供正式催眠，也可能用一种艾瑞克森称之为“自然式催眠”的方法来帮助个案有独特的体验。

现阶段，我正在撰写艾瑞克森传记。为了这本书，我面谈了许多跟艾瑞克森相关的人，包括艾瑞克森的三个姐妹，他的八个小孩及他们的配偶，他的孙子孙女们，他的同事。跟这些艾瑞克森的家人、同事们会谈，更加坚定了我对艾瑞克森的了解，艾瑞克森在人际关系情境里总是经验式的风格——不论是跟家人、朋友、同事还是学生（尽管他在写作上是属于教条式的风格）。当我刚开始做治疗时，我的风格并不是经验式的，随着我临床治疗经验的累积成熟，我变成经验式的风格了。

有很多方法可以让治疗变成个案在享受一种独特体验，其中关于治疗师如何看待咨询室这件事就是一个好的出发点。治疗师可以把咨询室看成一个舞台，在舞台上治疗师可以激发一出改变的戏码。**治疗师可以跟个案沟通一系列策略计划，通过真实体验改变且有疗效的经验，个案可以在生命里活出改变，更加快乐。**

在本书里提到的经验式方法取源于一个催眠学派。对所有治疗师而言，学习催眠很有帮助，就算他们或许永远不会在实际治疗时使用。只要你的治疗目标是概念体现，经验式方法就会促成改变的发生（Zeig，2014）。

学习催眠让我成为一个更有效能的沟通者。催眠教导我如何策略性使用更多沟通管道。在学习催眠之前，我接受传统心理治疗的训练："我的嘴巴讲给你的耳朵听，你的嘴巴讲给我的耳朵听"。治疗师跟个案说话，反之亦然。这样的治疗方式就好像是简单地念一段稿子，因为传统的心理治疗技巧是着重在口语沟通。相反，艾瑞克森探索了如何运用沟通的多重管道，他并不局限于口语沟通。

如果我们把绘画当成治疗的一种比喻。画家的工具是画笔、调色盘，以及一个可以作画的表面。画家会探索如何运用这些工具来创作独特又有醒觉体验的画作。

催眠训练帮助治疗师使用许多不同的媒介做治疗——使用治疗师的调

色盘——这有个治疗上的优势。治疗师可以调配出许多不同颜色，包括姿势、动作、彼此距离、说话速度、音调、声音方向等。艾瑞克森所有学术论文里都存在这些元素的策略性运用。

艺术家会探索如何使用他们的媒介，但是他们的表达受限于这些媒介。画家通常有颜料和画布，诗人有语言和纸，编舞者有舞者和舞台，编剧有故事和演员。在他们各自的领域里，艺术家致力于将个人风格表达艺术提升到最高境界，他们的艺术是用来激发观众独特的经验的。

下面这个例子，我们学习艾瑞克森如何善用他的调色盘。

在帮助一个很容易晕船的个案时，艾瑞克森用了一个模糊的催眠引导，他运用了声音的位置作为线索来诱发一个心理生理反应（Erickson，1973）。个案的眼睛是闭着的，艾瑞克森模仿说话的方式就好像某人在船上会发出的声音一样。他摆动着身体，左右摇晃，改变他发出声音的位置。令个案感到非常惊讶的是，他竟然在艾瑞克森办公室里开始感到晕船。

当艾瑞克森做这个案例时，那个年代还没有身心交互影响这种流行理论。

艾瑞克森教导我们身为治疗师如何使用调色盘上所有东西来帮助个案发展自我潜力，帮助他们获得更棒、更能灵活运用的状态。此处反映的艾瑞克森学派的原则是：了解你的沟通媒介，并发挥它的所有潜能。

第二章我们将探讨治疗方法的宏观架构，本书的组织结构都围绕这个框架展开。

回顾，我们在这章讨论了六个原则：

- 处理小元素，而不是大问题。
- 创造许多诱发点，而不去连接它们。
- 创造独特经验来创造概念体现。
- 寻找一个互动式解决方案。
- 当你的目标是诱发一个概念的体现时，引导个案朝向目标前进，而不是直接用讯息告知。
- 了解你使用的沟通媒介，并发挥它的最大潜能。

第二章

CHAPTER TWO

治疗方法的宏观架构

“如果你用一个人听得懂的语言与他沟通，他会记在脑子里；如果你用对方的经验语言与他沟通，他会记在心里。”艾瑞克森对于每个个案都会发展出一种新的治疗方法。

许多心理治疗学派的建立都是从大师个人风格开展格局的。对于弗洛伊德和他的跟随者而言，治疗的出发点是一个清楚明确的人格理论，随之而来的才是治疗方法。

弗洛伊德对于人类心理学的起源感兴趣。他铺盖了心理治疗的大道，也建立了一个新的历史潮流：人们开始对于探索和改变头脑这件事感兴趣。弗洛伊德聚焦于人们为什么变成他们现在的样子，他在探索心理这个议题上功不可没。但是，没有人可以完全搞清楚为什么我们会产生种种的行为，因为其中建构因素实在太复杂，无法用任何一个理论涵盖所有。

在格局上，弗洛伊德的人格理论比他的治疗方法强大许多，他的心理治疗理论奠基于自由联想、诠释，以及澄清。相较于弗洛伊德，艾瑞克森发现了无数的治疗方法来激发改变，而且不需要任何明确的人格理论。艾瑞克森其实没有一个明确的治疗方法理论，他是一个不探讨理论的人。他很灵活地替每个个案发展一种新的治疗方法。

在本章，我试着将艾瑞克森的实际治疗方法变成一个有组织架构的模式——从宏观视角来看短期治疗方法。这个模式有清楚的结构，帮助你理解如何运用艾瑞克森治疗方法创造有效的短期治疗。

简单地说，这种宏观架构治疗方法奠基于五个选择点。每个选择点奠基于一个中心问题。这五个选择点交互作用，互相影响。

设定目标

第一个选择点是设定目标，但这不见得是心理治疗的出发点。我们在这里简要提及设定目标，在后面三章会有更详细的说明。

第一个选择点的中心问题是："作为一个治疗师，我应该沟通些什么？"治疗师需要策略性了解他们想帮个案体验什么。在每一次治疗会谈时，总有许多不同方法建构一个目标。在其他领域，目标建构可能容易些。比如，在医学上，如果一个病患有细菌感染，医生就会开抗生素。如果这个病患去找其他医生，另一个医生也可能同样开抗生素。但是，心理治疗跟医学的基本公式不一样，跟医学领域里标准的治疗方法也不一样。

在心理治疗里，如果一个个案抱怨，"我没有动力"，不同的治疗师会设定不同目标。第一个治疗师可能说，"让我们改变你的想法"。第二个治疗师可能说，"让我们改变你的行为"。第三个治疗师可能说，"让我们检视一下你的态度"。第四个治疗师可能说，"让我们探讨一下你的人际关系，看看这与你的问题是否相关"。另一个治疗师可能说，"让我们检视一下你的过去，看看你为什么没有动力"。还有的治疗师可能说，"让我们找到你有动力的部分，以及没有动力的部分，让这两部分开始对话"。

在心理治疗里，我们用醒觉式过程激励个案，而不是全部一样的目标。在治疗过程里，很多时候治疗师会根据自己的治疗学派来设定目标。不同心理治疗学派会设定不同的目标。认知行为治疗学派跟结构式家族治疗学派或是完形治疗学派的目标不一样。另外，治疗师不见得要接受个案对于他自己问题的看法。相反，他们可以一起讨论治疗目标，这个讨论本身就是一个有效的治疗过程。

以下是艾瑞克森治疗学派用来设定目标的一系列清单：

- 诱发改变的独特经验。
- 聚焦在现象学目标及次要目标。
- 保持正向，聚焦在个案强项及个案创造建设性改变的能力。
- 了解改变不仅发生在咨询室里，也可以运用到个案的日常生活里。
- 策略性思考并引导到结果。
- 关注当下的结构动力。
- 系统化进行，寻找互动式的解决方案。
- 运用自由联想启动内在资源。
- 选择一个简单容易解决的目标。
- 创造一个美好结局的视觉画面。

接下来，我会逐一解释每个项目背后的原理。

诱发改变的独特经验

我们的生活经验可以帮助我们创造一个独特经验，并引导状态和身份认同的蜕变转化。回顾第一章，我们提到青少年的不负责任。一个青少年通常知道负责任的重要性，所以直接解释给他们听是无效的沟通。但是，我们可以创造一个经验式时刻：一个关键醒觉经验，或是“参考经验”，可以帮助青少年进入一个独特经验里：“我可以负起责任”。然后，可能需要另一个关键体验事件协助蜕变参考经验成为新身份认同：“我是一个负责任的人”。

参考经验可以在关键时刻派上用场，创造新的身份认同。生命里的关键时刻，像是结婚或离婚，或开始一份新工作，都可以产生一个新身份认同。另外，有些关键潜意识时刻也会帮助我们有独特体验。比如，“我现在是个男人了”“我现在是个女人了”，或是“我现在是一个真正的治疗师了”。然而，参考经验也可能造成负面身份认同，如“我很笨”“我没有创造力”“没有人爱我”。

治疗师可以聚焦在创造正向关键时刻上，这些时刻是诱发个案最佳经验状态不可多得的良机。我们将会看到，通过说故事、催眠、直接告知、游戏、平行任务等方法，我们可以包装目标，用来诱发一个醒觉式经验。

聚焦在现象学目标及次要目标

现象学，或是主观世界的反射，是一种关于生活经验的研究学问。它正好是科学的相反面，科学是研究客观世界。心理治疗的目标大多数是现象学导向。而医学目标更多时候是奠基于科学上的。

比如，关于爱的研究，这是一种现象学，而不是科学。我们可以通过研究浪漫诗集来感受爱，因为当读者在读浪漫诗篇时会感受爱的感觉。爱也可以通过物理学、生理学来研究，比如，给热恋中的人做头脑断层扫描，并分析结果。但是，没有一种科学可以帮助人们主观地体验爱是什么。

用一种科学的方法诱发爱的感觉是无效的。**爱必须是“自然发生”的，无法强求，就像改变的独特体验必须“自然发生”一样。**如果你只是跟心仪的对象说以下这些话，爱并不会自然发生：“你应该要爱我，以下是五个你应该爱我的合理理由：我很聪明，我很幽默，我很健康，我很会沟通，我经济上独立。”

我们需要一个主观现象引导才能诱发爱，就好像诱发个案状态和身份的改变通常需要主观现象的引导一样。爱是一种元素综合体——一系列的元素不照顺序排列，而且随时间而改变。爱的蔓延是通过醒觉经验，而不是公式演算。爱的醒觉是一种直觉的感受，对于爱与被爱的双方讯息可能隐晦不明。对对方慈爱、保护对方、关心对方的需求，这些都可能让对方感受到爱；但或许，这些方法也可能无效。爱的过程你必须亲身体验，而不能通过学术或是科学的方法。改变一个人的状态和身份也是类似的体验。

心理治疗奠基于一种全人醒觉模式，因为我们经常面对非常模糊的问题和解答。心理问题和爱，这两者都具备许多不同面向的次要目标元素。比如，热恋中的人会带给他的爱人深刻丰富的经验，包含许多次要目标，比如共享的兴趣、热情、慈爱、幽默等。

相同地，治疗师也可以通过创造个案的问题地图或解答地图诱发次要目标。一个问题是由许多元素组成的。比如，我们之后会提到，**与其把抑郁症当作一个大的问题来治疗，不如聚焦在许多小元素上，如钻牛角尖、缺乏奋斗目标、害怕与人接触、对人生悲观等不同的元素。**

艾瑞克森学派的一个原则是：创造问题地图，创造解答地图。（后面的章节会提到关于这个原则和相关次要目标的发展。）

保持正向，聚焦在个案强项及个案创造建设性改变的能力

目标应该是正向的，同时连接到个案强项。它们应该是未来导向。生命是活在当下，而不是过去，生命应该看向未来发展。治疗师应该学习发现个案资源，并刺激活化它们，善加利用。如果个案在音乐上有天分，发展这个强项。如果个案在运动上有天分，或是很会自我省思，善用这些强项。

了解改变不仅发生在咨询室里，也可以运用到个案的日常生活里

治疗上的改变不应该局限在咨询室里，因为真实的改变发生在个案的日常生活里。所以，治疗师可以礼物包装的方式呈现一个目标，或是提供一个有疗效的家庭作业，让改变可以真实发生在个案的生活里。艾瑞克森有个著名治疗方法是运用直接指令来刺激个案重塑生命。在《不寻常的治疗》这本书里有许多类似的案例文献（Haley，1973）。

策略性思考并引导到结果

学术研究、音乐、电影都是一种策略性发展。一系列步骤会引导到一个重要主题的呈现。同样，治疗师可以创造一系列步骤引导个案实现目标（这个策略性过程的运用，会在第九章详述）。

关注当下的结构动力

我们可以聚焦在个案的感知、行为、想法、情绪和相关的状态进而找到目标。处理个案的过去并非必要，除非你有个策略性理由必须如此做。

系统化进行，寻找互动式、与情境相关的解决方案

艾瑞克森学派的一个重要原则是：寻找一个互动式的解决方案，有其他人共同参与的解决方案。就算一个问题看来只跟个案本身有关，一个互动式的直接指令可以补充治疗计划的不足。

比如，如果个案想解决抽烟问题，我们可以运用催眠。然后，我们可

以给个案一个指令以连接到其他人。比如，我可能在催眠里给个案建议，无论何时，当他犯烟瘾想要抽烟时，可以把烟瘾当作一个讯号提醒他要赞美某个人。另一种做法是，我可能建议个案玩一个节制的游戏，不告诉其他人他的改变，看看是否有人注意到他的节制和改变。

目标应该要包含系统元素，比如家庭、学校、工作、宗教、文化和社交团体。同时，**在一种情境里的问题，可能是另一种情境中的解答**。比如，有魄力这件事在特定情境中可能是问题，而在另一种情境中可能是资源。同时，情境可以用来刺激独特经验。如果治疗目标是让个案体验到大自然的美丽，参观国家公园会是一个很棒的参考经验。

治疗师通常没有意识到改变的系统本质，因为系统化重塑生命经验并不见得是线性逻辑。比如，我给一个职业篮球运动员提供咨询，比赛时他总是在特定投篮方式上失败，投不进。他的教练们从篮球专业的角度思考，说："我们要教他更多的投篮技巧，我们要求他练习更多。"教练们坚持一种内化、公式推算的解决方法。

而我的想法是，教导这个篮球运动员，彻底改变他场上表现的人是他母亲，不是专业篮球教练。这个年轻人成长的过程中没有父亲的存在，所以，他生命里最重要的人是他的母亲。他的母亲会到球场看他比赛，在中场休息时，他会跟母亲交谈。

我想要让这位母亲参与儿子球队的练习，帮助这个运动员克服他在比赛中表现不佳的问题。我相信这位母亲是这个年轻人的最佳教练，因为母亲们总是经常教导孩子们如何玩游戏。

我跟球队的教练及运动心理师解释我的看法，告诉他们这位母亲早已经是球队的一分子，但是他们坚持直线思考，执着于找到最佳训练员及最佳投篮技巧。最终，我无法让他们从一个系统化的角度来看事情。有时候，僵化体系的自我内在平衡总是强压过创新改变的力量。

运用自由联想启动内在资源

自由联想存在于头脑意识之前，由记忆、想法、感知和情感组成。前意识自由联想会引发人类各种行为。在艾瑞克森创新的多层次沟通语言里，他会诱发自由联想来改变行为、情绪、想法和关系，直到创建足够的自由联想，产生强大动能“驱动”最佳状态的诞生。现代社会心理学就是研究这些隐而未见的自由联想如何驱动行为的改变。

艾瑞克森曾在一个厌食症的女孩身上运用多层次沟通技巧（Zeig，1985）。他在治疗过程中告诉女孩关于他自己父亲曾是一个牛仔的许多冒险故事。每个冒险故事都包含一些跟食物有关的隐喻，同时也包含一些元素引导女孩感受更多自身情绪变化，因为这个女孩向来非常压抑自身情感。慢慢地，这个女孩开始吃些东西，感受自身更多情绪，这些改变都来自艾瑞克森诱发多层次连接刺激改变的发生。

一个相关的催眠原则叫作“意动效果（ideodynamic effect）”。自由联想可以提升感官经验（ideosensory experience，意动感官经验）和生理行为（ideomotor activity，意动生理行为）。比如，当我们详细地描述吃柠檬这件事，你会自动分泌口水。或是，如果汽车前座乘客想要车子快速停下，他/她可以很用力地踩下想象的刹车板，这会让他/她感觉汽车驾驶停下来。

选择一个简单容易解决的目标

艾瑞克森学派有一个原则：选择简单容易解决的目标。有句经典名言：治疗师根据自身能力来决定要处理的目标。这句话对传统训练的治疗师而言可能很陌生，因为传统治疗师对于临床目标和治疗过程经常是公式化演算。然而，条条大路通罗马。如果个案带来的议题是抑郁症，传统治疗方法可能聚焦在问题上。治疗师却可以聚焦在别的元素上，同样产生疗效和改变。

我曾经参加行为治疗学派先驱约瑟夫·沃尔普（Joseph Wolpe）举办的抑郁症工作坊。他惯用的治疗方式是去敏感化（desensitization）。他在抑郁的人身上发现焦虑症状，然后他将焦虑去敏感化，这样就能有效治疗抑郁症。

个案的目标应该是灵活有弹性的，并不是像刻在墓碑上的刻板那样生硬。通常在个案谈论的自身问题里，存在一种与生俱来反对改变的阻抗力量。说到底，他们会出现在咨询室里，证明尽管他们很努力，困扰他们的问题依然存在。我们可以商量讨论目标，也可以重塑目标。因此，重新定义一个问题或目标是有效疗愈的重要步骤。

艾瑞克森学派非常注重的原则是：在治疗早期重新定义问题。比如，在策略上我们可以指出个案并没有"抑郁症"（他自己觉得有问题），而是有一种受压抑的愤怒情绪——而治疗师知道如何治疗处理这种情绪。当我们重新定义问题时，双方都会感觉轻松些。

创造一个美好结局的视觉画面

在《圣经》里有一句话："没有异象，民就放肆。"在短期心理治疗里，每次治疗过程及两次治疗之间都应该有具体目标。我从比尔·欧汉龙身上学到的一件事是创造一个视觉画面。比如，告诉个案："想象一台无声的电视机。看着电视荧幕上出现的是你想要达成的事情。告诉我这看起来像什么，包括其中的情境"。

当个案和治疗师一起使用视觉画面技巧时，可以促使改变的发生。短期心理治疗师需要设定目标，需要思考如何在个案身上诱发改变的体验。我经常建议学催眠的学生们，除非你看得到理想目标是什么，不然不要太早带个案进入催眠引导或催眠治疗。

总的来说，不同心理治疗学派关于目标设定有不同的核心价值，没有所谓的谁好谁坏。我们需要记得，在社交情境里的目标，像是治疗目标，跟医学治疗目标不一样，因为心理治疗目标可以由个案和治疗师共同创造。

礼物包装

设立特定目标很重要，而策略性计划如何呈现这个目标也同等重要。治疗师可以问自己："我要如何呈现这个目标给个案？"我把这个呈现的过程称为"礼物包装"，我们完善地呈现这个目标的过程，可以促进目标的实现。

多年前，当一个记者采访说，他认为催眠暗示和新年新希望或许有某种程度的关联，那时我想到"礼物包装"这个创新点子。当记者问我如何定义催眠时，我解释给他听，**催眠是一种礼物包装的独特体验。**

我们可以通过催眠的方法强化治疗上的建议。当我们把概念用催眠包装成礼物传递给个案，治疗的成功概率会增加。进一步可以说，催眠有个功能面向是作为礼物包装使用。

礼物包装并不局限于催眠上的运用。一个故事、一首诗、一幅画、一个玩笑、一个隐喻，都可以被看作是礼物包装。礼物包装本质上是模糊不明，接收礼物的人醒觉，才能发现隐藏的讯息。

1973 年，我很天真地去拜访艾瑞克森，想要学习治疗技巧，因为在我的学术训练里缺乏很多技巧教导。当时，像重新框架或是使用故事逸闻这类技巧是前所未闻的。我没有意识到当时艾瑞克森并没有兴趣要教导技巧，虽然他写了不少关于技巧的文献。

在 20 世纪 70 年代晚期，当我开始教导专业人士时，我主要教导礼物包装技巧，因为我相信这对于成功的治疗很关键。有些治疗师发展出礼物包装的独特能力，并把这样的能力运用在每个个案身上。事实上，可能在个案还没有进入治疗室之前，治疗师已经决定运用这个技巧。有些催眠治疗师对每个个案使用催眠技巧，有些治疗师主要是使用眼动减敏治疗法（EMDR），有些完形治疗师在每个个案身上使用空椅法。如果一个治疗师精通一种治疗方法，这种特定治疗方法或许就能足够刺激产生最佳改变。然而，世界上有许多治疗方法我们可以选择，只使用单一方法可能造成自我设限。

图 2-1 列出了艾瑞克森学派先驱们常用的礼物包装治疗方法。这些方法有大概的顺序排列，依照间接治疗方法的程度递增。间接疗法有个根本原则：间接疗法的程度加深与接收到的阻抗程度有相关影响。治疗师可以从直接建议开始，如果遇到阻抗，再转变到间接疗法。

（1）直接建议

（2）催眠

（3）间接建议

（4）下指令 / 给任务

（5）模糊的功能任务

（6）病症描述

（7）重新框架 / 正向意涵

（8）挑战

（9）替换

（10）梦想预演

（11）未来导向

（12）改变历史

（13）困惑

（14）隐喻

（15）象征

（16）逸事趣闻

（17）身体雕塑

（18）平行沟通

（19）多层次沟通技巧

图 2-1　礼物包装

以上提到的礼物包装技巧，在许多专业期刊及书籍中都有详细记载描述。尽管在本书中我们无法详尽地描述所有技巧，但在第七章会一一提到。

我们可以运用这个图。比如，我们有个目标是运动，我们如何进行礼物包装？我们可以给直接建议，简单地说："你这个星期要运动五天，这会让你感觉好些。"同样的目标也可以用其他方法传递。通过催眠架构的包装，直接建议可以变得更有效。在催眠引导之后，治疗师或许可以说："你的潜意识了解运动的重要性，潜意识会督促你一星期去健身房五天。"

在同一个目标上我们也可以用间接建议。比如，"我不知道这个星期的哪五天你会去运动"。或者我们可以运用一种自相矛盾的重新框架方法："你这一整个星期都不能去运动，因为这会带出你伴侣关于懒惰的不安全感。只有当我们帮你的伴侣感受安全感之后，你才可以去达成你的运动目标。"在这个例子里，运动这个目标被剥夺了，并且被重新框架，作为保护伴侣脆弱的附属品。

"要去运动！去运动！你一定要运动！"治疗师如果重复或强势地建议个案要运动，这样做通常无效。如果用渐进的方法，用多重礼物包装的技巧，通常会造成不一样的结果。

这引出艾瑞克森学派的一个原则，跟创作乐曲是同样的道理，渐进式沟通，而不是反复述说。渐进式做法是我们不断回到同一主题并产生不同变化的方式。相对于重复述说，渐进式沟通更有效能，一个讯息可以通过多种渐进方法来传递。

贝多芬是使用渐进式乐曲的音乐大师。在他著名的《第五交响曲》中，乐曲开始时就使用两个音符和四个音调。这个交响乐的主题通过一系列渐进式乐章发展出来——同一个主题多重变化。

在物理世界里，重复增加某个东西的强度可能造成改变：施加更大的力量，反应就会增加。但是一个社交系统并不像物理系统那样运作。渐进式沟通，可能比重复述说来得有效。

总结得出艾瑞克森学派的一个重要原则：通过不同技巧我们可以用礼物包装概念和经验，技巧本身不会有疗效。在医学上，医疗技巧用来疗愈病人。然而，如果我们认为心理治疗跟医学治疗是一样运作的，那是认知上的错误理解，**催眠无法疗愈任何人。眼动减敏治疗技巧、系统化去敏感技巧，或是认知行为技巧，无法疗愈任何人。**

礼物包装是一种激活最佳概念体验的方法（尝试多层次沟通）。礼物包装就像是某种容器，可以把有用的概念传递到接收者身上，讯息可以传递到头脑、心智等多个不同层次。这是一种把简单的概念想法激活的重要方法。

量身定制

短期心理治疗无法单靠礼物包装目标达成。一个讯息的有效与否是依据它所诱发的反应来决定的，而不是由技巧的熟练与否决定的。要增加个案正向反应，我们可以量身定制治疗方法来符合个案的独特需求。

量身定制是治疗师深刻了解个案所处位置及观点，并分辨如何使用它的过程。这个过程对治疗师而言可能是种挑战。根本概念是，治疗师保持不评判的态度，开放心怀去了解如何运用个案所在位置。量身定制是通过个案的观点做治疗。如果个案有一种缓慢步调又沉闷的个人风格，治疗师可以找到方法运用这种风格。或许我们可以把这样的个案看作似“禅”一般的风格，他总是花时间让自己保持在正念觉察里。

我们可以修正礼物包装来符合个案需求。但是，请记得，对个案 A 有效的重新框架，不见得对个案 B 有效；对个案 A 有效的催眠，不见得对个案 B 有效。治疗师应该致力于用个案的经验式语言与个案沟通。纳尔逊・曼德拉（Nelson Mandela）曾经说过：**“如果你用一个人听得懂的语言与他沟通，他会记在脑子里；如果你用对方的经验语言与他沟通，他会记在心里。”**

量身定制意味每次治疗过程定制化，对艾瑞克森而言这是最重要的事。艾瑞克森的好朋友及合作伙伴，玛格丽特・米德（Margret Mead），著名的人类学家，在艾瑞克森七十五岁生日时写了一篇祝贺文刊登在《美国临床催眠学术期刊》上，其中她提到**艾瑞克森对于每个个案都会发展一种新的治疗方法**（Mead，1976）。

1978 年我开始筹备第一届艾瑞克森学派国际年会，艾瑞克森当时还活着。然而，他在这个大会正式开始前八个月去世了，大会在 1980 年 12 月举办。我当时满心期待这个大会正好在他七十九岁生日时举办，虽然这个愿望最终没有实现。不过他去世前知道有七百五十人报名参加这个大会，其中有许多人从来没有参加过催眠国际大会。

那时，我邀请艾瑞克森写一段话总结他的治疗风格，可以印在大会的手册上。他写道："每个人都是独一无二的个体。因此，心理治疗应该依据每个人独特需求量身定制，而不是强求将个人套进一个人类行为的框架理论里。"

我在做治疗时，通常不会从目标开始，而会从量身定制开始。当我了解个案所处的位置及观点，了解问题持续存在的背后机制时，我更容易量身定制目标，选择我的礼物包装方式。在第五章，我们会更深入探讨量身定制。

创造一个过程

一旦量身定制目标，并且完成礼物包装，治疗师会面临另一个挑战：创造一个赋权个案的过程。在专业领域进步的路途上，我发现过程变得非常重要。在我还不了解策略性过程之前，我研究礼物包装，然后我慢慢发现治疗不仅仅在技巧层面。在我重新研究艾瑞克森时，我发现之前没看到他某个天才面向，他极度看重策略性过程。在网球或是高尔夫球领域，学习技巧的目的是打到球，但是在这些比赛过程中，前置准备及后续跟进同等重要。

不仅在运动领域我们运用策略性发展过程，在电视和电影的专业领域也有三步骤过程。这三步骤的组成是：进入、主题发展、退出。电影里第一个场景是飞机在天空飞（作为进入的场景），这引导到下个场景，某些事发生在飞机里（主题发展）。而退出场景可能是一段音乐或一段对话，这会接续到下一个场景。电影导演知道如何运用三步骤跟观众沟通，这会加深醒觉式经验感受。

餐厅里的菜单有类似三步骤过程，前菜、主菜、甜点。**在心理治疗里，催眠可以是前菜，是主菜，或是甜点。**催眠可以作为治疗的准备工作，作为治疗主轴，或是作为治疗主轴的后续跟进，也就是，建议个案将治疗主轴诱发的资源落实运用在日常生活中。

表 2-1 阐述的是策略性发展三步骤常用方法。

表 2-1　治疗的过程

准备工作	治疗主轴	后续跟进
评估	直接建议	确认
跟随	催眠	遗忘
种种子	间接建议	过程说明
处理阻抗	直接指令 / 给任务	梦想排练
建立反应	病症描述	测试治疗结果
催眠	重新框架	任务
同理心	艰困挑战	写信 / 写 E-mail/ 打电话
重新定义	隐喻	催眠
去稳定化	轶事趣闻	激励
激励	多层次沟通	建立自信

图 2-2 描述了艾瑞克森做治疗时呈现的时间线。

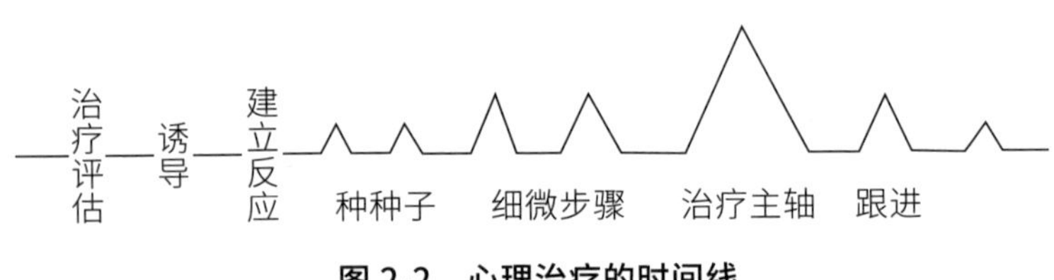

图 2-2　心理治疗的时间线

在这部影片的治疗里，艾瑞克森说了个五分钟故事作为治疗主轴，但是他在讲故事之前花了半小时建构一个戏剧化效果。然后，他又花了半小时的时间跟进这个故事。通过一系列策略性步骤，艾瑞克森花时间建构治疗舞台，五分钟时间提供包装精美的目标，然后花时间后续跟进完成整个过程。

一个剧作家运用策略性过程来编写剧本。故事主题总是逐步发展的，在主题开始前有些线索铺陈事件和情境发生，或许也运用短暂回顾片段。但是最终，在所有电影里，导演会整合所有元素创造一个完整结局。小说家和作曲家也使用类似戏剧化过程；甚至建筑师也可能在入口处加入一个元素作为线索，然后整栋大楼接着延伸汇整到同一主题。

我们可以把戏剧化过程看成一系列富有韵律感的步骤，如图 2-3 所示。

在还是研究生时，我学习用简单句子沟通。所以，在早期的专业工作上，我经常使用简单句子作为主要疗法，然后我跟艾瑞克森学习。我发现他经常用三句一组的方式说话，在过程里运用多变方法：进入、提供主要疗法、退出。我最终理解了他如此策略发展的重要性，随之而来，这也变成我自己在生活及工作中的主要沟通方式。

在催眠引导中，我也描述了三句一组的催眠语句，称为“解离陈述

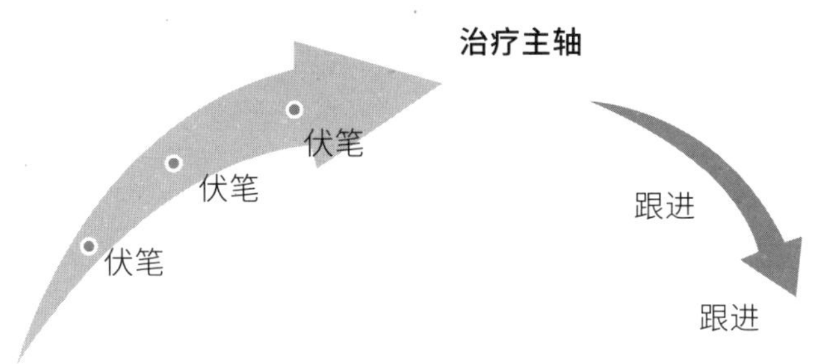

图 2-3　戏剧化过程

句”（Zeig，2014）。以下是一个例子。

（1）你的意识心智可以注意到我说话声音，当你……

（2）……你的潜意识心智可以探索内在声音变化，因为……

（3）……能够完整体验一件事很棒。

第一步跟随当下现实情境。第二步有目的地加入模糊暗示：“探索内在声音变化。”第三步提供一个动机用来加深体验感受。这个最基本的形式里有三个步骤是：跟随、暗示、激励。其中的模糊暗示“探索内在声音变化”是设计用来激活个案内在体验的。

如果医生运用三步骤过程，病患配合度可能提高。让我们举例来看看这如何运作。比如，一个职业音乐家去看医生。他的医生可以这样说：“（1）今天你来看病，我知道这对你而言很重要。我知道贯彻始终及勤勉不懈向来是你在专业上成功的主因。（2）这是你的处方笺（或许用一种平行沟通语气强调），请按时吃药。（3）这药会帮助你在成功的道路上继续迈进。这药已经帮助其他许多跟你有类似症状的人。”再次强调三步骤：跟随、暗示、鼓励（进入、提供主要疗法、退出）。

运用策略过程提供量身定制及礼物包装的目标是，帮助治疗师在治疗上更深入、更有效率。治疗师如果学习这些方法并运用在临床治疗工作上，治疗效果会更持久、深入、有效率。

我们前文提到的四个选择点，在各自位置上都有一个核心提问。但是，把它们放在一起，就会有个核心提问出现："我如何做治疗？"治疗师可以通过读书或是传统教育系统学习四个选择点。在第五个选择点，我们探讨一个完全不同的提问："身为治疗师我该如何看待自己？"要学习这第五个选择点，最好是通过直接体验而不是学术性知识——最好是通过心灵导师督导启发。

治疗师的态度

治疗师的态度对于成功治疗至关重要，或许是最重要因素。

我们可以思考四个类别：滤镜、肌肉、心、帽子。在个人生活和专业领域中我们都有滤镜：看事情的角度。我们都有肌肉：做事情的方法。我们也都有心：慈悲心。我们也都有一顶"帽子"，或称为社交角色。（英文谚语说，"她戴了很多顶帽子"，表示她善于人际交往，角色多变。）

在成长过程中，我了解了传统的看事情角度和做事方法，而且对于慈悲心和社交角色有刻板印象。另外，我的专业训练教会我一些关于滤镜、肌肉、心和帽子的特别的事。比如，当我学习人际沟通分析时，我会从"游戏"和"人生脚本"的角度看事情。这个过程通常使我变成一种说教式的态度，教导个案一种结构式分析，包括评估个案内在父母、内在小孩、内在大人的自我状态。人际沟通分析通常以团体方式进行，在团体成员中会产生慈悲心。我的社交角色是运用我自由奔放的内在小孩的自我状态，我很享受这个带团体的过程。

而在精神分析里，治疗师会寻找移情作用及运用诠释。他们会用一种较正式的方法表达他们的慈悲心，而他们的社交角色在整个疗程里从头到尾都一致。

治疗是否有效，很大部分取决于治疗师的态度或是状态。治疗目标通过个案所在位置与治疗师态度之间的互动决定。第十一章我们会深入讨论如何发展治疗师状态。

当我看个案时，通常会有一个幻想。我想象一颗钻石在我眼前——更具体而言，钻石选择点模式（见图 2-4）。我的主要治疗方法是基于使这五个选择点都有效。

这个钻石选择点模式是奠基于五个关键选择点：目标、量身定制、礼物包装、策略过程、治疗师的态度。再次强调，治疗师设定目标的提问

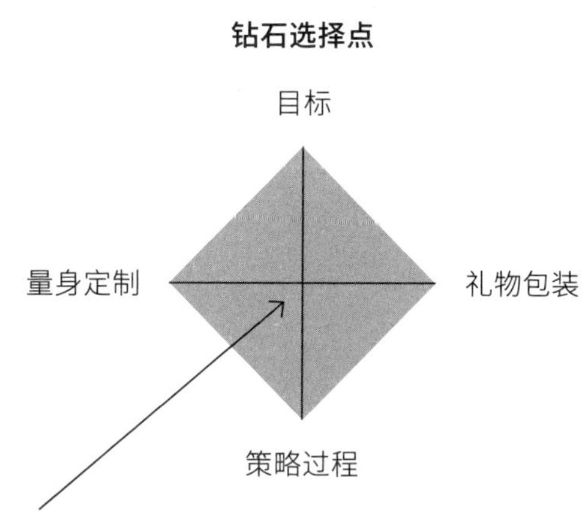

图 2-4　艾瑞克森学派钻石选择点模式

是：我想要沟通什么？量身定制的问题是：我如何量身定做治疗？礼物包装的问题是：我如何沟通这个目标？策略性过程的提问是：我该创造怎样的过程？治疗师也可以问自己：作为一个治疗师，我想要扮演怎样角色？我如何做？

心理治疗起源于精神分析学派，当时的治疗师只有一个位置，每个治疗师都说同样的话。在当时，运用统一教材很重要，因为治疗目标是诱发移情作用：释放阻碍日常生活功能的负面压抑回忆，使这些回忆浮现。

在弗洛伊德年代，治疗师没有针对如何使用所有“沟通”管道产生疗效进行培训，他们没学过姿势、动作、诗意表达等。在当时，如果治疗师的行为影响个案的移情作用，这是错误的。移情必须毫无差错地呈现在治疗师的“空白荧幕”上。

如果治疗师干扰了个案的移情作用，会被认为产生“反移情作用”。反移情的定义是治疗师的情感跟个案混搅在一起。这可能是治疗师的潜意识情感，在治疗过程中被搅动而浮现，治疗师把这些情感投射叠加到个案身上。而这种反移情对个案的治疗可能是好的，也可能是坏的。

在传统精神分析领域，社交角色是固定的。个案有排好的预约时间，可能是一星期三次到五次治疗。精神分析师会跟个案握手；然后个案躺在沙发上，把所有浮现在脑海的东西讲出来。精神分析师有三种技巧：诠释（interpretation），澄清（clarification），面质（confrontation）。精神分析师不会特别活跃，仅仅做些诠释。比如，精神分析师会说：“我很好奇这件事是否让你想起过去的某个东西。”整整50分钟之后，精神分析师会说：“时间到了，今天到此为止。”然后精神分析师和个案再次握手，个案从另一扇门离开，如此才不会碰见其他来做治疗的个案。

在艾瑞克森学派和其他短期心理治疗学派中，治疗师比较有弹性、较灵活。建立一个制式化的治疗框架对于某些学派有用，尤其是当目标放在人格改变上时。当我们的目标随情境改变时，要运用策略性方法，因为我们想要的治疗目标比设定一个狭隘固定框架来得重要。

一个运用选择点的假想例子

我们介绍的这五个选择点可以提升治疗师的灵活弹性以及高效能。如果治疗师有个目标，并选择直接跟个案说明白，这可能诱发改变。如果是这种情况，我们不需要做其他任何事。如果这种方法无效，治疗师可以重新定义先前的问题，然后说："你检视自身问题的角度有问题。你看事物的角度会影响你的自信心和情绪。"

如果这样无效，治疗师还有其他选择。其中一个选择是说同样的话，只是增加说话强度、力道。比如说："改变你对现实的看法让自己好过一些，这非常重要！"然后说："这非常非常重要，你可以改变你对现实的看法，让自己更好过些。"这是一种机械性的重复模式。

如果一个物件拒绝移动，我们就加强推拉力道。在医学上我们也发现了同样道理。如果病患对于某种药物没有反应，医生可能增加约剂量就会有效果了。

然而在心理治疗里，"加强药量"经常无效。所以，治疗师可以选择改变自己的治疗方法。治疗师可以这样说（隐喻式的）："看看你生活里的花朵，而不是看杂草。"或是："你没有最大化运用过去的人生经验。"或是："你没有用最好的方式与人连接。"或是："你没有活出生命的意义。"或是："你没有抑郁症，你只是无聊而已。"记住，我们可以灵活运用目标。

就像之前提到的，我们可以定义问题是存在于自身内还是在关系之中。问题可以存在于一个人内在，两个人互动间，或是在团体内，就像问题存在于家庭或工作团队里。问题也可以被定义为一个团体在一个机构里的互动或是受到某种特定文化的影响。治疗师经常把个案问题看成是仅存在于个案内在的。然而，这并不总是有效，所以治疗师可以尝试一下关系上的定义，从不同角度寻找答案，然后记住，在一个情境里有效，不见得在另一个情境里有效。

目标在某些原则上是普世通用的。比如在医学上，如果一个人骨折了，医师就会治好他。然而在一个社交情境里，比如心理治疗中，目标是通过个案所在的位置及治疗师的态度两者间的互动共同创造的。**在社交情境里，目标不是固定的，是灵活有弹性的。**这就提到我们治疗师的一个原则：创造容易达成的目标。

如果治疗师不想改变目标，另一个选择是找到新方法包装目标。比如，如果目标是运动，治疗师可以诱发一个催眠，然后暗示："现在你可以运动。"治疗师也可以把故事包装在运动的概念里。

如果这个也无效，治疗师可以运用量身定制，使用个案的经验语言来沟通。此外的选择是改变过程，运用三步骤法：准备工作、治疗主轴、后续跟进。如果这些都没有效，还有最后一个选择：改变治疗师。这并不是叫你转介个案给别人或同事，而是说治疗师本身必须改变，治疗师可以变得更加好玩、更严肃、更有说教性、更经验式、更灵活等。

我跟艾瑞克森学习超过数百个小时，个别学习或是团体学习，有一半时间他都在帮我成为更灵活的人。治疗可以从治疗师本身变得更灵活这个议题开始。最终的目标是要诱发个案的灵活弹性。

当个案有问题时，有些治疗师会帮助个案寻找原因。一般来说，人们喜欢寻找问题起因，因为他们觉得这是必要的。人们经常想要冠上责任："这是你的错""这是我的错"。就像我先前说过，在亲密关系里，伴侣可以选择要坚持自己是对的，或是为了关系能继续而放弃这种坚持"我一定是对的”的想法。

对于许多问题我们不知道原因，每个人都有自己的想法，但我们经常无法自制地想要寻找原因，或是责怪别人，把责任推到别人身上，就好像原因会带来解答一样。事实上，指责这是别人的错或是别人的责任，并不会诱发解答。

我们在第三章、第四章会看到另一种方法是分辨问题元素。还记得艾瑞克森那个笨拙的抽烟斗朋友的故事吗？运用元素，治疗师可以创造出问题的地图，甚至能创造出解答的地图。为了更好地了解元素的重要性，下一章我们会解构催眠。

回顾，这一章列出的原则如下：

- 创造问题地图，创造解答地图。
- 寻找一个互动式解答，邀请其他人参与在解答方案里。
- 选择简单容易解决的目标。
- 在刚开始就重新定义问题。
- 你感受到的阻抗有多少，就放多少分量的间接沟通在治疗里。
- 运用渐进式方法，而不是单调重复。
- 技巧是用来礼物包装概念和经验的，技巧本身没有疗效。
- 创造容易达成的目标。

第三章

CHAPTER THREE

催眠教会我的事：解构各种元素

我建立了一个情境，让催眠可以自然发生。随着时间过去，我即兴演出。我创造了诗篇来触碰他们的心，我没有提供直接的讯息给他们的左脑。

我提供给学生的催眠引导

以下催眠脚本是我在教导基础临床心理治疗实务课程时，所带领的团体催眠引导。这并不是一个催眠课程，只有少数学生体验过催眠。我的目标是让学生体验醒觉式沟通，通过引导各种元素，我们可以构建完整状态，并且统整这些诱发出来的元素。更进一步，我希望学生能够了解如何通过解构个案问题，将其转变成各种元素，来了解建立目标的过程。

这个催眠引导，一开始是比较说教式的语气，然后我慢慢转变成比较催眠式的引导，通过改变我的音调、说话速度，以及说话的方式来达成目标。

开头我们这样说——

你对于催眠有兴趣，觉得催眠是一件可以尝试的事情，可以了解一下……可以体验一下。你可以理性地了解一下催眠，但如果你真的有兴趣要体验催眠，可以不费力气地花一秒钟时间……所以你可以……看到自己舒服地坐着……这或许代表了你的肩膀很放松，你的手安放在大腿上，你的拇指没有碰触任何部位。你可以感觉脚很稳地踏地，可以帮助你的身体安定。你也可以感觉耳朵安定，我正在对你的耳朵说话。

这可以是很有趣的……做一个深呼吸，你感觉很愉悦，很有价值……再做一个轻松呼吸，注意到你何时全然地吐气……全然地放下。就算你的眼睛张开，你可以专注……真的专注在你的内在。当你的眼睛打开时，你可以……专注在放松体验里面。或者，你可以……闭上眼睛。我不知道你如何可以……感受到放松，但你可能体验到放松感觉。

突然，当你做个轻松呼吸，当你全然地吐气，可能感觉放松就像一种温暖感受。你会在身体的中心点感受到这种温暖吗？还是你会在后脑勺感受到这种温暖？然后你可以……不费力气地休息……不费力气地了解你的内在心智，可以帮助你更多体验……体验一种放松感觉。

你们当中或许有些人会看到一个放松的视觉影像。你可能看到放松画面，或许有漂亮颜色、有趣形状，还有一个放松时刻。对其他人而言，可能会想起跟放松有关的回忆。

某个片刻，你可能是个小孩子。或许你在一个安全的地方。或许你待在家里躺在床上，爸妈正在讲故事给你听。然后当你发现一个体验放松的方法，你可以很轻柔地……轻柔地，闭着眼睛，向上看。做一个深呼吸，当你完全吐气时，可以发现放松的方式改变了，你会注意到这个放松如何变得更加鲜明，能深刻地感受。

很有趣，你的脚放在地板上，而你完全没注意到。你完全没注意到……来自椅子的支撑。这个部分看起来，你就像是没有身体的心智。你看起来就像是一个智慧体，毫不费力地在空间和时间里游走。

突然之间，画面、感觉和鲜明的回忆可能以一种独特方式来到你脑海中……用一种你觉得很棒的方式来临。但你总会记得，在任何时刻，当你想要体验的时候，闭上眼睛，花时间做个深呼吸，眼珠向上看，然后全然地吐气。然后在你全然吐气时，可以鲜明地感觉到生理、心理最放松的状态。

然后可以有个改变，当你的身体调整到休息状态时，改变可以发生。你的呼吸节奏改变了。你吞口水的生理反应也改变了。你可以感觉到声音变得更加清晰，也可能感觉周围变得更加安定。你可以有个理由帮助自己进入催眠状态，享受片刻放松，找到问题的解决方案，或许有个片刻你可以发现内在资源，一个引导你改变的内在资源。

我将会保持静默几秒钟。而这就像是你拥有所有的时间，对你而言有足够的时间帮助你体验催眠，加强你的自我实现；深刻体验内在的美妙感觉。几秒钟的时间可以是全世界所有的时间……

接下来，我想要你思考一下：现在你感受到的最鲜明的是什么？是感官感觉、图像，还是回忆？而你可以体验那个独一无二的催眠，当你开始反思这个问题——“现在对我而言什么最鲜明”的时候。

接着，我邀请你把自己带回来。你现在可以把自己带回来……回到当下，全然地。做一个、两个或三个轻松的呼吸，伸展一下，把自己带回来……全然地清醒。

在这个催眠引导之后，我询问学生们体验到了什么。一个学生说：“我进入得很深。”另一个学生说：“我看见蓝色天空，一片白云，以及一个广大湖泊。”有人接着说：“我跟一个男人站在桥下。”有人接着说：“我感觉很热，开始流汗。”有学生说：“我感受到空无。”有人说他经验到阻抗。此外有三个学生描述了三种不同经验：“我跟我的呼吸连接。”“我在一条河流里，感觉很舒服，突然感觉受到惊吓，我必须离开那条河流。”“我感受到解离。”

学生们有许多不同的主观经验，他们大多数都在催眠的国度里。我带着一个意图希望帮助这些学生建立一个情境让催眠可以自然发生，而这些学生的不同反应强烈呈现出一个事实：催眠是一种非常主观的个人经验。

我接着解释：“团体催眠的一个缺点是，我无法帮每个人量身定制催眠引导。另一个缺点是，催眠应该是双向互动对话——而在做团体催眠时，我无法跟所有人同时双向对话。基本上，团体催眠比较像是有人带领的静心冥想。”

我指出催眠式沟通的根本架构有别于其他传递讯息的方法。在做团体催眠引导时，我使用了醒觉式沟通，而不是告知式沟通。我没有提供直接建议或是指导，而是提供经验。我的沟通是模糊隐晦的，而不是直线式逻辑沟通。

告知式的沟通是直线式的，而醒觉式沟通是模糊隐晦的。早先在课堂里，我使用告知式沟通来教导知识。但当我开始做催眠并且提供经验时，我开始使用醒觉式沟通。这就好像是我把“玩具”放在学生的心灵舞台上，邀请他们开始跟这些玩具玩耍互动。

在过程中，我建立了一个情境，让催眠可以自然发生。我提供给学生的催眠引导，并不是从催眠脚本中照本宣科读来的；随着时间过去，我即兴演出。从隐喻的层面来看，我创造了诗篇来触碰他们的心，我没有提供直接的讯息给他们的左脑。

让我们检视一下，我在这个催眠引导中所使用的策略性目标。我希望能够刺激活化不同元素交互运作，让所有的学生可以体验到催眠。我如此做是因为人们可以通过许多种方法体验催眠，我知道当人们说他们被催眠了，基本上是根据他们自己的主观定义这么说的。

进入催眠的不同路径

以下是人们进入催眠的常见路径。

第一，当检视内在时，有些人说："我在催眠状态里。"如果这是他们对于催眠的评判标准，治疗师应该要接受这个说法。

第二，有些人需要一些强度改变来感受到催眠。当他们深度放松，画面和声音变得鲜明，他们会说自己被催眠了。对有些人而言，某些事情反而变得很模糊。某些人会对身体的某个部分失去知觉，或是对于时间的概念变得模糊。不论事物变得鲜明清楚或是变得模糊不清，这些人都会觉得自己进入了催眠里。

第三，有些人同时需要注意力和强度的改变，才会感觉进入催眠，也有些人需要解离现象。解离可以单独存在，或是以下三种过程的任意组合。

- 当事情就只是"自然发生"。比如，一个画面突然出现，或是被催眠的人无预警地感受到一种情绪，或是无预警地感受到一个不寻常的鲜明回忆。
- 当一个人感觉到分离的感受。有一种感觉是"既是整体的一部分，也是从整体里分离出来的"。比如，个案进入一个场景，他自己走在沙滩上，可能会说："我知道我在这里，但我也同时在沙滩上。"
- 当一个人感受到轻微的去稳定化——感觉某些事物莫名地失去平衡。

有些人需要这三种现象一起才会感觉自己在催眠里：注意力的改变、强度的改变、体验到解离。

第四，有些人需要通过生理反应间接地经验到改变。他们并没有意识到给他们的提示，而只是很自然地做出改变。有时候他们做出反应，一点也没有觉察到自己在改变。在催眠时我们着重在建立更多间接反应。

以下是个隐喻：催眠就像是治疗师敲个案的门，而当个案对于隐含的意义做出反应时，就好像在说：“欢迎来到我家，你可以帮我重新布置这个家。”对于双关语反应的研究是社会心理学的范畴。同时也是所有艺术的基础。要进一步了解间接暗示，尤其是跟催眠有关的部分，请参照相关研究（Zeig，2015）。

第五，有些人需要情境标注——在情境上把某个经验标注成催眠状态。在帮学生做团体催眠时，我用了一种艾瑞克森最擅长的手法，也就是间接定义情境。

比如，在一个咨询环境里，艾瑞克森会突然进入一种吟诵状态：“我将要提醒你发生在很久很久以前的某件事。”当他改变说话的音调和速度，将声音方向从个案身上移走（通常是看向地板），他在暗示着：“该是时候进入催眠了。”借由间接定义情境改变，艾瑞克森同时完成了两个目标：他获得人们对于暗示所产生的反应，同时定义这是一种催眠状态（Zeig，2014）。

有些人需要五种元素来确认自己是否在催眠里：向内聚焦、强度的改变、解离、生理反应的改变、情境的标注。我永远不会知道个案何时会说“我进入催眠里了”，或是他/她需要什么来证明自己已经在催眠里。因此，我通常在开始会谈时将这五种元素放在个案的心灵“舞台”上，最终通过催眠里的互动对话，学到个案的认定标准。要诱发催眠，治疗师可以引导个案到组成元素里。要刺激改变发生，治疗师也可以对于个案的问题或解决方案如此做。

催眠是一种事情自然发生的方法。它是一种元素的汇整，会随时间而改变。催眠是综合元素组成的，就像某些疾病是症候群一样。比如，梅尼尔氏症（Meniere’s disease）是一种生理失衡，医学上称之为疾病，有一系列的症状，包括耳鸣、失去听力，以及失去平衡感。几年前，慢性疲劳症候群被重新定义为一种疾病。因为它有一系列的症状，所以被认为是种症候群。

催眠是一种症候群，因为它有社交、心理、情境上的交错组合。催眠有三种内在心灵元素：注意力的改变、感官强度的变化、解离现象的诱发。社交心理元素是指个案对于暗示的反应。情境背景元素是指明显的或是隐藏的情境定义。

我从来不知道个案需要什么才能够感受到负责任、被激励、快乐、好奇，或是改善关系这些体验。因此，我寻找不同元素来诱发这些状态。我不会把这些状态看成是单一个体。相反，我会去了解这些状态里的不同元素，处理这些元素。我把个案的问题画出一个元素地图，这是一个会创造解决方案的元素地图。

逻辑思考上常有一个谬误，把催眠或心理社交问题看成是单一个体，而不是一个会随时间改变协同运作的元素综合体。而当一个治疗师了解了催眠或是问题的组成元素，就会很容易创造出一个量身定制的催眠引导。当我们在建立心理治疗的目标时，也可以使用类似的解构过程，在第四章我们会详述。

第四章

CHAPTER FOUR

催眠教会我的事：在治疗里建立目标

治疗可以是一种不寻常的对话。如果用树做比喻，弗洛伊德的兴趣在于树根。他暗示我们，只要找到树根，就能改变这棵树。艾瑞克森学派的目标是要唤醒这棵树沉睡的潜力。

催眠练习会帮助临床治疗师了解不同状态，就算是简单催眠引导也可能有减轻症状的效果。个案可以看到自己改变的状态。这一章，我们会在催眠模式的基础上，拓宽治疗师对于建立目标的理解观点，问题是一种状态，而这种状态可以分解成许多小元素。

当我在教课时，改变状态本身就可以是一个目标。以下是个例子。

20 世纪 70 年代，当我跟在艾瑞克森身边学习时，我通常住在他家的客房里。在客房的衣橱地板上有一箱很老旧的卷盘式录音带，是艾瑞克森的演讲录音。我询问他我可不可以听这些演讲录音，并把它们转录到卡式录音带上面，他同意了。之后，我跟他说，这些演讲比较像是催眠引导而不像是专业学术演讲。他解释："我从来没有听过这些演讲录音内容。我通常不教学术内容，我演讲教学是为了激励人们产生不同状态。"（Zeig，1985，p.6）

当时，我是研究所学生，我的研究态度是消化吸收并反刍学到的事实。我很难想象一场演讲的目的是要诱发一个不一样的状态。我绞尽脑汁才能理解这样的做法。

一个诱发状态的根本原则是，了解组成元素，并激活这些元素运作。让我们通过"状态模式"这个观点来思考一下个案问题。如果个案处于一种很糟糕的状态里——对于个案或是其他人来说都是无效的状态——治疗师的工作就是帮助个案创造一种最佳状态，而这可以通过诱发元素达成。我们可以把催眠当成一种好用的工具，或作为一种完形治疗工具的标签。我们也可以把催眠当成一种状态，通过醒觉式过程可以更好地诱发催眠和其他状态。但是，人们往往给催眠加上很多规则，把催眠变成一种公式演算。

启发式和公式演算

启发式和公式演算这两者差异很大。公式演算是提供一连串规则用来解决问题，目的是告知。启发式是从过去的经验里发展出对应策略，把许多复杂的假设简单化。因此，这更倾向于一种经验式做法（关于治疗里的启发式做法，参见 Zeig，2002）。

电脑是一种公式演算运作。公式演算总会产生一个具体解决方案。运用演算式的方法包括一个线性思考，逻辑上的合理步骤，引导到有形结果。在很多情况下，电脑运作得比人脑好。电脑可以被设定成下棋高手，比人类厉害，因为电脑有巨量的计算能力，可以分析下棋每一步的可能性。

演算式方法可以很优雅。关于伟大数学家卡尔·弗里德里希·高斯（Carl Friedrich Gauss），有个杜撰的故事。当他还是小学生时，老师给学生们布置一个作业，从 1 加到 100 的总和是多少。高斯不需要黑板或是纸本，只是很简单地写下 5050。这一切都在他头脑里计算完成，这么小就展现了他过人的数学能力。当人们问他，他的计算过程是什么，他回答："1 加 100 是 101。2 加上 99 也是 101。3 加上 98 也是 101。我只要把 101 乘上 50 次就是答案 5050。"

高斯展现了一种优雅的公式演算。但是，社交行为无法用这样的方法计算，因为没有一个具体的答案或是解决方法。**快乐是一个过程，并不是一个具体结果。**

大多数治疗师接受公式演算的培训教育：这里有种治疗方法，照着做就行；这里有个治疗流程，照做就行了。这种做法有个问题，就是个案呈现的问题很少会有具体明确的解决方案。比如，如果个案说，“我想要快乐”，或是“我想要做事更有效率”，或者“我想要积极上进”，或是“我想要有幸福的亲密关系”，这些都没有明确解决方法。个案经常困在糟糕的状态里，想要改变进入最佳状态里。

因此，治疗师在大多数治疗过程中应该放弃使用公式演算治疗法。因为对于大部分心理问题而言并没有一个明确的解决方法。治疗师应该使用有效的启发式疗法。在我做治疗的风格里最常见的启发式疗法是创造可以诱发状态和次状态的经验。

我们看一下常见的临床抑郁症问题。有时候治疗师会问个案：“你怎么知道你是抑郁的？”这个问题是一种企图，用来了解问题地图——了解这个人的抑郁经验组成元素。

一个个案可能会说：“我知道我很抑郁，因为我内在很迷惘。”另一个个案可能会说：“因为我不停地想到过去的事。”有的人可能会说：“因为我什么事都没做，一直在退缩。”或者有人说：“因为我没有力气，没有能量。”或者有人说：“因为我是生活的失败者。”所以，我们就看到了人们在抑郁经验里的许多元素。

创造地图

表 4-1 是抑郁症的一般症状地图。当然，最有价值的地图能够呈现

一个独特的个案是如何“产生”抑郁症的。

如果一个个案“产生”表 4-1 里的一些组合元素，个案会按他 / 她自己的经验归结为抑郁症。

在哲学的宇宙里有许多滤镜。一个医生可能会将抑郁症看为神经传

表 4-1　抑郁症

抑郁症
过度专注在内在（钻牛角尖）
活在过去
消极
负面思考
感觉没有希望、没有梦想
会自我处罚
社交上退缩
比较依赖感觉
封闭思考、容易批判
不相信别人的称赞
吸收社交能量
会经常这样说，“如果……就好了”
感觉没有力气
告诉自己，“我不行”
感觉像是受害者
视野和深度受限

导物质失去功能的疾病，需要用抑郁药物治疗。在某些情况下，这是正确的。然而，抑郁症通常会伴随其他因素。

所以，身为治疗师，我们通过社交情境来面对个案，也应该将问题看作可以用社交的方法来处理的。从社交建构的角度来看，抑郁症不存在。抑郁症只是一个大的分类，就好像催眠也是一个大的分类。治疗师需要了解能让抑郁症持续发生的各种元素，如此做就可以创造出有效的策略治疗方法。

一旦我们画出抑郁症（或焦虑，或其他问题）的地图，解决方案的元素就变得清晰明显了。当我们“翻转”问题，解决方案各种元素的地图就浮现了。

表 4-2 列出了抑郁和快乐这两者的不同组成元素。如果你发现自己较多的是左边列出来的元素组合，你很有可能是抑郁的。如果你发现自己比较多的是右边列出来的元素组合，你很有可能是快乐的。

一旦我们认出问题状态的各种元素，就很容易“翻转”它们，看到解决之道的组成元素。每一个“抑郁”个案都拥有可以构建解决之道的过去经验的组成元素，他们可以通过自身经验去唤醒这些元素。

治疗师应该要画出解决之道组成元素的地图。创造一个地图，其中一个方法是探讨人类功能的独特性，包括行为、想法、情感、态度、感知、身体的唤醒、身体姿势、言语模式、对于时间的感知、人际关系模式。我们可以通过这些元素来画出问题或是解决之道的地图。也就是，创造问题的地图，创造解决之道的地图。

我们在第六章会讲到更加复杂的地图系统，但是现在让我们进一步探讨状态的概念延伸。

如果一个人明天早上起床说：“这是美好的一天。我想今天我要做个传统心理学家。”或是另一种说法：“这是美好的一天。我想今天我要做个

表 4-2　抑郁与快乐

抑郁	快乐
过度专注在内在	聚焦在外在
活在过去	活在现在
消极	积极
负面思考	正向思考
感觉没有希望、没有目标	感觉有希望、有目标
会自我处罚	平衡的
社交上退缩	参与社交活动
比较依赖感觉	比较依赖视觉
封闭且批判	对生命、人们和所有可能性打开
对别人的称赞打折扣	接受别人的称赞
吸收社交能量	散发社交能量
经常会说，“如果……就好了”	经常会说，“是的，然后……”
感觉没有力气	感觉充满能量
告诉自己，“我不行”	告诉自己，“我没有问题”
感觉像是受害者	感觉像是胜利者
视野和深度受限制	视野和深度展开

传统催眠师。”我们来探讨一下这个人可能进入的次状态（见表 4-3）。

一个传统的治疗师会有同理心、接纳、活在当下等。如果传统治疗师是一种音乐，他 / 她会是一个中度的主旋律，并带着悦耳的音调。一个传统的催眠师是比较直接的、给命令的、建议式的，也是驱动力强大的。如

表 4-3　治疗师的次状态

传统治疗师	传统催眠师
有同理心	直接的
倾听的	权威的
接纳	下命令
安静的	给建议的
教育性的	必须服从的
好奇的	驱动力倾向
冷静的	计算的
温暖	积极
在当下	说服式的

果传统催眠师是一种音乐，他 / 她会是理查德·施特劳斯的《查拉图斯特拉如是说》交响曲（*Thus Spoke Zarathustra by Strauss*）。

如果一个人明天早上起床说：“这是美好的一天。今天我想要当一个艾瑞克森学派的治疗师。”那这个人就是经验式、隐喻式、有弹性、会了解系统，并且是引导式的。一个音乐上的比喻像是某种丰富、复杂的基础旋律。对我而言，这就像是贝多芬。然后，以上的任一个次状态都可以刺激个案产生改变。表 4-4 就是艾瑞克森学派治疗师的组成元素。

作为一个治疗师，意味着你可以自由运用元素来创造通用的好状态。所以，在治疗过程中，治疗师应该了解他们自身渴望的状态，并启动相对应的元素。

我们可以运用状态模型来检视并了解催眠、问题、解决方案，甚至治

表 4-4　艾瑞克森学派的次状态

艾瑞克森学派治疗师
经验式的
策略运用
积极的
像导游一般
灵活的
隐喻式的（引导式的）
顺势而为
系统式的
个别化、量身定制
礼物包装

疗师自身状态。比如，以抑郁症为例，治疗师可以建立一种情境将个案引导到快乐状态。其中一种操作过程是处理一个元素而导致系统性改变，这会创造“滚雪球效应”。

艾瑞克森曾经有个女个案是抑郁症，一个想自杀的艺术家。他对她所做的治疗是引导她产生一种快乐元素。艾瑞克森给这个女画家一个任务，每一天都要找到一种“鲜艳色彩”。他知道这个女画家用色彩在创造艺术时，是她一天当中最快乐的时光。所以，骑自行车的男孩变成一种鲜艳颜色。随风飘扬的叶子变成了鲜艳颜色。女画家非常享受这个游戏，她跟她的小孩一起玩这个游戏。艾瑞克森接着说，这个游戏帮助女画家从抑郁症当中走了出来。

抑郁的人通常会困在自己的抑郁情绪里。但是，每个抑郁的人在过去都有过一些快乐的回忆。然而，如果你仅仅告诉一个抑郁的人："快乐一点，因为这是一个美丽的世界，因为生活有很多美好的事物，所以你最好快乐一些。"这样说通常会无效。

再次强调，要改变一个人的系统，我们无法用公式演算的方式带出一种不一样状态。相反，当一个人唤醒某些沉睡回忆，就创造了一种独特的经验。这本书是讲诱发经验和内在资源的过程，而不是逻辑线性的思考或是提供资讯和知识。而这也是催眠矛盾的地方：**催眠好像是要让人进入沉睡里面，但事实上，催眠的艺术是唤醒人们沉睡的潜力和力量。**

表 4-5 列出了状态模式，以及可能的选择。

一个治疗师在状态模式里一般有几个选择：

（1）处理问题的各种元素，而不是一个大问题；

（2）诱发解决方案的各种元素；

（3）运用催眠。

催眠可以作为问题国度与解答国度之间的桥梁。我们以一辆倒退的车为例子。个案经常是在"倒车挡"，而且在做无效的事。也就是说，个案在心理及社交层面上是处于倒车挡状态，视野受限。如果个案是在倒车挡，当他要前进时，必须经过空挡。我们没必要花很多时间在空挡上，但是进入空挡意味状态的改变。如果一个人在伤心欲绝或是高压紧绷状态里，就算只是短暂进入空挡，都是一种大跃进。空挡可以是垫脚石，帮助我们进入一种更理想状态里。

治疗师还有第四个选择：改变治疗师自身。再次强调，不是说要把个案转介给其他人，而是邀请治疗师改变本身状态，因为就像催眠一样，治疗师本身就是问题和解答之间的一座桥梁。世界级心理治疗大师们，比如米尔顿·艾瑞克森（Milton Erickson）、维吉尼亚·萨提亚（Virginia

表 4-5　现象学的观点

抑郁	快乐
比较内向的 活在过去 消极 ……	比较外向的 活在当下 积极 ……
催眠	**治疗师**
专注的 强度 解离 反应 情境定义的 ……	经验式的 策略式的 系统式的 积极的 顺势而为的 ……

Satir）、维克多·弗兰克（Victor Frankl）都是强而有力、活在当下，且深入人心，他们对个案产生的疗愈改变是巨大的且影响深远的。当他们与人相处时会产生独特的影响力，而这奠基于他们截然不同的治疗理论。

既然我们讲到改变的历程，让我们简单看一下心理治疗的历史演化。

心理治疗是从催眠开始的。弗洛伊德一开始去法国跟着夏尔科（Charcot）学习催眠，因为当时没有社交方法来治疗精神疾病，催眠是当时唯一的方法。但之后，弗洛伊德摒弃催眠，因为他发展出独特的自由联想，一种精神分析治疗方法，当时的做法是个案躺在沙发上，而分析师坐在沙发后面、个案看不到的地方。

弗洛伊德生活在维多利亚时代，所以当他跟病患说："进来我的咨询室里，躺在沙发上，把任何浮现在脑海里的东西说出来。"这种做法是全然不寻常的，在当时前所未闻。但是，在当时如此做，很多人很快就好转了。

弗洛伊德把治疗变成一种"不寻常的对话"。这是一个我们可以思考的重要原则：**治疗可以是一种不寻常的对话**。事实上，个案付钱给治疗师，治疗师把所有的焦点放在个案身上，光这一点就是一种不寻常的对话。其他把治疗当作一种不寻常对话的方法包括，要求个案对着一张空椅子说话，或者用催眠的语调建议个案，个案的手臂会自发性地抬起来，而个案不会感觉到这是一个自发性的经验。

我们如果用树做比喻，弗洛伊德的兴趣在于树根。他暗示我们，只要找到树根，你就能改变这棵树。在第二次世界大战之后，心理治疗在美国蓬勃发展，从而衍生奠基于行为制约的治疗方法。行为制约学派的观点是，如果你想要树朝着特定方向生长，给树照一个光，树就会朝着光的方向生长。在这个学派之后，人本主义学派开始发展。人本主义聚焦于提供同理心、真诚地对待个案、有正向意图。爱这棵树、欣赏这棵树。如果你爱这棵树、欣赏感激这棵树，它就会成长。接下来是奠基于系统化原则的家族治疗学派。系统家族治疗学派聚焦于树所在的环境，他们认为改变树所在的环境，就能够改变树。

而现在美国的心理治疗主流是认知行为治疗学派，运用行为的方式来改变想法：也就是改变这棵树"思考"的方式。艾瑞克森则代表了一种激进的改变体验，他聚焦于：**通过醒觉式经验提升并丰富个人，体验改变的发生，进入最佳状态，以及创造正向身份认同**。艾瑞克森学派的目标是要唤醒这棵树沉睡的潜力。在过去几年，情感神经生理学踏上心理治疗的主要舞台，人们更深入地体验正念，以及静心。普世性、创新体验可以使树茂盛茁壮。

我们可以用一种幽默式比喻来看不同心理治疗学派。个案跟治疗师说："今天真是美好的一天！"弗洛伊德的跟随者，一个精神分析师会这样说："我很好奇，你为什么会这么亲密地跟我说话。或许你把我跟你童年时期的某个人搞混了。或许你把我当成是你爸爸了。"精神分析聚焦于过去历史如何污染了现在生活。精神分析师知道，过去的经验会扭曲现在的经验。所以，如果我们分析过去的经验，或许个案就不会被过去的经验污染了。

如果个案遇见一个人本主义治疗师，说："今天真是太美好了！"治疗师可能会回答说："你今天好像感觉很棒。"治疗师的目的是把自身情感带到当下，所以个案可以了解自己的感觉，并且清楚地表达出来。

如果个案遇见一个认知治疗师，然后说："今天真是太美好了！"治疗师可能会回答："你是如何得到这个结论的？有什么数据支持你的说法吗？"这个学派会寻找那些限制个人发展的认知念头和认知扭曲。

如果个案遇见一个艾瑞克森学派治疗师，然后说："今天真是太美好了！"他可能会得到以下反馈："没错，今天真是太美好了。你可以做一个深呼吸，闭上眼睛，当你全然吐气时，真的去体验'今天是美好的一天'。我不知道你如何看到'今天是美好的一天'这个画面，或者是你感受到'今天是美好的一天'这种感觉，或者是你想起'今天是美好的一天'的相关回忆。然后当你做另一个深呼吸，你可以用自己的方式，进入内在并且记得，'今天是美好的一天'。就像你可以回想起过去，你也可以看向未来。因为，当你回家的时候，你手中有一把钥匙，这是属于你的钥匙，你有能力去打开那扇门，你感觉到钥匙插入门孔里，这真是太美好的一天。"然后个案可能会想："我的老天啊，他怎么能够想出这么多东西，而我只是简单地表达‘今天是美好的一天’！”

如果我们想要触碰心智头脑深处，就像是边缘系统里的杏仁体，应该用一种特殊沟通方式，专门设计用来对那个特定大脑区域产生影响。动物通过它们的体验沟通，而不是通过人类语言。艺术家也是通过体验沟通。比如，音乐是一种沟通方式，音乐用一种独特方式影响我们的情感，而这是语言做不到的。舞蹈、电影、诗歌、绘画和其他种类的高端艺术被设计去产生边缘共振的效果。

为了碰触个案更深的心灵内在，我们必须成为优秀的经验式沟通者。我们需要使用醒觉式沟通来创造独特经验。创造地图会增加治疗师的治疗选择。同时，为了强化最佳状态，治疗师可以根据个案的独特本质量身定制独特讯息给个案。

回顾，这一章列出的原则如下：

- 了解元素，并且激活元素交互运作。
- 治疗可以是一种不寻常的对话。

第五章

CHAPTER FIVE

量身定制：评估

来寻求治疗的人们通常认为自己是“受害者”，某种程度上觉得自己做错了，或是有缺陷。一个有智慧的治疗师会假设个案有潜藏的资源，并把潜在资源诱发出来。

引 言

医学上，医疗诊断决定治疗计划。假如一个精神科医生诊断一个病患有精神分裂症，他会开特定精神科用药给病患。医学上，我们认为诊断是全部，自成一体。比如，细菌感染是一个完整诊断，抑郁症是一个完整诊断，癌症是一个完整诊断，等等。然而，只有人的疾病可以被诊断出来，人的资产，包括优点和潜能是无法被诊断的。

在心理治疗领域，一个诊断代表一个公式化治疗计划，个体的独特性变得不是那么重要，关于这一点，我们当然不应该这样看待。更进一步说，社交上的治疗方法跟身体疾病治疗大不相同，因为心理治疗师可以处理许多元素而不是处理一个完整诊断。

在大多数临床工作上，我们会强调诊断的重要性。但我更喜欢用评估的角度来思考。诊断总是会带出病理学上的负面意义，比如假设一个人的系统出了问题。评估则让我们去思考一个人的资产，以及他的负债。同时，诱发个人强项会比聚焦在问题上更有效。“评估（assessment）”和“评量（evaluation）”这两个词，比“诊断（diagnosis）”更有弹性且更有宽广涵盖。

艾瑞克森学派强调个性化治疗。治疗师评估认知层面、感知层面、情绪、心理层面、行为、时空背景、个案在关系里的相对“位置”，然后根据这个评估量身定制一个治疗计划，催眠治疗和心理治疗就可以有效地定制化。

本章检视治疗师可以用来评量个案位置的评估策略，同时也提供了一个概观，治疗师如何整合这些评估讯息来量身定制目标。

简 介

来寻求治疗的人们通常认为自己是“受害者”，某种程度上觉得自己做错了，或是有缺陷。他们常用一种无能为力的方式沟通：“我无法停止抽烟”“我无法正向思考”“我无法有好的亲密关系”“我无法忘记我的过去”“我总感觉未来会继续失败”。

一个有智慧的治疗师会假设个案有潜藏的资源。比如，个案可以有好的亲密关系，可以戒烟，可以正向思考，等等。这个假设前提是，在个案的过去历史中，曾经展现过这样的能力。治疗师的任务就是去发掘个案的正向过去历史，并把潜在资源诱发出来。治疗师可以把这样的假设通过礼物包装的方式传递给个案，让个案体验自身潜力，并且进一步承担自身成败责任。

治疗师应该思考两个关于量身定制的最重要提问：

（1）个案的位置是什么？

（2）我如何运用个案所处的位置来制定礼物包装的目标？

身为治疗师，我们的工作是催化个案的蜕变。为了达到这一点，我们必须了解个案（尽可能在我们能做到的范围内），以及个案的问题。

本章的重点放在评估治疗过程当下的结构，用来诱发最佳状态的浮现。

我在这里提出的框架，跟 ICD（美国疾病诊断标准），以及 DSM（美国精神心理疾病诊断标准）定义的分类标准是不一样的，ICD 和 DSM 都是精神疾病的分类标准，书中的框架不是用来诊断精神疾病的。作为一个经验式治疗师，我对于诱发改变更有兴趣，而不是去分类一个精神疾病，然后给出诊断。因此，我给出一个评估，这个评估会建立一个建设性治疗计划基础。这一章所描述的概要重点包括了一些可被观察到的特性，我们可以在治疗和催眠引导里运用。这些特性不仅是作为一个用来帮助治疗师朝向理想方向前进的路标，同时也可以当作资源使用。

这一章讨论个案所在的位置——他 / 她的个人风格，以及人际关系如何连接——我们可以通过近身观察“读取”这些讯息。这样的评估提供给治疗师宝贵讯息，可以用在治疗计划上。

一个结构完整的评估聚焦于真实存在的条件，而不是追究病因的理论假设。当然，这个评估奠基于治疗师的学派观点。不管是评估还是诊断，都会受到治疗师学派的观点、作为，以及其他相关事物的很大影响。

一个评估基本上是提供给治疗师犀利洞见，以便进入个案所处情境，这会帮助治疗师制订有意义且有效的个性化治疗方法。

个案所在的位置

这一章，我们可以通过两个系统来检视一个人如何看待自己的世界：

（1）评估分类：感知和人际关系风格；

（2）“钩子”：价值观。

我试着概括地、必要地总结一下人格和行为特质。我所提到的分类方式并不总是可以通过学术研究印证的。然而，这些分类方法对我的临床工作帮助很大。

量身定制

量身定制是一种治疗师的人性大冒险——关于了解另一种文化的冒险。我们在治疗里量身定制，就像是旅行进入一个陌生国度，我们希望这趟旅程尽可能多彩多姿，所以会学习这陌生国度里的文化、语言、历史和特殊风景。我们的个案居住在一个陌生国度，我们的工作就是尽可能发现他们更多独一无二的特质。

你可以把这一章看成是旅游导览，提供有用话语、深刻洞察的小叮咛，用来探索新大陆。一趟成功的旅程跟适应力息息相关：这是一种适应陌生环境的能力，而不是要把这个陌生国度变成自己家的复制。艾瑞克森学派治疗师尽可能地适应个案的国度，而不是强迫个案去服从治疗师的主观看法，或是人类行为的学派理论。

这一章，我们理解个案所处的国度。下一章，我们探讨治疗师如何适应变化万千的异国风情。

评估分类：感知和人际关系风格

评估分类主要有两大类：内在心灵层面与外在人际层面。内在心灵层面包括感知运作及处理运作。内在心灵与外在人际关系评估，这两个分类主要依据个案坐落在连续序列里的哪一个点上决定，二者都有两个极端的点，我们定义为个性的极端点。比如，“强化者 / 弱化者”，这代表了某个特定范围里行为的相反两极——在一个连续光谱上我们可以看到个案的行为坐落在序列的什么地方。

我找出了十六种评估分类提供给治疗师，可以适用在个案身上。然而，并不是所有分类都是必要或是绝对重要的，要以个案本身而定。为了决定一个情境里最重要的分类评估，我们看一下以下情况：

- 找到评估分类最失衡的那一项。
- 找到评估分类与个案问题最相关的那一项。这同时也可能是最失衡的那一项。
- 个案如何成功适应类别的改变，以及自身灵活状态。评估分类应该随着持续改变的环境条件而有变化，当遇到挑战时，个人可以快速自在地转换自身角色。当个人受限于过去挫败经验，问题就产生了——僵固会阻止有效改变发生。
- 找到一项落差，就是个案觉得别人（包括治疗师）如何看他，以及他如何看待自己。一般来说，主观和客观有一致性，但是当有不一致存在时，试着从个案看自己的主观角度来与个案连接。

以下的评估分类是我工作里很重要的部分。我从不同的来源萃取这些分类。其他学派的治疗师，依据他们的感觉和偏好会有不同分类。然而艾瑞克森应该会认为这些评估分类是不必要的，甚至就算我列出这些普世性分类，艾瑞克森可能感觉这些分类是局限性的。或许他有个隐藏清单，但是没有任何项目是显而易见的。艾瑞克森提倡灵活运用。比如，如果他发现一个个案是内向多过外向的，他会通过更外显的引导帮助个案创造一种平衡，但是他从来不会明白地讨论这些。

表 5-1　评估分类

内在心灵层面：
感知运作系统
1. 注意力风格
• 内在专注 / 外在专注
• 聚焦 / 散焦
2. 个人偏好的感知系统
• 听觉
• 视觉
• 触觉
思考运作系统
• 线性 / 随机
• 强化 / 弱化
• 特殊化 / 一般化
• 创造 / 删除 / 扭曲
外在人际层面：
人际关系 / 社交分类
• 出生顺序：独生子女 / 老大，中间的小孩，老幺
• 成长背景：都市 / 市郊，乡下 / 小镇
• 责怪别人 / 责怪自己
• 吸收能量 / 散发能量
• 直接 / 间接
• 追赶者 / 逃跑者
• 在上位者 / 在下位者

感知运作系统

感知运作系统是一种正常、自由流动、主要是自动运作的感知处理过程。

注意力风格是一种感知运作系统，其中有显著两极分化：内在专注/外在专注，以及聚焦/散焦。

内在专注/外在专注

个案的注意力是更多倾向内在，还是倾向外在？很明显，特定条件会改变这个因素。比如，当你在开车时，需要更多外在注意力，而不是心里想着日落很美。然而，跳脱这个情境的特定框架，个案可能会想要在某个状态里而不是另一个状态。

艾瑞克森是一个极度专注外在的人。事实上，他是我遇过最专注外在的人。或许是因为长年忍受严重的慢性痛苦，艾瑞克森不得不转移他的内在专注到外在，因为他的内在专注只会让他的疼痛无限放大。靠着聚焦在他身体之外的世界里的细微差别，艾瑞克森练就一身超强的外在感知能力。他能观察出别人非语言行为中的极度细微变化，这样的能力无人能出其右。

相反，我有次跟一个荣格分析师学习，他是如此专注在他的内在状态中，我甚至开始怀疑他是否知道他老婆的眼睛是什么颜色。这类关于眼睛颜色的讯息对他来说无关紧要，他只聚焦于自己内在心灵的各个角落和所有裂缝。

评估分类可以运用在催眠引导以及心理治疗上。如果运用评估分类作为路标，治疗师可以通过聚焦在个案的内在经验，帮内在专注的个案做催眠引导（关于催眠引导的相关资讯，参见 Zeig，2014）。最终，这个催眠引导可以引导到更多外在感知。我们的目的是要诱发感知改变。很有可能个案会回馈一个“独一无二”的经验——一个通过催眠诱发得到的结果，并且个案会回馈其经验到一种完全不同的处理（催眠）模式。

一个帮助内在专注个案的催眠引导可能如下：

你可以闭上眼睛，关注内在，发现在你身体某些地方明显放松下来，然后你真的不知道自己如何更加放松。你会在胸口或是腹部发现更放松吗？这些放松的感觉会向上延伸或是向下延伸吗？

接着，引导到外在：

现在，当你感觉到放松一些，你真的不需要注意到外面冷气机的声音，这一点儿也不重要。

以上的例子，催眠引导是从一个内在生理经验的探讨开始，然后引导至外在的听觉经验。这个催眠引导可以简单地从内在视觉经验或是内在听觉经验开始，这取决于个案本身是倾向视觉型的人或是听觉型的人。

如果遇到一个外在专注倾向的人，催眠引导就可以从外在专注这一头开始，慢慢转移到另一端的内在专注。

你现在坐在这里，你可能注意到我后面桌子的颜色，或是我坐在椅子上的姿势。但你或许不需要发现自己的脚如何放在地板上，或是你的手如何摆放……放松……在你的大腿上。但是，你可以发现你眨着眼睛，眼睛闭上了。因为当你注意到外在发生的事情时，你也可能发现你内在开始漂浮的念头和想法，所以你可以想起小时候的美好回忆画面，或是很快地进入一个有趣的白日梦。

在这个例子里，催眠引导从外在事物的视觉引导开始，然后转移到内在视觉经验。

给内在导向的人做催眠可以描述一个元素："花点时间，闭上眼睛，然后感受一下怎样的练习可以帮助你。"对外在导向的人可以这样说："在户外做运动是一个好方法，你可以更好地享受阳光和大自然的声音。"

我们早先提到，僵固的评估分类会对个案造成障碍。如果一个人是内在聚焦的，僵固本身很可能会对个案造成困扰。比如，一个内化的人对于如何减轻痛苦可能会向内在寻找一个解决方法。如果一个人被诊断为抑郁症，治疗师很可能发现个案是过度内在聚焦的人。治疗的目标可能是帮助个案发展一种较为外在导向的生活。

相反，一个被诊断为有强迫问题的人，倾向于把焦点放在外在世界。对于这类个案的治疗目标可以是发展一个更满意、鲜活丰富的内在世界。我们知道成为一个外向的人并不是抑郁症的解药。但是，这可以帮助指导个案重新生活在不一样的轨道上。

在心理治疗里，没有某种特殊技巧是专门用来治疗某种问题的。所有的心理问题都是由许多元素组成的。恢复健康的心智是一个建立状态的过程，当中我们引导个案体验一小部分线索，这些线索是催眠或解决方案的部分元素。

现在，有可能你会突发奇想，如果你明天早上起床，告诉自己："今天是美好的一天，但我想要让自己抑郁。"一个好的治疗起始点可能是处理其中一个元素，像是"迷失在内心里"，或是钻牛角尖。

聚焦 / 散焦

大部分人都有自由流动的注意力风格：有时候非常聚焦专注，有时候注意力散乱无章。强迫症个案通常是高度聚焦，然而疑心病的个案或是爱捣蛋的青少年通常是散乱失焦。这些失焦的人通常会对周遭环境特别警觉，一点风吹草动就会分神；对于环境的细微变化过度敏感。

对于一个聚焦的人，治疗师可以运用眼睛固定催眠引导，一开始很具体详尽地描述个案眼睛所看到的物件。对于散焦的个案，治疗师会更随机选取物件来做催眠引导，引导个案来来回回把焦点放在不同的事物上，像是感知、感觉、行为等。治疗师接着在个案感知偏好的相反方向诱发一个不一样反应：引导聚焦的个案散焦，引导散焦的个案聚焦。

以下是针对高度聚焦的个案所做的眼睛固定催眠引导假设性案例：

你会发现墙壁上有一个点非常吸引你注意。你可能会对这个点的形状感到好奇。或许你会对这个点的颜色感到惊艳。看起来就好像这个点不是在二元象限里，而是立体的。

切换到散焦：

但是你不需要注意到外面那个越来越近的声音，然后放松的感觉可能逐渐扩散，你完全可以放松在椅子上。

再次强调，催眠引导是设计用来帮助个案从一种僵化状态切换到另一种不一样的状态。治疗师可以在开始时跟随个案的喜好风格，然后转移方向创造一个状态切换。

表 5-2 是注意力风格的二元象限网格。

一个人的注意力风格可以是内在聚焦、内在散焦、外在聚焦或是外在散焦。

但是，每个人都有自己偏好的感知系统。班德勒（Bandler）和葛瑞

表 5-2　注意力风格

内向	外向
聚焦	散焦

德（Grinder）（1979）两人在神经语言学（NLP）里讨论如何运用感知系统。

在我们处理讯息的过程中，可能无意识地偏好使用三种感知系统中的某种特定感知：视觉、听觉、触觉。从说话内容可以预测出个人偏好。偏好用视觉来看这世界的人可能会说“我看到……”，或是“我的看法是……”，或是“这个看起来是……”。偏好用听觉来感受这世界的人可能会说“我听到……”，或是“这说法听起来……”，或是“这听起来没错……”。偏好感觉的人可能会说“我感觉到……”，或是“关于这事我觉得……”，或是“我心里有种感受……”。

以下是一个故事，帮助我们理解个案如何通过偏好的感知系统来对催眠做出反应。

当我还是研究所学生时，我给一位大学部的学生做催眠，他坚持自己在“催眠过程”中没有被催眠。然而，当我要求他张开眼睛并看到一朵玫瑰时，他回馈说看到一朵想象的花，并且详细地描述这朵想象的花的样貌。然而，他再三否认这个视觉化过程是一种“证明”——证明他有被催眠。我感到很困惑。

再进一步详谈，我询问他关于他的大学主修。他是一个摄影系的学生。视觉化的结果对他来说就像是家常便饭，他可以不费吹灰之力、不靠意志力或主观想象就能直接看到视觉化图像。所以，他说他没有被催眠，这看起来很有道理。催眠是一种主观现象，只有通过个案主观认定才能决定是否他在催眠里。

当我帮这位大学生做催眠时，我只是菜鸟催眠治疗师，我的催眠技巧是照本宣科。现在，我对于艾瑞克森学派有较多经验，如果再给我一次机会重新帮这位大学生做催眠，我会改变自己的技巧，创造一个更多主观参与的自动化经验。我会建议一些触觉经验（或许是四肢某个地方麻痹了），而不是采用视觉方法。我相信这样的方法会比较成功。

偏好感知系统的人会有些伴随行为出现。治疗师可以通过个案的行为或举动找到他的偏好感知系统。比如，听觉型的人可能会把惯用耳朵转向治疗师方向，专注听每个字句；视觉型的人可能明显地眼观四面，注意周围环境。

在催眠引导中，开始时治疗师可以运用个案的偏好感知系统，最终转向另一个感知系统。再次强调，我们的目的是要创造一个感知改变。

20 世纪 70 年代，在艾瑞克森的某个教学工作坊里，我目睹了艾瑞克森如何运用一位学生的偏好感知系统来做催眠引导。艾瑞克森知道这位学生是视觉型的人，所以他问问题时聚焦在听觉模式。他是这样问学生问题的："你上次在这里时，谁听起来是比较不舒服的？你是如何通过他所说的话而下这个结论的？"我发现艾瑞克森致力于增强这位学生运用听觉感知系统的灵活性。

然而，当艾瑞克森跟我工作时，他知道我是听觉型的人，会把焦点放在发展我的视觉能力上。比如，他曾经对我提出一个假设性问题：一个人穿着便服在街上朝你迎面走来，他是个警察，你注意到什么？你如何分辨出他是警察？

我最终理解了艾瑞克森为何要高度敏锐地察觉一个人失衡的感知系统。他会锻炼人们较少发展的能力，通过礼物包装的方式帮助人们发挥潜力和沉睡力量。为了更有效地过美好生活，我们要发展一种灵活性，在适当时机运用适当方式解决相对应的问题。如果我们可以任意切换运用不同感知系统，这会激活一个人发展更好的生活。

思考运作系统

思考运作系统包括个人如何看待这个世界，然后发展一个观点来回应这世界。尽管大多数人有自动化且自由流动的注意力风格，但思考运作系统更多的是在意识层面且靠意志力来做决定。思考运作系统主要包括三种：线性/随机，强化/弱化，特殊化/一般化。此外，还有创造/删除/扭曲。

线性/随机

艾瑞克森曾经把自己的思考模式跟他太太做比较，他太太是比较直接、有顺序的思考过程，而艾瑞克森本人是“这里一点，那里一点”的思考模式（Zeig，1980）。艾瑞克森注意到，对于他和他太太的不同思考模式，他的孩子们有很不一样的反应。

当他的大儿子和二儿子还很小时，他们有不同的策略去找到复活节藏起来的蛋（美国文化习俗，在复活节会把鸡蛋藏起来让孩子寻找）。伯特（Bert）总是能找到爸爸藏的蛋，而兰斯（Lance）总是能找到妈妈藏的蛋。

理由很简单，伯特的思考模式比较像艾瑞克森，是随机式思考，而兰斯的思考模式比较像艾瑞克森太太，是直线式思考。艾瑞克森的藏蛋策略比较随机，而艾瑞克森太太的藏蛋策略比较系统化。

某个复活节，伯特竟然找到了妈妈藏的蛋，这让大家都大吃一惊。艾瑞克森问伯特是怎么找到的。伯特回答：“爸爸，这很简单，我只是想着，

‘如果是妈妈，她会把蛋藏在哪里呢’？”

一个线性思考者，会思考每个接续步骤，他们可能说，“这里有催眠引导的十项原则”，然后把它们一一列出。相反，一个随机思考者，可能会用趣闻轶事来呈现这些原则。

再次强调，依据现实情况的需求，个人应该有能力从一个思考处理类别自由移动到另一个类别。比如，写一本书，通常会牵涉线性思考策略。或许这也是艾瑞克森不喜欢写书的原因，但是他会写很多文章，这可能比较符合他的随机思考模式。

注意力风格和思考运作系统不一样。**一个人的注意力可以是聚焦的，同时思考运作又可以是随机的。**艾瑞克森可以极度聚焦在个案身上，而当他在处理个案提供的讯息时，他保持为一个随机思考者。

当我们对线性思考者做催眠引导时，可以从逐步放松这个技巧开始，从头部开始放松，一个部位接一个部位按部就班地，一路放松到脚指头。对于随机思考者，催眠引导可以是随机地选取不同部位，以下这个例子，我们从一边转移到另一边。

> 现在，当你的手放松了，你可能会注意到手指头的放松。你可能很有兴趣知道你如何让膝盖放松，因为你不需要去思考我声音里面的放松频率。但你可以开始注意到手指头的放松感觉，然后这些放松感觉如何逐步发展，这些感觉如何从你的手指尖开始，逐步移到你的手掌心，然后移到你的前臂、上臂，然后到你的肩膀，最后放松的感觉移动到脖子和头部。

在这个例子里，催眠引导是从随机思考模式转移到线性思考模式。再次强调，催眠引导的方向可以从惯用的优势风格，转移到不常用的弱势风格。

当我们面对线性思考者时，可以给出一系列的步骤和任务，而当我们面对随机思考者时，可以给许多的可能性。

强化 / 弱化

一个强化者看到一只老鼠会感觉像是一只大象，一个弱化者看到一只大象会感觉像是一只老鼠。相似地，当强化者突然听到或看到无预期的声音或移动时，会戏剧化大吃一惊。弱化者对于这类事情可能完全没注意到。强化者通常会大惊小怪，弱化者通常会见怪不怪。

我们通过动作及重复字句，可以分辨出强化者与弱化者之间的差别。强化者说话时通常会有夸张、夸大的词句，像是我们常听到的“太神奇了”“太令人吃惊了”“太厉害了”，这些词句遍布在强化者的说话当中。强化者通常会有华丽的动作。弱化者，则会把字句最小化，像是“仅仅”和“一些些”，而他们的动作通常也是比较拘谨的。

弱化者通常比较务实，而强化者通常比较具有自发性。弱化者通常是安静、保守的；而强化者通常是善于社交、好交际的。弱化者比较沉着冷静，而强化者容易情绪激动。弱化者是比较易掌控的、僵化的，强化者是比较自由奔放的。

科学家通常是弱化者，而艺术家通常是强化者。但是，弱化者和强化者经常会结婚。或许科学家和艺术家的结合可以有某种程度的互补，但也有可能产生很多问题。

在关系的早期，女生可能会觉得：“这真是太神奇了！他怎么可以随时全然地冷静沉着又保持平衡。”男生可能会想说：“这有点有趣和令人好奇，她有时候看起来有点热情。”但是几年之后，她可能会跟朋友说：“他实在是太无聊了！”然后他可能会跟同事讲：“我对她夸张的反应有点受不了了。”

我们思考一下，如果帮一个青春期经常惹麻烦的少女做治疗，这个女生可能是一个弱化者，同时又是散焦的注意力风格。她会不停地在周遭环境中寻找刺激。如果你请她闭上眼睛放松下来，她可能会坐立难安，然后问你说：“我们下一步要干吗？”这类型的人通常缺乏稳固的内心世界。然而，如果通过催眠帮助她发展做白日梦的能力，然后再延伸到增强内在思考的能力，可能会对改变她的行为有帮助。

如果我们要帮一个强化者做催眠引导，可以这样说：

> 这将会是你遇到过的最神奇、最厉害、最令人难以置信的一次经验。你可以全心全意、自在投入地做个深呼吸放松下来，然后全然地放手，进入心灵最深处的深度催眠状态。

同样的催眠引导对于弱化者就完全不同：

> 你可能会发现催眠有点好玩。你可能偶尔会发现有些东西是有点新奇的。你可能会发现这些东西在你未来的某个时刻有点用处。

我们注意到在以上的例子里，分类被用来作为鼓舞个案的工具。上面的例子不是通过催眠引导把分类从一个项目改变为另一个项目；此处的目的是量身定制鼓舞个案，如此增加个案在治疗时的配合度。

通常，个案知道该如何做，但是他们不会照着那个讯息去做。**好的沟通者会诱发动机，而不是仅仅提供建议。**比如，医生可能会对一个强化者说：“这是你的药，对于你的病情这绝对是市面上最好的药。我的很多病患吃了这药，病就好了。”如果治疗师要建议一个弱化者做家庭治疗，治疗师可能会说："你或许可以考虑一下至少下次带你的家人过来。这可能是一个了解他们的机会，至少在某些程度上可以认可你的一些成就。"

在常年学习催眠的过程里，我体会到一个重要原则——建议→激励。每一个建议可以通过量身定制的过程把它诱发出来。

强化者/弱化者可能是评估分类里最重要的一个特性。有个至理名言说，来寻求治疗的人们发展出一个僵化的模式，他们会强化生活里的负面状态，同时弱化遇到的正向情境。你的人生要快乐，很明显的策略就是强化正向情境，弱化负面状态。

特殊化/一般化

有些人习惯全面性地看待事物，有些人专注在事物的细节。比如，如果两个人参加同一个活动，其中一人可能会描述整体的经验感觉，另一人可能会描述错综复杂的细节。

个案通常会一般化他们的问题："我总是觉得哪里不舒服""我从来没有准时过""我从来没有做任何事是完美的"。在这些例子里，聚焦在特定细节上或许有帮助。治疗师可以这样说："你不是说只有在见到家人时会感觉不舒服？"或是："你刚刚所说的，你大部分情况是只有上班时会迟到。"

创造/删除/扭曲

人们很擅长创造、删除和扭曲经验。人类的经验都是主观看法。我们会根据自身对于世界的主观感知来反应，而不是奠基于客观、可被量化的决定因素来反应。因此，人们的行为有高度独特性。我们有些时候困在某个特性里，就会造成心理上的困扰。

在催眠领域里，创造/删除/扭曲有启发性价值。催眠治疗师要学习如何诱发催眠现象，包括正向或负向的视幻觉、听幻觉及感觉幻觉。时间扭曲是一种催眠现象，年龄回溯也是一种催眠现象。

催眠治疗里有个格言是，把催眠现象运用在个案呈现的问题上面，用来减轻问题。比如，如果个案的问题是疼痛，又很容易进入时间扭曲里，可以学习如何通过时间扭曲增加感觉舒服的时间，来减少感觉疼痛的时间。如果个案对于年龄回溯很有反应，可以回溯到疼痛发生之前的美好时光。

在催眠治疗的开始阶段，治疗师可以探索一下个案对于哪种催眠现象反应最好。如果个案可以轻松地创造、删除或是扭曲个人感知，这会对治疗过程有帮助。如果个案擅长删除经验，也很可能可以轻松经验失忆或是负面幻觉。如果个案擅长扭曲经验，可能时间扭曲可以派上用场。如果个案擅长创造经验，运用年龄回溯或是强化回忆经验（使回忆鲜活化）可能是有帮助的。

前文，我们提出了运用评估分类的三种方法：了解个案所处的位置、引导治疗或催眠的方向、成为一个激励者。现在，我们再来看看另外两种运用方法：人们如何创造他们的问题、人们如何把解决方法套用到问题上。比如，如果你明天早上起床告诉自己说："今天是很适合让自己抑郁的一天。"你可能会使用一系列的感知系统来让自己抑郁：内向的、感觉的及负面强化的。但是如果你明天早上起床，决定要像艾瑞克森一样快乐，你将会是外向的、视觉的及正面强化的。

人类的行为包含内在心灵层面及外在人际层面。上文我们分析了内在心灵层面，以下我们要提到的是另一层面的人际关系及社交分类。

人际关系 / 社交分类

人类行为有人际关系上的价值。大多数心理治疗里的问题都跟人际关系有关。人们与别人互动时会发展出某些特定的技巧和策略，而人们互动的模式跟以下的分类有关。

- 出生顺序。
- 成长背景。
- 责怪别人/责怪自己。
- 吸收能量/散发能量。
- 直接反应/间接反应。
- 追赶者/逃跑者。
- 在上位者/在下位者。

出生顺序

长子/独生子通常比较害羞、聪明、严肃、诚实、保守。无意外地，很高比例的心理治疗师是长子或是独生子，因为这些人在早年成长过程中要担负起照顾其他弟弟妹妹，甚至帮忙照顾父母的责任——这个早年建立的角色，延续到成年之后就变成了专业心理治疗师。

排在中间的孩子通常比较独立、叛逆、喜好社交。他们通常在艺术上有杰出表现。幺子通常会继承哥哥姐姐的个性。他们可能是有魅力的、不成熟的、有热情的、容易相处的。

当然这些关于出生顺序的特性只是概括性的陈述。然而，我们可以运用这些一般化特性来增强个案的配合度。比如，长子通常会受到直接建议的激励，我们可以鼓励他们去照顾别人。对出生排行中间的孩子，我们可以用似是而非的建议，因为他们有叛逆天性。幺子，我们可以通过聚焦他们自我中心的需求来鼓励他们。

有许多关于出生顺序的论述书籍。如果你对这方面的研究有兴趣，可以参考一本书，法兰克·萨洛威（Frank Sulloway）的《天生反骨：家庭内的演化战争》(*Born to Rebel*，1997)。

当个案和学生来找艾瑞克森咨询时，他不会花太多时间在过去历史上。相反，他通常会问他们一系列问题，这些问题给他提供充足的关于出生顺序及成长环境的细节资讯(Zeig，1980，p.32)。对于艾瑞克森来说，出生顺序特性、在城市或乡村的成长背景是很重要的讯息。艾瑞克森坚定地相信，一个人的出生顺序及早年成长的环境在治疗过程中有举足轻重的作用。关于艾瑞克森对于城市及乡村的特殊观点可以参考《跟大师学催眠——米尔顿·艾瑞克森治疗实录》(*A Teaching Seminar with Milton H. Erickson*，Zeig，1980，p.232)。

城市 / 乡村成长背景

艾瑞克森相信在乡村成长的人比较关注未来导向，而在城市中成长的人比较关注当下导向(Zeig，1980，p.231)。艾瑞克森是在乡村长大，他是未来导向的人。他或许受到爸爸的影响，他爸爸在九十岁时栽种了许多果树，尽管艾瑞克森从来没见过这些果树长出成熟的果子。艾瑞克森的父母有着未来导向的特质。在他父母婚姻的早期，他妈妈会腌制许多罐头果酱，并说她会在他们结婚五十周年时把这些果酱分送给亲朋好友。当他们结婚五十周年时，他们两人忘记了这件事。之后，他们决定在他们结婚七十五周年时把果酱分送给大家。不幸地，他们只共度婚姻到七十三周年，然后这些果酱就流传到艾瑞克森和他太太手中。

艾瑞克森小时候是在威斯康星州的一个乡下小农场长大的。这个农场是他们一家人主要的经济来源。威斯康星的冬天非常寒冷，所以他们一家人通常会腌制食物作为冬天的粮食。因为他的父母是如此地关注未来导向，艾瑞克森本人也毫无意外是关注未来导向的人。在艾瑞克森和太太结婚的第一年，他给太太一个礼物，并告诉她只能在结婚五周年时才可以打开这个礼物。

当我自愿要帮艾瑞克森拍全家福照片时，我对于艾瑞克森放眼未来的思考模式有个难忘的经验。照片里有艾瑞克森、他太太、他女儿 Roxanna，以及小孙女 Laural。在拍照之前，艾瑞克森坚持要把一只木雕的猫头鹰放进全家福照片里。

照片里，艾瑞克森坐在轮椅上，他左手抱着 Laural，同时左手拿着猫头鹰的木雕，在小孙女 Laural 的手之下。这是他送给 Laural 的出生礼物。Laural 在小时候有个乳名叫"尖叫（screech）"，因为 Laural 惊人的哭声有时候听起来像是尖叫。因此，艾瑞克森给小孙女的礼物有着重大意义。在拍照当天晚一点的时候，艾瑞克森跟我说了为什么那只猫头鹰要在照片里：

> 这只尖叫猫头鹰在照片里有个重大意义。它有着人性的情感意义，这是一种深思熟虑的爱。它是一个简单的东西。相对来说，这里有只小小的尖叫猫头鹰，有个大大的小孙女。尖叫猫头鹰在小孙女的手下面，小孙女高高在上……现在，时间前进到小孙女 16 岁，当她看着这张照片时，她会看到这小小的猫头鹰，会看到大大的小女孩。当她是高中生时，她会整合自己长大的感觉，作为一个小女孩温暖的回忆，以及这只小小的尖叫猫头鹰。所以，你会看到所有这些回忆天衣无缝地编织交叠。（Zeig，1980，pp.312–313）

艾瑞克森在包装一个礼物，在孙女长到十六岁时给她一个惊喜。这是一种乡村导向的做法！作为一个农村男孩，艾瑞克森了解一个道理：当你种下一颗种子，你不会预期这种子立刻长大、马上可以收割。

我们可以通过语言的不同风格来评估城市和乡村的特性。面对一个在城市里长大的人，我不会说："我快速地跳上那里，比一只公鸡背上的金甲虫还快。"我很容易被看穿是城市人的另一元素是我的犹太人背景，因为大部分犹太人住在城市里而不是乡村。同时，从我的生理特征也可以看出，我小时候花比较多时间在阅读上，而不是在农田里跑来跑去。地区的特殊口音、说话风格、穿着风格、现实导向，以及生理特征都可以指出一个人是来自城市或是乡村。

我记得一个案例，艾瑞克森运用他对于“生命的四季”的独特理解做治疗。

在艾瑞克森过世后，艾瑞克森太太介绍了一位女士给我。这位女士在十八岁时接受过艾瑞克森的治疗。她年轻时的问题是会经常跌倒，但是找不到医学上的原因。这位艺术家女士，嫁给一位电脑工程师，他很严格、控制欲很强。这位女士失功能的感情生活，实际生理上的呈现（一个比喻式的说法）是她无法在她老公控制欲的压力前站得住脚，她会跌倒。但是，艾瑞克森并没有做这样的诠释，这不是艾瑞克森的风格。

艾瑞克森建议两人离婚，但是这对夫妻抗议，他们表示因为宗教的原因想要继续维持婚姻关系。艾瑞克森让他们一起参与家庭计划（生育计划），然后这位女士就不再跌倒了。在整个治疗过程结束时，艾瑞克森告诉这位女士：“你现在不需要任何心理治疗了。在你四十岁的某个时期，你可能会需要一些治疗帮助。”所以当她来找我做治疗时，正好是她四十岁，又开始跌倒的时候。

艾瑞克森之所以可以这样神奇准确预测后来会发生的事情，是因为他的未来导向能力。当这位女士四十岁时，她家中最后一个小孩离开家独立了，然后她再也受不了控制欲很强的老公。我的策略是让她参加一些有兴趣的事情——她喜欢培育纯种狗——这对她的身心健康很有帮助。

结论是，发展一个未来导向可以丰富治疗师的疗愈工作，同时也会增加对个案的有效疗愈。结构完整的治疗不见得一定要保持在此时此刻，改变也不会一夜之间发生。通过看向未来，治疗师可以预测个案可能会面对的阻碍，设计出对个案有帮助的策略，帮助他们渡过难关。

责怪别人 / 责怪自己

人们喜欢按下霸凌的按钮：有些是“向外的”，有些是“向内的”。一个责怪自己的人总是自我评判，把所有错算到自己头上；而一个责怪别人的人经常会把自己的不幸责怪到别人头上（轻微责怪别人的人比自我批判的人快乐些）。

一个会自责的人如果睡过头，他会抱怨自己：“这真是太糟糕了！我怎么可以这么糟糕？”相反，一个他责的人可能会这样说：“这个闹钟是不是坏掉了？”

一个自责的人读我们这本书，可能会想：“我一定是不够聪明才会看不懂这本书，我应该在学校多念点书。”一个他责的人可能会说：“这个作者根本不知道自己在写什么。他应该多做点研究，写清楚些！”

既然自责的人经常会说“我到底哪里做错了”，治疗师可以运用这一点来做催眠引导：

> 你的意识心智可以找到所有你犯的错，而你的潜意识心智可以毫无差错地享受深入放松的过程。

当治疗师面对一个他责的人时，也可以发展同样有建设性的催眠引导：

> 你的意识心智可以找到所有我犯的错，而你的潜意识心智可以毫无差错地享受深入放松的过程。

注意，这两个例子是围绕着意识心智有个阻抗力量存在，而潜意识心智可以采取配合的方式运作。

当我们要给他责的人直接建议时，可以包含一个拒绝或是批评的元素在内，因为他责的人需要被拒绝或是被批评。比如，当治疗师跟一个想要减肥的他责个案工作时，可以这样说："当你是小孩的时候，大人告诉你，'把你碗里的食物吃光，不要玩食物'，在当时这个说法是正确的，但我们现在可以挑战这个说法。所以，这星期的每一天每一餐，我要你刻意留些食物在你的碗里，并且很认真地玩食物，有创意地玩食物，慢慢玩。你说自己对建筑有兴趣，所以你可以把食物盖成一栋高楼大厦或是一间房子。然后从餐桌上起身，很叛逆地留些食物在餐盘里。"通过这种直接的方式，他责的个案可以享受拒绝治疗师指派复杂任务里的其中一两项元素，同时又达到他所想要的节食计划。

在自责和他责中间取得平衡是我们想要的目标，因为有时候自我批判可能对我们有帮助。然而，大多数时候自我批判会比责怪别人带来更多破坏性。就好像强化者和弱化者的关系一样，自责和他责的人通常会结婚。最终，婚姻里的压力就来自这两者之间的特性差异。

吸收能量 / 散发能量

有些人就像太阳一样，耀眼光芒照射在他们周遭的人身上；他们的存在使整个房间充满能量和亮光。有些人像是黑洞，就像海绵一样吸收能量。我们经常会在社交场合看到吸收能量者或是散发能量者的明显特质。

对于散发能量者的催眠引导可能是：

听着，我刚刚读完杰弗瑞写的书，虽然我不是催眠专家，但是我相信催眠会对你有帮助，所以我想试试。但是，我真的需要你的帮忙。我需要你帮助我，让我知道如何帮助你。

对于吸收能量者的催眠引导可能是：

你不需要做任何事情，我会做所有的事情。这个催眠经验就好像是心灵按摩一样。

直接反应 / 间接反应

有些人对于直接反应最有感觉。就像在军队里，军人通常对于直接命令有反应。同样的道理也适用于警察和消防员，在这些工作岗位上都有层级命令。间接反应指的是，有些人会对细微线索特别有反应，甚至达到不自觉地模仿周遭人行为的地步。比如治疗师做一个深呼吸并叹一口气，个案虽然没有发现，但也会跟着这个细微线索做同样的事情，或许是因为他们的镜像神经元特别敏锐。

对于直接建议有反应的个案，治疗师可以采用比较权威的说话方式。对于细微线索有反应的人，治疗师可以用一种比较被动、间接的方式沟通。

追赶者 / 逃跑者

在托马斯·福格蒂（Thomas Fogarty）的系统理论研究中（1978），他探讨人际关系里的距离感，聚焦在我们成长过程中发展出人际关系里的情感距离。福格蒂探讨人际关系里的两种移动面向：向事物移动，向人移动。逃跑者会倾向于逃跑人群，朝向事物移动。追赶者倾向于朝人群移动，对于事物较无感。

定义一个人是逃跑者还是追赶者，治疗师可以运用这两种动力来鼓舞个案，创造催眠引导。比如，对逃跑者说：“催眠可能对你想完成的目标有很大价值，但是在我们开始行动之前，先让我们花点时间好好思考一下一些事情。”对追赶者说：“让我们尽快开始工作吧。”

有些人像猴子，有些人像乌龟。当面临挑战时，有些人会朝向挑战前进，有些人会退缩。对于那些喜欢一头栽进去的个案，治疗师或许可以说：“让我们先想个计划吧。”对于那些畏缩不敢前进的个案，治疗师可以说：“让我们按部就班地开始前进吧。”

在上位者 / 在下位者

大多数双向的关系存在着两个角色：一个是在上位者，另一个是在下位者。但是，也有些关系是建立在平衡的对等双方上的。在上位者会主导一切，按照个人的喜好来做决定。在下位者在行动之前会再三评估环境和他人的看法，寻找可能的线索，依据外在条件来做决定，通常会接受在上位者的指挥。

治疗师可以通过观察个案的行为表现来了解这两种特性：在上位者通常会有坚定的眼神接触，采取比较大胆的姿势动作；在下位者通常比较踌躇犹豫。

（1）关系里的权力互动：互补互动与对称互动。格雷戈里·贝特森（Gregory Bateson）在他的《沟通：精神病学的社交矩阵》（*Communication: The Social Matrix of Psychiatry*，1954）中观察到，所有沟通都包括一种关系互动的讯息，而所有沟通可以被分类为互补式或是对称式沟通。沟通分析学家保罗·瓦兹拉威克、珍妮特·赫尔米克·贝弗、唐·杰克逊（Watzlawick，Beavin，Jackson，1967），以及杰·海利（Haley，1963）对于贝特森的理论都有进一步的深入探究。

在一种互补关系里，在上位者控制并且定义这段关系，在下位者会回应在上位者的指令。互补关系通常是比较稳定的。相对应地，一种对称式关系是建立在关系双方都是平等的基础上，这类型的关系通常不太稳定。

根据情况，一个人可能同时在一段关系里既是在上位者又是在下位者，因为有这样的弹性对于正常连接的关系很重要。比如，当我在教导工作时，我是在上位者，控制并且定义整个情境。但是在下课休息时，我可能是在下位者，渴望从某个学生身上学到东西。当我在教导工作时，我可能跟一个挑战我的学生维持一种对称式关系，这会使我们两人都有机会从彼此身上学习到东西。

一般人通常不会公开讨论在关系里谁要在哪个位置。而我们会在相遇的片刻就自动跳进一个位置或另一个位置。阶级制度是一种普遍的动物行为，也是我们社交生理系统进化的一部分。

阶级位置不仅仅是局限在动物王国里。当我还是旧金山州立大学的临床心理研究生时，我们一群学生被邀请去参观依莎兰机构（Esalen Institute）。当时的老师威尔·舒茨（Will Shutz），告诉学生排成一排，从教室头排到教室尾。我一点也不惊讶有些人想要挤破头排到最前面。但是，我很惊讶挤破头想排到最尾巴的人也是一堆。我最惊讶的是竟然也有很多人为了排中间的位置大起冲突。

有时候，关系里的角色是奠基于情境而设定：一个人可能在社交情境下是处于在上位者角色，但是他的伴侣可能在处理财务上是处于在上位者角色。

对称式关系，表面上看起来是平等的双方，实际上可能是单薄无力且不稳定的，因为有可能双方都抢着要主导控制的位子。我们来看一下对称式关系的例子：

甲：我学艾瑞克森催眠一段时间了。

乙：喔，我也有学过艾瑞克森催眠。

甲：我了解艾瑞克森对于催眠最大的贡献就是他发展出困惑技巧。

乙：但是基于我对于艾瑞克森的了解，他的最大贡献是多层次的沟通。

甲：Jay Haley（艾瑞克森初期大弟子杰·海利）曾说过困惑技巧是每个催眠引导的关键。

乙：那或许是，但是艾瑞克森关于多层次沟通的文献研究其实是更重要的。

这个对话再继续恶化下去，可能会有三种结局。

第一种可能是对话变成互补关系，其中一个人成为在上位者，另一人成为在下位者。甲可能为了停止恶化会这样说："艾瑞克森对于多层次沟通是怎样的看法？"

第二种可能是双方起口角，关系就结束了。甲可能失去耐心，大吼："你对于艾瑞克森的工作一无所知！我要走了。"（在关系里，有种身体上或是情绪上的虐待，情绪爆炸和伴随而来的暴力行为可以是很多小事引发的）

第三种可能是产生一个调节器，把调节器放在系统里，允许这种剑拔弩张的恶化只发展到某种程度。调节器可能是一个非语言的姿势，可能是其中一人双手在胸前交叉。一旦这个调节器出现了，关系里的双方可能回到比较互补的角色里，或是他们可能换个话题，然后紧张情势就缓解了。

在双方都很强势的正常关系里，通常会有一个调节器，尽管我们不见得可以认出调节器。伙伴之间彼此支持并看到对方的优点，通常会发展出一个隐形的成熟系统，在这当中压力得到适当调节。

保罗·卡特（Paul Carter，1982）观察到一个现象，一对夫妻在老公戒烟之后开始产生婚姻问题。原来在这对夫妻的概念系统里，只要老公去拿香烟，就是一个紧张情势升高的警示灯。在老公戒烟之后，当紧张情势升高时就没有警示灯可以提醒他们两人了。少了调节器，在对称式关系里的两人可能经常感受到情况恶化，越来越痛苦。

对称式关系如果没有一个调节器，很可能快速崩坏瓦解。有些人会持续想要在关系里保持主导地位，这种情况就不会有平等位子存在。

下面是一个例子。一对夫妻会列出花钱清单，每个星期他们花了多少钱。在一周结束后，他们讨论彼此花费，确保双方支出是公平的。他们的对话可能像这样：

> 老公：好的，上次我们出去，你付了电影钱，我出了晚餐钱。这次，换你出晚餐钱，我付电影钱。
>
> 老婆：你确定是这样吗？我怎么记得晚餐钱和电影钱都是我出的。这次，换你出钱了。

对称式关系经常充满对立和冲突。因为这种关系的很多层面是双方太开放，没有标准，彼此间的冲突变成常态，连日常生活的琐碎事都是冲突的来源。很多治疗师对于对称式的夫妻关系无解。接受治疗的夫妻双方如果经常要争夺主导权，那不管治疗师给出怎样的回馈都无效。夫妻两人中的一人可能说："争主导权？我才没有争主导权。或许我的另一半是要争主导权，但绝不会是我！"突然间，治疗师发现自己掉进跟这个个案僵持恶化的对称式关系的难题里。

当关系里的某人无法适时地、弹性地（根据情况）调整在上位者、在下位者，或是对称位者这些角色，关系通常会产生很多问题。人们通常会习惯僵化地掉进一个刻板印象的角色里，在所有情境里都只是一个角色。我曾经拜访一位欧洲学者教授，他很坚持要保持一个在上位者的角色，所以在我们的谈话中他不停纠正我的英文（正确说法是他觉得我的英文不正确）。

艾瑞克森在他的人际关系里总是扮演在上位者。我第一次见他时，他72岁，所以在我的观察里，艾瑞克森的在上位者角色不仅仅是个人特质，也归因于他的专业地位、年纪及自信。艾瑞克森的丰富人生经验与敏锐观察帮助他可以控制并定义关系里的角色。

我只有一次看到艾瑞克森是处于在下位者的角色。有次我不小心说了句俏皮话让他招架不住，但他很快又重新找回主导权，回敬我一句俏皮话。他回到在上位者的角色是那么自然流畅，让我感到万分惊讶和困惑……直到今日我还是不记得我那天到底说了什么俏皮话。

当艾瑞克森工作时，他经常是保持在上位者的角色，这是一个做催眠及做心理治疗经常会出现的角色，因为在这种工作模式里，治疗师要致力于唤醒个案最佳状态。不过，有些时候一个在下位者的策略位置也可能对于治疗过程有帮助。

伟大的家族治疗大师卡尔·华特克（Carl Whitaker）就很擅长运用在下位者的位置。我1980年拜访他，当时他是在费城儿童治疗中心做主治医生。那时的场景是一个家族治疗大师督导班，外圈坐着心理治疗的学生们，内圈是华特克和接受治疗的家庭成员。个案是一个年轻的精神分裂病患。在开始会谈没多久，华特克医生就开始打瞌睡了。当他醒来的时候，跟这一家人分享，他打瞌睡时做了一个梦跟他们这个家庭有关。几分钟之后，他又睡着了，醒来时又跟这家人分享了另一个相关的梦。当第三次华特克睡着又醒来时，家庭里的爸爸再也忍不住了，要求华特克解释一下这到底是怎么一回事。华特克说："我承认，当我焦虑时，我经常会睡着。"

华特克的自白和坦承给了这家人一个讯息，他们一开始是很紧张的，但是可以慢慢放松下来，就跟华特克医生一样。这个年轻的精神分裂患者接着开始正常对话。到会谈结束时，这家人感觉到彼此之间相处愉悦。他们感激地拥抱了华特克，然后离开。

作为学生，我们其实很困惑，毫无头绪。华特克作为圆满系统的思考者，解释给我们听：“通常在一个社交家庭系统里只能有一个疯狂的人。”华特克的不寻常疯狂行为有一个系统上的效益：这家人的行为开始改变恢复正常，他们团结在一起，因为华特克占据了疯狂的位置。在这个案例里，治疗师处于一个在下位者的位置，改变因此发生。

几年之后，华特克告诉我他唯一一次拜访艾瑞克森的经验。艾瑞克森在亚特兰大演讲，华特克赶到机场去接他。当他接艾瑞克森到车上时，艾瑞克森问华特克：“你有几个小孩？”华特克说有六个小孩。艾瑞克森告诉华特克他有八个小孩。华特克说从那时刻起，他们之间的角色就确定了：艾瑞克森是在上位者，华特克是在下位者。

艾瑞克森总是保持在上位者的位置，致力于创造醒觉式经验。他所站位置就好像许多宗教的伟大领袖一般。作为一个催眠治疗师，他的角色是要诱发个案和学生的状态改变，这需要一个在上位者角色。

我曾经问过艾瑞克森，他是否曾经对教学感到厌倦。他向后坐，回答我：“一点儿也不会，我只是单纯地保持好奇我可以从这当中学到什么。”处于一个在上位者的位置并不会阻止学习。当个案很僵固，坚持要永远处于一个特定位置上时，改变就会受阻，甚至成为不可能的事。

当你问一个永远在上位者的人，干吗这么坚持做在上位者，如此说法对于改变的发生一点帮助也没有。个案不会认为这是问题的主因。甚至个案可能用一种超然态度回答：“这个看法听起来很有趣。”因为这类型的人已经发展出一套熟练技巧对付显而易见的挑战，可以确保自己继续保持在上位者的地位。

有些人坚持要当在下位者，通常他们会呈现一种长期受害者的姿态，呈现持续恶化的缺点，经常抱怨别人对他们的不谅解。比如，在一个假设性对话里，奶奶可能会这样说：

孙子：奶奶，你最近好吗？

奶奶：喔，我好孤单。

孙子：那你怎么不出门，跟一些人见见面？

奶奶：喔，我全身骨头都在痛，走路出门实在太不方便、太远了。

孙子：那你怎么不打电话，叫些朋友过来看看你？

奶奶：我也很想，但你不懂啊，我这里一团乱，我又没有力气好好整理家里。

孙子：那你怎么不打电话，跟朋友在电话里聊天？

奶奶：我也很想啊，但我听力不好，打电话也很费力。

我们近距离检视一下，会发现奶奶好像一直保持一个在下位者的角色，但实际上有另外的潜在动力。很明显，奶奶表面上让自己成为一个受害者的角色，但其实她掌控全局，定义关系里的位置，就好像一个在上位者会做的事情。

贝特森把这样的角色称为“后设互补角色”（Haley，1963）。一个后设互补束缚发生在一个人预设自己是在下位者角色，而实际上是在上位者角色。这里用“束缚”，是因为当事人并不认为自己是在上位者。在传统精神科命名里，把这个过程称为“潜在利益”（secondary gain）。

但是如果你跟个案讨论潜在利益，通常不会改变个案的病情。如果你跟一个坚持要扮演婢女的皇太后说，就像这位奶奶这样，她其实也是通过她的病症来控制关系，她可能会回你说：“你是什么意思，说我控制你？我才是那个受害的可怜人啊！”

当我还是研究生时有一次去实习，我治疗一位女士，她很害怕走进商店里。很有趣的是，她的姓氏是跟“商店（store）”同音。她丈夫是一位在上位者。这位女士的恐惧是把自己放在深层在下位者角色里。因为她的病症很严重，无法去商店里买家庭日常用品，就变成她老公去买家庭日常用品，借此她获得了婚姻关系里的控制权，也让她成为一个后设互补角色的在上位者。在当时，我并没有看出他们婚姻关系里的不平衡，以及这位女士想要获得权力和能力的挣扎。今天，如果我再遇到类似的情况，可能会建议夫妻双方接受婚姻咨询。

在上位者不但控制且定义关系里的角色，也会赋予在下位者角色的位置，这可能是健康的或是病态的。被偷偷赋予在下位者角色的人，可能会感觉自己是愚笨、不被爱，或是无能为力的。但是其实在上位者也可以赋予另一个人正向角色，像是聪明的，或是有创造力的。

因为在上位者可以赋予角色和舒适状态，所以在治疗里这个位置很重要。我们探讨一下，一个家庭里阶层混乱，任性小孩变成家里的“小霸王”，凌驾于父母之上。通过控制关系，小孩取得了权力去赋予父母无能的角色。

在克罗伊·玛丹的经典著作*Strategic Family Therapy*（1981）里，克罗伊示范如何运用策略治疗方法来改变家族阶层结构，进而产生疗效并且减缓病症。重新排列家族结构，通常可以通过“右脑”来达成，像是给予家庭作业，或是运用比喻式的沟通。直接的讨论对于改变家族权力/地位结构通常无效，因为地位的竞争通常不在意识层面，或是语言层面，较多是在潜意识隐而未见的层面。

当遇见一个人的时候，我们不会说：“好的，我将做一个在上位者或在下位者。”所以，就像我们之前说的，这些角色的决定是在遇见一个人刚开始的几秒钟之内通过非语言行为，比如举止、音调、姿势等而决定的。

（2）运用阶层做治疗。一个启发式原则：心理治疗可以在问题产生的层面产生疗效。**如果一个问题是通过语言沟通产生的，它可以通过公开讨论解决。如果一个问题是通过隐而未见的层面（潜意识或是生物边缘系统“limbic”产生的），治疗就应该要朝那个方向前进。**

我们可以通过社交生理系统的演化来运用沟通技巧。经验式方法会处理并启动脑部底层中心。大多数的问题是从头脑里潜意识的连接系统产生，并不是刻意产生。因此，任务、比喻，以及其他“右脑”技巧，这些运用“生物边缘沟通”系统运作，诱发新的连接，切断老旧过时的设定，会带来很棒的疗效。把我们的潜意识带到意识层面并不是唯一的改变之道。就像孩子学习语言的主要方式是通过潜意识进行，人类行为的改变很多时候不需要通过意识的传导。

保罗·瓦兹拉威克（Watzlawick，1982）提供了一个艾瑞克森运用右脑的精彩案例（杰·海利在1973年也提过这个案例）。

一对夫妻经营一家小餐厅，夫妻俩总是为了店里的大小事情争吵。老婆坚持要让老公做主掌管这家店，因为老婆想要待在家里。老公却指出老婆永远不可能让他主掌店里的一切，因为老婆总是认为如果不是她在旁盯着，老公早就把店给搞砸了。

在详细了解夫妻双方的说辞及细节描述之后，艾瑞克森给了他们一个行为治疗的方法。每天早上，老公要比老婆早半个小时到店里。这个简单的改变，看起来跟“现实”问题几乎没有关系的“远水（remote）”疗法，让这对夫妻从他们根深蒂固的争吵模式中跌落出来，失去争吵的平衡。

当老婆到店里的时候，她发现自己显得失落，因为原先她认为非她不可的许多工作已经被老公做完了。老婆慢慢发现，她如果再晚半小时到店里，好像也可以。她也发现，就算不用等到老公关店再一起回家，好像也可以。老婆慢慢地有很多空出来的时间可以照顾家里，老公也越来越能够把店管理好，不用老婆操心。

艾瑞克森很精准地调频到一个人的风格是在上位者或是在下位者，并且能够经常运用策略性任务、玩笑，甚至困惑技巧来打断僵固的行为模式。既然治疗的主要目标是要诱发有效的角色和状态，治疗师需要学习如何评量个案的阶层风格。

另外，治疗师需要时刻警觉治疗关系里的权力互动模式。要注入改变，治疗师要保持在上位者角色。治疗里的对话通常倾向一边，治疗师通常聚焦在个案的问题上。如果个案老是要当在上位者，治疗很难有效。

治疗师的工作是站在个案立场来诱发改变。这只有当治疗师处于在上位者角色时才会有效——通过专业训练和经验而达成控制并定义治疗关系。甚至可以说，治疗师的任务是引导或诱发最佳状态和角色，这需要治疗师处于控制和定义关系的角色上。提供经验体现的技巧对于有效治疗至关重要，需要治疗师处于在上位者地位。

（3）在量身定制的催眠里运用权力互动关系。如果我们对在上位者个案运用眼睛定焦催眠引导，治疗师或许在开始时可以如此说："你看到我桌上那个小雕像了吗？你可以看着那个方向。"这个策略是给个案选择的机会。在上位者想要掌控局面，而这个指令提供了一个机会——他可以做主。我们提供的这个选择是建构在催眠框架里，是通过治疗师模糊的定义而给出的。

对于在下位者的眼睛定焦催眠引导可以直接一点："看见我桌上那个小雕像了吗？看着那雕像头顶反射的光芒，将你视线焦点固定在那上面。"

治疗师也可以从个案偏好的那一端转移开。帮一个在上位者做催眠可以循序渐进，所以个案可以感受一下在下位者的舒服、享受感觉。对于一个在下位者，治疗师可以处于后设互补的在下位者位置，这就会暗示、鼓励个案成为更积极、更主动的人。

1964 年，艾瑞克森帮一位在下位者女士做了次催眠。在催眠到一半时，艾瑞克森突然用一种小孩唱歌一样的口气对她说话："你知道我的名字叫艾瑞克森。我妈在很久之前给了我这个名字。"通过模仿小男孩的说话声音，艾瑞克森在某种程度上是刺激那位女士理解母亲与儿子的关系，这会立即使女士跳到在上位者位置，然后很自然地，她用母亲的口吻接着说："艾瑞克森这个名字是个不错的名字。"

这里列出的评估分类是我在治疗里最常使用的一些方法，然而，还有许多其他分类存在，包括：依赖 / 独立，旁观者 / 参与者，防御 / 攻击，抽象 / 具体，温暖 / 寒冷，打开 / 关闭，顺从的 / 反抗的，一致的 / 不一致的，内向 / 外向，一般化 / 具体化，有弹性的 / 僵固的，等等。其他治疗学派会有不同观点，并创造他们自己的评估分类。

这些分类并不是用来规范一个绝对定义，这些分类可以有多重用途：

- 作为路标，来协助治疗师创造有效的催眠引导。为了创造不同的主观观点，我们可以运用偏好的一端或是相反的一端。
- 通过聚焦个案的滤镜，可以更有效地量身定制治疗过程。
- 用来述说个案的经验语言，这样我们可以更理解个案身处的情境。
- 用来量身定制激励。比如，一个线性思考的人可以给予一系列理由来完成治疗中所赋予的任务。对于一个看重内心感觉的人，他们可以完成任务让自己感觉好过些。
- 用来决定个案如何产生他们的问题。这就会讲到地图制作（第八章的主题）。为了产生抑郁，个案可以向内看、注重感受、强化负面、社交上退缩、保持在下位者位置，等等。

- 用来产生有效模式。模式模仿是NLP的最大贡献。如果我们要模仿艾瑞克森，必须是外向的、视觉型的、强化正向、致力于在上位者的位置，等等。

再次说明，并没有一个绝对的评估说个案应该坐落在光谱的哪一极端，诠释是完全依据个别治疗师的参考观点而定的。比如，一个治疗师可能认为一个人是外向的，而另一个治疗师可能认为同一个人是内向的。个案有可能在面对第一个治疗师时比较外向，面对第二个治疗师比较内向。同样的道理，一个自责型的治疗师可能会觉得个案是他责型的人。治疗师所做出的分辨都是与其本身的特质相关。通过这些分类而得的评估是一种感知，并不绝对科学。

“钩子”：价值观

另一系统的评估方法包括运用分类来辨识不同个性模式。而有些模式是生物本能。

生物本能模式是动物遇到特定刺激时的本能反应。动物行为学里有大量研究文献。这个模式一旦被激发了就停不了，直到整个本能模式行为完成为止。一个例子是某些鸟类的交配舞蹈。或许有些专家觉得人类不适用于这样的动物行为模式，但是人类的某些重复行为却跟动物行为很类似。

我们想象一下，假如我们默默地观察一群人，而这群人刚刚经历过一次重大危机。很快，我们发现这些人展现不同的明显本能反应——这些反应也呈现不同的人格特质。

比如，可能会有这样的生理反应：有些人可能会频尿，有些人可能坐立难安（是的，简单来说，有些人可能吓得“屁滚尿流”，有些人可能吓到“尿不出来”）。

当遇到生物本能的挑战时，也有人格特质上的不同性格区分。一个人可能变成攻击凶猛的狮子；另一人可能变成受到惊吓的羚羊；一个人可能像袋貂一样，遇到危机就假死；另一个变成僵冻的小山羊；一个可能是缩起头的乌龟；另一个可能是跑向妈妈的小动物。当遇到危险时，每个人都可能呈现不同特质，有人战斗、有人逃走、有人封闭、有人退缩、有人躲起来、有人黏着不放、有人投降、有人冲锋陷阵。在动物世界里，当遇到危险时，最常见的反应就是逃跑。

另外还有情绪反应的差别。根据情绪性格和习惯，有些人呈现害怕恐惧，有些人是生气、兴奋、沮丧，甚至是罪恶感的反应。如果这些人的家长也在现场，我们可以很快把亲子配对起来，因为父母跟小孩会有类似的问题解决策略。这种问题解决策略能力通常会代代相传。问题解决策略能力或许不是由先天基因决定，但是小孩通过父母亲的生物本能模式会学习到类似的处理方式。有些是外来的因素影响。**这些生理上、社交上、情绪上的行为模式很大部分可以说是“代代相传的模式”，我们可以看作是“钩子”**。

我们不仅可以通过评估分类来了解个案，也可以通过个案的独特性格或“钩子”来进一步了解个案。“钩子”会决定个案如何反应和行动。特定的“钩子”会造成个案摆脱不了的重复且多余的行为模式。它们有合理的存在价值，通常作为保持关系平衡的一种机制。

理查德·菲什、约翰·威克兰德、琳恩·西格尔（Fisch，Weakland，Segal，1983）是首先发表“钩子（hooks）”这个概念的先驱（在他们随后发表的文献中，改用位置“position”这个词）。早在读到关于“钩子”的著作之前（我在20世纪70年代早期参加心理研究机构的工作坊时读到），我已经研究“钩子”超过十年。

我之前提到的评估分类有启发价值，但是如果治疗师僵化地套用这些分类，是很危险的。比如，我们可能很容易地把一个人归类为强化者，但这真的有疗效吗？所以思考一下个案的“钩子”是比较有弹性且流动的做法。这个做法就是评估个案所处的位置。就像艾瑞克森并不喜欢标签或分类个案，仅仅是运用“钩子”来强化治疗效果。

我们不需要判断“钩子”是正面的还是负面的。一个“钩子”仅是呈现一个人所处的位置。以下是一些例子：

- 犹豫不决的。
- 除非刺激一下，不然只提供不完整讯息。
- 过多头脑分析，反应很慢。
- 总是要当老大，掌控全局。
- 大公无私，付出。
- 总是告诉别人对方想听的话。
- 需要很多安全感。
- 过度小心且挑剔。
- 经常忘记自己的行为会对别人造成困扰。
- 总是实话实说。
- 说谎。
- 动作缓慢。
- 穿着时尚。

不论是正面或负面，“钩子”就只是个人的价值观。比如，有些人的“钩子”可能是说谎，看重说谎可能带来的好处，甚至可能觉得欺骗是天经地义的；然而有些人看重诚实，对于自己总是实话实说感到自豪。

“钩子”并不只是人格特质这么简单。艾瑞克森曾经帮我签名一本书，上面写着，“就只是另一本让你头发卷曲的书”，因为他知道我对于自己的卷发很自豪。

“钩子”在个案的过去可能曾经很有价值，现在却是一文不值。然而，一旦一个行为模式启动了，通常就会一直进行到完全结束为止。

我们如何知道个案的“钩子”是在两个层次运作？第一，它提供给治疗师对于个案一个评估。第二，它可以用来量身定制暗示指令，治疗师运用“钩子”作为量身定制治疗计划的一个工具。

人们都习惯于做他们认为有价值的事，也会把他们所做的事看作有价值。一旦我们确定了个案的价值观系统，就可以运用那个系统量身定制治疗计划，换句话说，通过个案的滤镜看事物。比如，如果个案看重无私、利他，治疗可以挂在那个“钩子”上，鼓励个案为了别人而改变。对于一个以自我为中心的个案，治疗可以简单地框架在个案自身的利益上。

“钩子”基本上是一种潜意识模式。大部分人不会注意到它的存在，完全没觉察到这些。个案可能忽略他们的“钩子”，就好像我们会忽略一些背景音乐，比如杂货店里、餐厅里、电梯里冷气机的声音，或是汽车引擎的背景声音。然而，治疗师应该要注意到这些“钩子”，因为这可以用来强化疗效。

个案身上可能存在数不尽的“钩子”。我在这里会提到八个分类，是我在治疗里经常用来帮助我评估的。这些分类可以帮助治疗师回答一个后设问题：“个案所处的位置是什么？”最佳情况是减少僵化地使用这些分类，应聚焦在后设问题上。接下来的这些分类可以帮助治疗师决定最佳的治疗计划。

人格特质 / 社交角色

人格特质通常对治疗师而言是容易观察到的。我曾经遇到过一个个案，他是家中独子。他的双亲一个有严重身体残疾，一个有严重情绪障碍。在个案很小的时候，他就被教导要“安静”“小心”和“负责任”。他也很听从父母的话，他“钩”上了这些行为，当遇到状况时这些行为和价值观就会派上用场。

不幸的是，这些人格特质阻碍他，使他在应该好好放松时无法放松，像是在跟家人一起玩耍的情境里。为了帮助他，我尊重他的这些“钩子”，通过催眠强调安静、小心和负责任这些特质存在于特定情境的必要性和所提供的效益，但最终引导他到一个更适合的结果。

个案可能呈现的其他人格特质，包括感觉自己无能、自我批判、忠诚、有自信等，这些人格特质都是社交角色，人们习惯于这些角色。

语言模式

为了建立良好关系并提供帮助，治疗师应该要了解语言的“钩子”。特定的人格特质通常伴随着特定语言模式。比如，一个头脑清晰、有组织能力的人，可能在演说时特别强调言辞的精准度，小心翼翼地选择每个字句。

语言模式在治疗上其实很有用，但有时很难区别出来，因为语言模式经常是不着痕迹地搅和在个案的谈话里，就像我们之前提过的，我们倾向于忽略一个稳定存在的讯息模式和重复模式。有些个案可能重复地使用弱化者的话语，像是“一点点”“或许”“仅是”，或是“看起来像是”。

同时，语言模式可以指出个案问题的本质。比如，焦虑个案可能经常说："要是……怎么办？"抑郁个案可能说："如果……就好了。"个案的谈话中可能填充了一些语助词，像是："啊，所以？""我是说……好吧""所以呢……""……你知道吗？"这些字句可能看起来没有字面意义，但是如果治疗师想与个案建立紧密关系，可以不着痕迹地模仿对方重复使用的语助词。运用个案的语言模式可以让个案对你的建议印象更加深刻，也更有疗效。

个案可能用的其他语言模式包括修辞语句和比喻说法。个案可能讲话中规中矩，或是出言不逊，或是陈腔滥调。再次强调，治疗师可以运用个案表达方式来强化治疗效果。语言模式对催眠很有帮助。当一个个案被问到是非题，习惯用"不"来回答任何问题时，治疗师可以运用这种语言模式，创造一个双重否定或三重否定的治疗建议：

> 听起来不像是你这星期完全不想运动，不是吗？（三重否定句）

病症描述可以通过催眠重新框架。比如，如果个案在催眠状态里描述他的身体疼痛就像是"火在烧，压迫，且是温和的火"，治疗师可以重新框架个案的病症语句，并成为催眠引导的一部分：

> 你不需要经历压力……可以轻松地坐在椅子上。你的内心可以看着那个压力……你的手放在大腿上，可以做任何想要的调整，让自己感受放松程度的提升。然后你可以突然回想起小时候某个舒服的片刻，记得你有个火热的渴望要跟朋友一起玩耍，以及你朋友如何让你感受到温和的放松。

这里有个微技巧，重新框架病症语句作为催眠语句的一部分，单独来说并没有疗效，但是系统性地与其他方法混合就会很有帮助。

当我初入治疗师这个行业时，我会写下第一次会谈时个案所说的话，作为日后分析个案重复的语言模式。最终，我同频重复语言模式，不需要再记录第一次会谈内容，但在刚开始执业时这是很有帮助的。

明显的缺乏

通过一些培训，治疗师可以调整自己去发现个案身上明显的缺乏。当然，“明显的缺乏”这个词组是自相矛盾的。但是请注意：个案身上所缺乏的东西往往是很难察觉的，实际的错误和偏差比较容易发现。明显的缺乏可以是生理上或是心理上的。心理上，个案可能明显缺乏果断力，或是其他情绪。有些人有身体上的缺乏。我有个朋友，他截掉了一根手指，但直到几星期后我才发现。

艾瑞克森讲了许多故事，关于学生没有发现自己如何错过一些很明显的东西。比如，艾瑞克森的一个学生带着老婆去见艾瑞克森，艾瑞克森立刻指出他老婆的脚趾有长蹼，黏在一起。这个学生从来没发现他老婆脚趾有蹼，但更令人好奇的是，他老婆自己也没注意到，直到艾瑞克森指出这一点。

为了克服无意识的盲点，艾瑞克森指导学生在与个案初次会面时，要注意到明显的缺乏，这样可以更完整地了解个案的行为和问题。艾瑞克森说，学生应该要注意个案是否双眼视力正常，是否双耳听力正常，是否十只手指都在，等等。

同时，在语言表达和肢体语言里也有明显的缺乏。有些人可能从不使用副词或形容词，或是身体的动作可能是受限的。可能社会化的行为是缺乏的，像是从不微笑或是大笑。有些人可能在特定心理层面（情绪/

行为 / 社交）缺乏某些特质。比如，他们可能对于自己从不生气或是从不落泪感到骄傲。

非语言模式

非语言模式包括高张力的凝神注视或是眼神闪烁回避。有些人喜欢肢体接触，有些人无法接受肢体碰触。个案在说话时可能有肢体的动作，可能动作大，可能动作小，可能夸张，可能隐秘。彼此距离的测量，就像是靠近一点，或是远离一点，或是需要更多个人空间，这些都是非语言模式。治疗师可以更熟练地觉察到个案呈现的特质及更多。

安全感运作

我用“安全感运作”这个词组来描述一个特定的语言或非语言行为，用来提升社交心理层面上的安全感。简单的行为，比如抓抓头、玩弄头发、抓抓腿、双手交叉胸前，或是喃喃自语“嗯哼”。

然而，安全感运作不见得对于提供内心安全感有实质效用。或许安全感运作在过去很有效，但长远来看，安全感运作通常很少有太大功用。比如，强迫洗手（被认为是一种中和效果）的行为，可能在一开始看来是一种方法，用来减轻对于细菌感染的恐惧。但是如果经常这样做，反而无法减轻恐惧，而会增加更多的焦虑。

治疗师要对个案的行为仔细观察，特别是在压力大的情境下，像是第一次会谈时。这是个案觉得最不安的时候，个案会不自觉地呈现安全感运作行为。治疗师可以在催眠引导或是引导想象时，适时运用个案的安全感运作行为。比如，如果个案总是双手交叉在胸前，治疗师可以说个故事，当个案克服他的问题时，他会摆出双手交叉胸前的胜利姿势。这会让个案有安全感。

时间

人们有三种倾向——过去、现在、未来。每个人不同的时间倾向会直接影响他们眼前的问题。治疗师可以根据个案的时间倾向来做治疗计划。假设个案的谈话都是以过去的时间为主，过于执着在过去无法改变的悲剧里，就可能造成抑郁。同样，如果个案太过沉溺在担心未来可能发生的事情里，就可能会有焦虑。对一个过度执着在过去或是未来的个案做催眠引导，我们可以协助个案更多聚焦在当下。催眠引导本质上就是协助个案沉浸在当下的经验里，因此它是现在导向。

但是也可能个案过于存在于当下。比如，如果一个青少年只在乎“当下的快乐”，就可能忽略了过去的教训，以及未来可能要承担的后果。这个青少年可能是活在“时间里”。但是，理想状况是活在“时间上”，意思是个人生活在当下，放眼未来，同时考虑过去学到的教训和未来可能的后果。

一个人如何对待时间，以及跟时间的关系，可以从其做事的快或慢看得出来。有些问题的恶化是跟人如何看待时间有关的。有暴食症跟焦虑问题的人，通常做事都很急躁。菲利普·津巴多（Philip Zimbardo）、约翰·博伊德（John Boyd）的《时间的悖论》（*The Time Paradox*）中指出：“运用时间心理学改变你的生命。”（Zimbardo，Boyd，2009）

关系需求

关系需求讲的是个人如何公开明白地或是隐藏暗示地要求某人某事。

当我们做伴侣咨询或是家庭治疗时很容易看到关系需求，在做个别咨询时比较少见。关系需求的例子，如某人无理地要求另一个人用特定的方式说话（讲慢一点，或是讲清楚一点）；要求另一个人展现他的脆弱；在伴侣咨询里总是打断另一个人说话，试图帮对方解释或加上自己的评论；要求清楚地建议；很执着于一定要知道事情为什么变成这样。

通常，关系需求是心理压力过大的一个指标；个案对于关系需求越强烈，表示人格问题越严重。因此，治疗师是否能够辨别出关系模式，这很重要。

很多治疗师发现，特别是在亲密关系里，区分互动模式，找到控制关系的隐藏规则，是很困难的事。爱与生气都是一种内在状态的描述，但这些情绪可能也是人际互动关系的一种模式。比如，爱的互动关系定义可以用一个缩写来表达，TOPIAH（Take Obvious Pleasure in Another’s Happiness），意思是在另一个人的快乐里得到明显幸福感。**爱是一种互动模式，当你的另一半在做他/她很喜欢做的事时，你会感同身受，也感受到快乐。**一旦我们在伴侣治疗或是家庭治疗里经历过这些情绪，就会浮现对于互动模式的完整理解。

顺序

当我们解构时，“钩子”包括两个部分：元素和顺序；它们不是静止的东西。**“钩子”是随着时间会一再重复出现的多余行为模式。**在《人间游戏》（*Games People Play*）这本书里，艾瑞克·伯恩（Eric Berne）给了一个关于顺序模式的睿智描述，他称之为“游戏”（Berne，1964）。

伯恩的游戏公式看起来像这样：

诱骗点＋切入点→反应→开关切换→困惑→感觉很糟糕，付出代价。

我们用个比喻来解释：一条鱼在湖里游着，看见一只虫挂在钩子上。诱骗点是那只虫被设计用来吸引注意力，切入点用伯恩的说法是人性弱点（或许是忽略，或许是饥渴），这会让鱼看不见钩子。鱼想要吃虫子，所以本能反应是吃虫子。当钓鱼线往上拉时，开关打开了。这时鱼会有片刻的困惑，因为鱼没有预期到钩子。而这个比喻的结局，鱼感觉很糟糕，付出代价死掉了。

我们用做生意来比喻：A 跟 B 说她想要创业做生意，但是没有钱。B 说愿意提供资金赞助帮其创业。A 接受了这个提议，但是当 A 进行创业计划时，B 突然撤出资金赞助，A 感到很生气又很困惑。A 过于迫切地想要创业，而没有看到 B 有提供创业资金又突然撤资的历史记录。A 的创业计划失败了，然后她背负了大笔债务。

人们玩的游戏是由一系列顺序建构步骤组成的。从一个顺序不足以看见一个模式，但是有经验的治疗师最终会认出模式，然后用在治疗过程中。

以下就是一个运用顺序的例子：

个案：我感觉压力太大，我处于耗竭崩溃的边缘。

治疗师：我会说，现在是度假的好时机。

个案：真是太棒的主意了。但是我现在不能休长假。我或许可以休一个周末。

治疗师：听起来不错。

个案：等一下……我们无法休一个周末，因为我太太现在正在处理一个很重要的项目。她那个重要项目可能要花一段时间，我们可能连一天都没办法休假。我想我永远无法休息了。我感觉事事都不顺心。大家都有休假，但我想我不值得拥有一个真正的假期吧。

这个个案的顺序可以拆解成六个步骤：

- 暗示治疗师给个建议。
- 称赞治疗师提供一个很棒的主意。
- 修改一下治疗师的提议。
- 在提议中找到破绽。
- 感到挫败。
- 保持在自我苛责“失败者”的角色当中。

在人际沟通分析治疗学派里，这个模式会被标签为“是的——但是”游戏。

我们可以正向地运用这个顺序，比如，创建一个催眠引导。**顺势而为的原则提到，无论个案用什么东西创造问题，我们都可以重新设计那些东西用来创造解答。**问题的顺序可以被用在催眠引导过程里，元素可以被重新正向框架，然后结果就是正向的。

以下就是关于上面对话个案的一个假设性顺序催眠引导：

（1）你或许发现自己变得轻松，就好像毫不费力从心出发。

（2）……你可以花点时间去好好思考这个建议，同时内心监督自己去找到那个舒服放松的点。

（3）……尽管可能有另一个经验，或是回忆，或是图像可以帮助你更放松一点。

（4）但是你会发现，你无法在身体的所有层面都放松下来。

（5）……然后你的意识心智可能为了这样努力感到挫败。

（6）然后，你的意识心智可以是努力挣扎着要放松的失败者……但是你的内心可以找到放松……用你自己的方式，用你自己觉得对的方式。

除了创造催眠引导之外，还有其他方法可以运用顺序。结合顺势而为的策略运用顺序可以达到相辅相成效果。治疗师的工作是礼物包装概念，然后让个案自己拆礼物，进入最佳状态。

把步骤都排列出来，可以为治疗师提供洞见，找到可以中断顺序的地方。一个常见的目标是在顺序最脆弱的点上中断顺序。这可以通过加一个步骤来执行。

比如，在前面的例子里，当个案对治疗师提出的建议感到充满希望时，治疗师或许可以加入一个建议，邀请个案暂停，做个深呼吸，揉一揉脸，或是做些无关紧要的动作。在那个点上，任何建议都可能有效，因为在顺序里一个小改变，都会造成滚雪球效应，诱发改变。

治疗师也可以把这个顺序带到谈话里，让个案知道，然后可以两人一起设计一套中断模式的方法。在心理治疗里，洞见有其存在的价值和地位，对帮助某些个案觉察到自己潜意识的特定模式有疗效。

这八个分类可以用来评估与了解个案所处位置。“钩子”也可以看成是评估分类的一个重要元素。比如，一个在关系里的上位者，可能有特定的时间倾向，使用特定的语言模式、非语言模式、顺序、明显的缺乏、关系需求，以及安全感运作。还有一些人格特质元素——好的或坏的。

总结

我们有组织地建构一个评估，描述当下存在的模式，用来决定治疗目标、礼物包装方法，甚至治疗计划。一个结构式的评估可以帮助我们清楚理解个案如何创造他们的问题。我们可以通过创造一个地图来看清评估的各个面向，然后聚焦在那些可以产生改变的元素里。

评估分类和钩子是基本基础，我们还可以创造更复杂的地图来增进治疗效果。在下一章，我们用更复杂的地图进一步探讨抑郁症。

回顾，这一章列出的原则：

- 建议→激励。
- 心理治疗可以在问题所在的层面产生疗效。
- 不论个案用什么来创造问题，同样的东西也可以被重新设计来创造解答。

第六章

CHAPTER SIX

进阶地图制作

一个治疗师如何画出“问题地图”也就决定了要使用哪种治疗方法。治疗师口袋里拥有越多的地图，越有可能产生更多正向的改变。

引 言

我们运用现象学的观点来看抑郁症，抑郁症是一种社交建构情境，而不是一种神经传导缺陷的疾病。将抑郁症定义为社交建构是很有帮助的，因为治疗师可以因此创造一种社交上的治疗方法，而不是医学治疗方法。

一个关于抑郁症更激进的社交建构观点，认为抑郁症并不存在——至少不是像心理专业人士共同认定的那样——同样，焦虑和其他社交心理问题也不存在。

做出这样异端般的论述，明显跟普世心理治疗传统理解相违背，其实我有实际理由，而不是要挑战传统。我是否相信抑郁症并不存在？我的答案是“是”与“不是”。我的答案是取决于临床上的权宜之计。有些时候在某种情境中的事实，并不适用于另一种情境。

世界上有大实相和小实相。小实相是绝对的实相；而大实相出现时，包括正面实相及负面实相同时存在。比如，在物理学上，光并不是唯一实相；它可以同时是粒子又是光波的形态。同理，心理上的问题，像是焦虑症和抑郁症，也不是单一实相，而可以有很多不同形式。

比如，**一个心理问题可以被看作一种状态、一种互动模式、一种重复发生的短暂序列、一种社交技巧缺陷、一个生理过程、一种个性风格，或是被看作一个系统，包含以上数种元素。治疗师如何画出“问题地图”也就决定了要使用哪种治疗方法。**要有效穿越复杂的抑郁领域，我们需要地图，因为地图给我们提供相关的选择。在这一章，我鼓励治疗师创造个案所带来问题的复杂地图，因为这样做会快速引导到更有效的治疗方案。

这一章，我聚焦在抑郁症，但所有心理问题都可以画出地图。一个治疗师可以画出焦虑地图、坏习惯地图、不幸福亲密关系地图等；同样也可以画出个案强项地图，这对于建立解决方案非常有帮助。

在这一章，我将治疗重点放在现象学评估模式，以及伴随的征兆。同时我也会深入探讨现象学地图概念来帮助读者更好地了解个案的主观现实。其实，治疗师和个案在治疗开始前已经各自有地图了。这些地图是治疗师和个案对于问题的主观认定现实，这些地图可能是受限的。然而，如果治疗师想要创造更复杂的问题地图，这会提供更多的社交治疗方法选项。

个案的地图

个案对于在混乱世界里协调并创造秩序的复杂隐晦地图，总是有过度简单的标题。这些简单的标题通常是静态的名词，会导致一种僵化的社交互动规则。所谓的“名词化”，意思是将一个不是名词的词转变成名词。我们使用名词来精准地讲事情。但是，把某种复杂的东西名词化，变成一个标签，会模糊主要的、潜在的动态互动过程。

静态名词化对于个案和治疗师两者来说都是一种限制，把两者都监禁在监狱里。定义问题，并把问题看成是一种元素和过程的复杂互动，就是一张出狱卡。如果个案带来的问题是生理上的，我们可以通过药物来治疗。但是，当我们运用社交情境来治疗时，处理潜在元素和过程是比较好的方法。

抑郁症（depression）是动词“抑郁（depress）”的名词化。抑郁本身并不是单一个体，把抑郁症定义为单一个体会造成一个静止的信念，相信说它就是“一种东西”。不论你是意识上相信或潜意识上相信抑郁是一种具体明确的东西，对于心理治疗的过程都完全没帮助。

人们通常认为自己是“抑郁的（depressed）”，没有发现其实他们的抑郁是一种复杂、互动的过程。更进一步说，待在抑郁中可以变成一种编码后的生活风格；可以变成一个人的身份认同。作为一个治疗师，我理解个案所描述的情绪状态，也不会轻忽他自我定义的受限制状态。然而，我致力于创造一个不一样的标签——一种刺激可以造成改变发生。为了达到这个目的，我通常会思考个案如何“创造”他的问题。比如，个案如何在自己身上创造“抑郁”？通过这种思考方式，我把名词化的抑郁变成包含了元素和过程两者的抑郁。

看待一个问题，以抑郁来说，包含了元素和过程这样的观点是有帮助的，因为我们改变元素和过程会比改变一个整体更容易。个案通常把问题带到治疗师面前，好像他们需要很多修正。个案也通常会明示或暗示治疗师帮他们疗愈那些问题，就好像治疗师有神奇魔法，而他们自己对于现况是无能为力的。当治疗师帮助个案通过经验体验到他们是自己人生剧本的作者，而不仅仅是僵固冻结疾病底下的被动受害者时，治疗效果会好很多。

疾病模式

把抑郁症看成一种疾病，或许对于很多专业领域有它存在的必要性，像是疾病分类学、人口学、统计学、保险公司、临床研究家、精神科医师，当然也包括了药厂，但是对于第一线的心理治疗师而言，这样的分类诊断无法有启发式的价值和意义。

一个诊断会产生一个治疗计划。当医师诊断个案有抑郁症时，也就是间接暗示只能通过药物来治疗处理。然而治疗师可以通过改变个案的经验来更好地帮助个案。首先，治疗师可以对个案呈现的问题创造一个更有建设性、更有弹性的标签。至少，治疗师可以帮助个案看到，某种程度上个案通过有为和无为的方式使自己“抑郁”，这暗示自我改变的可能性。

当代对于抑郁的共同观点是，抑郁是一种头脑缺失功能，以及脑内化学物质失衡所造成的结果。在心理治疗里，如果我们对抑郁抱持这种观点，那就是自我设限，而无法找到更多好的治疗选择。我倾向于使用目标导向的观点，首先关注治疗的弹性和有效性。从这种有利位置出发，我可以把问题解构成元素，而每一种元素都可以用社交治疗方式来改变。解构会创造一种有疗愈价值和启发价值的区分；同时很重要地，我们要了解个案的各方面现象，他/她生活经验的隐含意义。

在解释现象学地图之前，我想提供一些当代认知行为治疗学派（CBT）的观点，因为这会帮助我们更了解启发式与逻辑式的差别。

认知行为治疗

认知行为治疗，把行为治疗的技巧运用在认知层面上，是当代很流行的一种治疗抑郁症的方法。大量的认知行为治疗学术研究证明，认知行为治疗可以实际改变人的大脑。我们很自然地发现，改变心智就可以改变大脑。比如，当你谈恋爱时，你的大脑改变了：生物边缘系统进入超速运作状态，释放出大量多巴胺；下丘脑被点亮了；杏仁核活动减少，杏仁核连接到恐惧及如何从错误中学习。

在抑郁的情况里，认知行为治疗比药物更有效，因为个案学会技巧，就不需要依赖抗抑郁药物治疗。从现象学角度来看，认知行为治疗的主要效果是改变一个人的主观经验。一旦个案的主观经验改变了，就会有新地图、一个比较正向的标签、一种更好的组织，来面对社交心理生活的复杂层面。

然而，认知行为治疗仍然聚焦在医学的基础上，治疗方法是逻辑演算，一连串序列决定会造成一个结果。现在，把心理治疗医药化，做成可操作手册，这件事本质上没问题；事实上很多治疗师倾向于运用一种逻辑演算方式，而不是奠基于现象的启发式治疗法。但是，认知行为治疗聚焦于修正自动化思考，而自动化思考并不总是个案抑郁经验的核心部分，所以修正自动化思考不见得是治疗的主要方法。

现象学

海森堡（Heisenberg）的不确定性原则，假设如果我们确定粒子的位置，就会造成动量的不确定性增加。当人们问伟大的物理学家尼尔斯·玻尔（Niels Bohr），“清晰（clarity）”的互补面是什么，他回答，“精准（precision）”。

现象学是科学的互补面。科学家运用逻辑演算，而现象学是奠基于启发式做法。科学讲究精准，探讨物理世界的事实。现象学则是关于经验的体验，是研究我们如何活出不一样的经验。科学家通过逻辑演算得到一个明确结论。现象学运用启发式：运用从生活经验里得到的简化假设来实现梦想。

人们会使用逻辑演算和启发式这两种方法来处理日常生活。然而，用科学来探讨一种状态，像是快乐，会有局限效果，因为快乐没有明确界限，快乐是一种演化过程。当我们读诗的时候，可能会诱发快乐状态，因为诗人通过处理不同现象诱发我们体验到感觉。

我会如此强调现象学很大一部分原因是我多年研究催眠，受到我的启蒙老师艾瑞克森医师的影响。我的毕生热情是研究催眠，这帮助我了解状态，以及生活经验的内涵意义。当治疗师了解隐含的架构，以及个案抑郁状态的组成元素时，心理治疗可以轻易地产生疗效。

致力于社交治疗方法的治疗师可以创造出现象地图，通过社交沟通方式来点燃一个人的目标。现在我们聚焦于评估而不是治疗策略，因为恰当的评估会引导有效治疗。如果治疗师在评估阶段可以找到分类的有用资讯，就可以运用常识来引领治疗方法。

再次强调，评估并不是诊断，诊断跟病理学有关。记得我们做评估是同时考虑资产和负债的。心理治疗最有效的情况是治疗师评估个案所处位置，因为心理评估可以引导社交心理治疗方法。我们可以把评估焦点放在创造有用的问题和解答地图上。我早期的现象学地图称为“沟通元素”（Zeig，1980）。这种沟通元素模式聚焦在一个人如何维持最佳状态或生病状态。

沟通元素

所有沟通都是由许多元素共同组成的。托马斯·萨斯（Thomas Szasz，1954）指出，所有的病症都是一种沟通。以下列出的包括了沟通的主要和次要元素。次要元素是由主要元素组成，并且会修正主要元素。次要元素的数目实在数不胜数，因为它们是由治疗师的独特优势观点产生的。治疗师可以了解个案如何创造问题，从而产生解答地图。

沟通元素大致有十四个，六个主要元素为：认知、情感、行为、感知、关系、生理；八个次要元素为：态度、情境、品质、象征、模糊、历史、文化、灵性。

沟通包括了一个认知元素（思考内容）、一个情感元素（一个人的感受，可以是隐藏的或是明显的），以及一种相对应的行为。比如，如果一个人说，“今天真是美好的一天！”认知元素是从天气的角度看，情感元素会考虑一个人的心情很好，行为元素包括了那个人在陈述的当下所呈现的姿势和其他非语言的行为。

感知元素关注于用来沟通的感官频道，以及感官如何在内心呈现。“美好的一天”可以通过视觉或感觉被体验到。然后在内心里，也可以通过内心图像或内心感觉呈现。

沟通会发生在一种关系的情境里，会指出一种关系的本质，比如好关系、坏关系，或是不好不坏的关系。所有的互动都包含一个隐藏陈述，关于个案与另一个人关系之间的意义。“今天真是美好的一天”，或许要沟通的是，“我在这段关系里很开心”，或是“这段关系很肤浅表面，讲讲天气这种场面话就好”。然而，所有的沟通都是生理事件，奠基于生理化学运作过程。

如果所有沟通就只是像这六种主要元素这样简单，那治疗师的工作就轻松多了。然而，就算是一个简单的陈述，“今天是美好的一天”，可能同时加上许多次要元素，比如态度，可以改变整个沟通过程。态度包括相对应的行为、情感和念头。一个人的态度可以是正向的、负向的或是中立的。如果个案说“今天真是美好的一天”，可能在表达“我喜欢积极快乐”，或是“我真是愚蠢又不知所云”，或是“我只是在告诉大家天气很好”。

另外，沟通是发生在特定且独一无二的情境里：只会在一个特定地方和特定时间发生。在品质层面，像是语言强度、音调和说话速度，都会进一步改变主要元素。“今天真是美好的一天”，不同于“今天真是美好的一天（每一字都大声说出）”或是“今天真是（重点强调）美好的一天”。

沟通是象征性的。“今天”这个词是一种象征概念的口语表达。沟通也可以通过不明确的表达而变得模糊不清。当你在凤凰城说“今天真是美好的一天”，意思是天上有云而且要下雨了，因为凤凰城一年有大概三百天艳阳高照。

模糊有很多种形式。我们在一个层面这样说是这种意义，可能在另一层面说却是不同意义。大多数沟通（语言和非语言）都有多重意义。结果就是，沟通可以发生在不同层面，听者和说者都没有觉察到他们不自觉地回应着彼此。

所有沟通都有历史元素，因为沟通是个人历史的特质呈现。同时，沟通也是个人生命文化的一种呈现。有些人会说沟通有灵性的层面存在，或许就是呈现了一个人在某个“超越自我”的位置。

任何的沟通、病症或是治疗反应都包含我们之前讲的元素（行为、认知、情感、感知、关系、生理、态度、情境、品质、象征、模糊、历史、文化、灵性），不同的治疗学派会看重不同的元素。

人本主义治疗学派，强调沟通的情感面向；认知行为治疗学派，认为认知元素是最重要的；而史金纳博士的跟随者看重行为；家庭治疗学派看重家人之间的关系；荣格学派看重象征元素；理情行为疗法看重态度；艾瑞克森学派看重模棱两可；精神分析学派看重阻碍现在的历史。心理治疗学派各有其情境背景。所以，如果你想要自立一个新的心理治疗学派，唯一剩下的方法只有创造一个高品质学派！

个案通常强调他们沟通的某个面向，把其他面向排除在外，然后继续困在他们对于问题的自我观点里。**任何问题，整体来看都是一种沟通，包含许多不停演变的元素。**个案如果看他们自己是抑郁的，通常只会强调某些元素。

如果我们要他们回答这个问题——你怎么知道自己是抑郁的，有些人会说自己感到哀伤，有些人会说自己没有活下去的动力，有些人有很多“负面”想法。有些个案会说他们看到“黑暗画面”。有些个案说他们知道自己抑郁，因为他们很消极。有些个案说他们的抑郁是生理问题（有些情况下真的是生理问题）。有些人相信他们是抑郁的，因为他们的人际关系很差。有些人感到抑郁，因为他们会很严厉地自我批评，因此感到很自卑。

对某些人而言，抑郁要看特定时间和特定场地。抑郁也可能是过去的创伤或是痛苦回忆造成的。个案可能感觉人生无趣，或是感到存在危机或灵性危机。有些人会用象征或是比喻的方式描述抑郁，就像“掉进一个无底深渊——黑洞里”。

其实“抑郁”这个词本质上有种象征意义，因为文字是对象、事实、经验的象征表达。“抑郁”这个词是从拉丁文 depressionem 或是 deprimere 演化而来的，意思是“压下去”，这个解释很合理，因为有些个案会说他们感到沉重，或是感觉被压得喘不过气来。

抑郁症的启发式疗法

一个简单的治疗原则是从外围切入治疗，通过个案描述的问题本质来找到沟通元素。治疗师可以选择一个外围元素，然后诱发一个改变。重点是找到个案经验上不太重要的元素，然后改变这个元素。这是一种系统化过程，外围改变可以像滚雪球般扩大影响，造成全面性效用。

治疗师可以从什么地方开始治疗呢？不是从个案谈话里强调的部分开始，因为那部分有很多的抗阻；那部分长期困扰个案，是坚固而难以打破的。如果个案描述他的抑郁是被负面念头困扰，我可能会通过感知的改变来做治疗：治疗师可以经常注意到环境里光和影子的错综复杂模式。或是我可能建议他每个小时清洁一次他的眼镜，让这变成好玩的事。我也可能建议他定期给某个人称赞。一个看似不起眼的感知小改变，象征化（“清洁一个人的视线观点”）或是改变关系，都可以创造美好时光。

另一个启发式原则是，提供指令帮助个案在自身模式里产生细微改变，这会有叠加效果。抑郁是元素构建的复杂系统，个案可能没有发现他自己所呈现的东西。如果治疗师帮助改变了个案所呈现模式里的许多元素，会有一个系统性影响，抑郁状态会获得改善。

还有一个启发式原则是，运用平行方法。我们可以诱发个案体内潜在的改变资源。当抑郁被分解成小元素时，或许会帮助治疗师看清楚个案在过去曾经成功地改变想法、改变感觉、改变行为等。治疗师可以设计一系列的正向平行经验，帮助个案从过去发生过的正向经验中提取想法、感觉、行为等历史来重新体验一次真实的改变感受。为问题提供平行经验，会帮助个案从中找到个人意义，然后得到自发性体悟。

把问题分解成小元素，可以改变治疗师对于事物本质的理解观点。为了创造治疗方法，治疗师要致力于了解个案强调的自己现象的复杂层面，因为个案经常用“抑郁”“焦虑”，甚至用“糟糕关系”来定位自己。

抑郁是一种社交建构

抑郁是一个简单说法，用来描述特定现象——一系列隐藏事件和关系，这都会导致一个人定义自己得了抑郁症。

我们之前提到，个案通常会强调生活经验的某些面向，这有可能造成他们标签自己是抑郁症。很明显，抑郁的问题通常不只有一个，问题会随时间而变化。个案所描述的问题现象元素会随时间而变化。在某次会谈里，个案可能描述他的抑郁跟念头有关，在另一个时间点上，可能跟感觉有关。

我永远不知道个案会用什么经验来证明“自己是抑郁的”。任何一个抑郁元素或是数个抑郁元素的组合，都可能导致个案定位自己是抑郁的。然而，个案自己的定义不见得与治疗师的抑郁定义相符。因此，治疗师一定要知道个案所说的抑郁是什么意思，而不是自己去猜想。

为了了解个案的经验，治疗师可以把自己看成是地图绘制师，创造现象地图。一个适当评估可以回答以下问题：“我该如何画出这个人的抑郁现象地图？”以及“这个人是如何创造抑郁的？”当然，我们处理其他类似的心理问题时，也可以问同样的问题。创造地图会帮助个案去到他们想去的地方。创造地图的目的是，通过更多简单可达成的小目标来提升治疗效果。

把抑郁症当作一个社交建构来检视，并运用沟通元素创造分类仅仅是分类领域里的一个方法。还有很多其他方法可以用来帮助治疗，如创造解答的现象地图。

创造解答地图

现象地图可以帮助治疗师设计策略用来诱发解答。如果治疗师可以决定问题地图，一个启发式做法是通过反向操作元素来创造解答地图。比如，相对于抑郁的人，一个快乐的人可能是外向的、活在当下、活泼、积极、有希望的、热情、与人相处愉快、对新事物敞开心扉、有具体目标导向、经常在一个充满活力的状态。快乐的人也会真心接受别人的称赞，散发光芒，运用正向自我对话，不会总是把问题怪罪到自己或别人身上，活出生命的意义和价值，经常以胜利者的角色看待事物。当然，如果我们连接到几个元素，很有可能会觉得“我是快乐的”！

在第四章，我们讨论过抑郁和快乐的地图，以及治疗师如何运用以下四种方法来达成治疗目标：松动问题的元素，诱发解答状态的元素，运用催眠作为问题之地与解答之地两者间的桥梁，运用治疗师自身状态作为问题和解答间的桥梁。松动一个僵化问题可以诱发改变，因为人们都想要幸福健康的状态，松动之后会很自然地朝着那个方向前进，不需要太大推力。

复杂地图

多年之后，我的评估过程更加精炼了。我现在有五个地图：问题状态的现象地图、解答状态的现象地图、问题的身体感知地图、问题流程的地图、互动模式地图。这些地图给我提供许多选择，从而决定了最佳治疗方案。

到现在为止，我们谈到了现象，创造问题状态的元素地图，诱发解答状态。我们也可以创造身体感知、流程顺序和社交模式的地图。如果治疗师很确定个案所描述的问题里有很大一部分跟身体感知有关，可以在身体层面工作，或是简单地描述走路动作，或是做瑜伽。一个抑郁的人可能呈现植物性症状，包括体重下降（甚至厌食）、失眠、疲劳、无精打采或是不专心。如果是这种情况，治疗师可以聚焦于提升个案的身体健康等愉快感觉。

我们可以把问题看成是连续性的，并随着时间有一系列重复事件发生。我们分辨出问题的流程顺序时，就可以打破固定模式，增加或是减少一些步骤。我们可以修正某些步骤，或是加入一个新步骤看看是否对整个流程顺序造成改变。如抑郁症状，它不是一系列步骤的终点站，如果我们改变抑郁发生之前及抑郁发生之后的某些事，就可以改变抑郁的核心元素。

我们也可以制作互动模式的地图。如果个案的社交模式在问题里占了举足轻重的地位，我们可以通过邀请其他人参与来创造互动式解答。我们活在社会情境里，我们的行为会受到互动模式的影响。

地图和策略

治疗师的地图决定治疗策略。聚焦在心理发展缺失的治疗师会用精神分析的方法来做治疗。如果地图失效了，心理教育或许是另一个选择。如果制作生理地图，可能会导致药物的使用。心理专家通常会宣传自己的地图是唯一真相。但是，**地图其实既是聚焦的，也是失焦的，尽管任何地图都可能很有价值。治疗师口袋里拥有越多的地图，越有可能产生更多正向的改变**。这是艾瑞克森学派的一个重要原则。

表 6-1 说明如何运用地图来创造治疗策略。

一个帮助有效治疗的练习：以“抑郁”问题为例，运用每个地图，写下假设性的评估主题及相伴随的治疗方法。

表 6-1　运用地图来创造治疗策略

地图	策略
状态（现象）	翻转（诱发相反元素）
身体症状	身体工作
顺序（流程）	中断模式
社交模式	互动（参与）式解答

（续表）

传统地图	
历史背景 生理层面 缺陷 行为分析	后设评论，诠释 开药物 心理教育 去稳定化，制约行为

在临床治疗上运用进阶地图

大范围的分类配置可以造成更有效率的评估和治疗方法。

表 6-2 包括四个基本元素：状态、身体表征、顺序、社交模式，还有无数分类方式，这些都是人类经验的不同面向。

表 6-2　__________现象

（如何创造问题和解答）

I. 心灵层面
内化的部分
注意力：
感知系统：
内在图像：
感知：
感知运作：

（续表）

认知层面
内在对话 / 咒语：
文法：
主要问题：
认知扭曲：
隐喻 / 比喻：
行为层面（No.1，No.2，No.3，以此类推）
动作 / 姿势：
情感层面
情感运作过程：
态度层面
信仰系统：
自信心：
存在价值：
灵性层面：
生理层面（身体征兆）
生理 / 健康：
能量 / 活跃程度：
身体知觉：
头脑层面
头脑运转速度：
期望：
记忆：
记忆运作：
运作（No.1，No.2，No.3，以此类推）
缺乏（No.1，No.2，No.3，以此类推）

（续表）

II. 社交 / 人际互动
社交表达：
社交距离：
责怪（自责 / 他责）：
角色：
控制（在下位者 / 在上位者）：
社交能量（散发能量 / 吸收能量）：
三角关系：
方向（追逐者 / 逃跑者）：
关系需求：
回馈：
人际关系敏锐度：
情境敏锐度 / 觉察：
系统功能运作：
心智年龄：
出生顺序及成长背景：
抗拒：

当创造地图时，治疗师应该问的主要问题是：“这个人如何创造抑郁？”“这个人如何创造相反状态，像是快乐？”

根据这个模式，治疗师可以为治疗过程创造两个地图：一个是问题地图，另一个是解答地图。为独特个案创造地图是一个“主动评估”，治疗方向因此变得清楚明白。

表 6-3 是我为一个抑郁个案创造的地图。这帮助我整理思绪，然后看见诱发改变经验的康庄大道。

表 6-3　抑郁个案 X 的现象表

（个案 X 如何创造抑郁）

I. 心灵层面
内化的部分
注意力：内化的
感知系统：感觉型，身体感受高度敏感
内在图像：黑暗
感知：压抑正向称赞
感知运作：强化负面，弱化正面
认知层面
自我毁灭，挫败，犹豫不决
内在对话 / 咒语： “我到底有什么毛病啊？” “我什么事都做不好！” “要是事情都没改变，怎么办？” “我无法复原！” “为什么要花这么久时间?!” “怎么每件事都这么辛苦！” “我怎么老是这么倒霉？” “为什么我无法________？”
文法（标点符号）：大部分的抱怨都是把标点符号落在叹气的位置上。她的谈话总是强调，就好像她生活在这些叹气的标点符号里
主要问题：“我的能量在哪里？”
认知扭曲：“我需要奇迹才能让我好过些……我现在就需要！”
隐喻 / 比喻：“我对抗迎面而来的浪潮。”

（续表）

行为层面
No.1：懒惰
No.2：总是逼迫自己做事
No.3：在早晨啜泣
动作 / 姿势：身体内缩，自我限制身体摆动
情感层面
感觉内心空虚，悲伤，无精打采
情感运作：僵化情绪
态度层面
感到羞愧，缺乏安全感，人生没希望
信仰系统：“我无法克服”“我什么都做不好”
自信心：自卑，犹豫不决，无能为力
存在价值：万事万物都无意义
灵性层面：抱持怀疑信念，怀疑是否有灵魂
生理层面
没有能量
生理 / 身体健康：无法享受食物，体重下降
能量 / 活跃程度：不活跃
身体知觉：手臂感觉沉重
头脑层面
对未来感到担心
头脑运转速度：比平常缓慢
期望：“如果我做不到________？”
运作
No.1：消极被动
No.2：无法承受的压力，自我封闭
No.3：“大雾弥漫”

（续表）

缺乏
No.1：坚定行动力
No.2：目标
II. 社交 / 人际互动
社交表达："被迫"与人交谈
社交距离：退缩，缺乏与人互动
责怪：**自责型** / 他责型（对自己严厉）
角色：无助的，像小孩一样
控制：**在下位者** / 在上位者
社交能量：散发能量 / **吸收能量**（主要吸收别人能量）
方向：追赶 / **逃跑**
关系需求：暗示需要帮助，然后拒绝别人

一旦画出个案的问题地图，我可以看到个案的问题主要围绕在其内在自我对话里。因此，我一开始的治疗计划是聚焦在没有太多个人意义的元素上。

如果你的地图比我列出来的这个还要复杂，可以运用其他治疗方法。

以下是抑郁的八个程度清单，大致顺序是照着严重程度增加而排列的。

- 依据情境而决定。
- 存在意义的观点。
- 否认抑郁症的存在。
- 信仰系统。
- 自我认同错乱。

- 错乱的梦想和希望。
- 有自杀和自我伤害倾向。
- 生理疾病。

我可以把这个清单给个案看，让他们自己决定自身的严重程度有多少，或者我用这个清单来概念化案例。第一个程度是情境决定因素。哀悼可以算是一种情境决定因素，尽管这不被认为是抑郁。然而，当个案在哀悼某个人过世时，他们可能会谈到抑郁情绪。在人生里，有些令人挫败的事情可以让人抑郁，像是失去工作机会。个案可能会产生全面化挫败情绪，这看起来就像是抑郁，但往往事出有因。

个案的存在价值观会影响情绪。如果个案找不到人生的意义和生活的目的，他们可能会觉得抑郁。在这种情况下，存在主义学派疗法可能是个好选择。

个案可能没有发现自己的抑郁，或是否认自己是抑郁的。这样的个案可能通过情绪失控、酗酒、吸毒等方法来呈现他们的不安。有些人可能通过狂躁的活动来掩盖抑郁情绪。

有些抑郁个案拥有错误的信仰系统，包括消极的投射。

对有些个案而言，抑郁是一种身份认同，治疗可以处理那部分的人生经验。

有些个案成天不切实际地“想要这个，想要那个”，拥有错乱的希望和梦想。这些个案可能很平淡地说，“我想要快乐”“我想要从抑郁中脱困”“我想要感觉自己还活着”。在这种情况下，治疗可以着重于诱发改变的动机和渴望。

就算是中度抑郁个案，也有可能想要自杀。因此，治疗师要评估自杀的严重程度，适时提供治疗。画出个案自杀倾向的地图，可以提供有效的阻断自杀风险。

最终，有些抑郁是生理性的，脑内化学物质失衡或是大脑失功能，如果是这种情况，就需要靠药物来治疗了。

总 结

这一章聚焦于系统化的评估模式，就像是一道光芒照进问题的本质里。治疗师可以创造地图，用来强化社交心理的治疗方法。最好的地图是画出路标指出通往有效、易懂的解决之道。要创造社交心理层面的治疗方法，最好是把抑郁看成一种社交建构，而不是疾病。

一旦治疗师要创造一个地图并建构一个目标（要沟通什么），就需要一种方法来呈现目标（礼物包装），这是我们下一章的重点。

回顾，本章的原则有：

- 从外围向核心进行治疗工作。
- 提供指令，协助个案在自身模式上进行微小改变。
- 运用平行治疗。
- 治疗师口袋里拥有越多的地图，越有可能产生正向的改变。

第七章

CHAPTER SEVEN

礼物包装

治疗师用一个技巧来礼物包装许多止向的可能性。当个案“拆开”包装在技巧里的治疗方法及解答时，个案就觉醒了。

引 言

很明显，我们不可能写出所有礼物包装技巧。在这一章里，我列出了十九种方法，可以用在礼物包装的治疗目标里。同时，我也会指出这些技巧如何运用在抑郁症的案例里。

简 介

一旦治疗师有个目标在心里，接下来的问题就是："我如何有效地呈现这个目标给个案？"如果治疗师巧妙地用礼物包装的方式设置目标，通常会在个案身上产生最大效益的改变。适合的礼物包装会强化治疗过程，诱发概念变成体验，并且在治疗过程中"交互运作"。再次强调，治疗技巧仅仅是用来醒觉独特体验的工具，本身没有疗效。

这一章呈现的十九种方法是用来启动个案内在沉睡潜力的——获取个案曾经成功使用的内在资源。治疗师在提供治疗方法时，是让自己处于一种畅通管道的状态，撷取资源并提升个案的最佳状态。个案可能会把某个问题用一个病症礼物包装一番。同样，治疗师用一个技巧来礼物包装许多正向的可能性。当个案“拆开”包装在技巧里的治疗方法及解答时，个案就觉醒了。因为目标设定实在太重要，我提供一个简短回顾。

回顾：目标设定

为了要包装不同可能性，治疗师首先在心里要有一个明确目标。治疗目标可以通过几种方式建立：目标可能来自个案本身，通过个案与治疗师一起讨论，或是治疗师本身。目标设定很大程度上是依据治疗师本身的治疗学派而定的，而且通常带有某种独特性。记住，一个行为治疗师可能试图去除个案的焦虑制约行为，就算个案不停抱怨抑郁问题。一个人际沟通分析师可能会跟同一个个案讨论人生脚本。一个家庭治疗师可能聚焦在家庭互动关系模式上。相同学派的治疗师甚至可能会有不同的治疗目标。因此，改变的元素并非一成不变。

在科学领域里，科学家定义基本元素，但是在心理治疗领域里，并没有所谓的基本元素。物理学家一致同意有基础物质粒子的存在，像是质子、中子和电子。心理治疗师对于改变的基础元素没有共识，其中包括行为、感知、回忆、人际关系、认知、态度、情绪等（关于不同心理治疗学派的进一步资料及他们之间的差异，参见 Zeig & Munion，1990）。

如果目标是通过一个清晰统一的标准来设立时，心理治疗可能变成一个比较理性科学的过程。然而，因为每个个案的独特人生经验及独特观点，我们无法建立一个全世界通用的标准。再加上治疗师的专业观点及人生经验，一个独特的量身定制互动过程就诞生了。通过这个互动过程，治疗师和个案共创治疗目标。

经常，个案会先讲他们的目标，因为很多问题存在于个案的理解和觉察领域里。个案可能想要克服抑郁症、坏习惯，或是想要有更美好的关系。在很多情况下，治疗师接受个案带来的目标。然而，个案所带来的问题和目标通常都不切实际，因此治疗师的目标通常包括探讨个案问题的组成元素。再者，个案不见得能完全觉察到问题的本质。在这种情况下，既然治疗师是从观察者的角度来理解个案情况，也就可以在建立目标上采取主动角色。

治疗师也可以重塑目标，因为在治疗里目标有延展性：如果处理的问题是抑郁症，个案想要快乐，治疗师可以通过感知的改变、关系的改变、了解过去历史、寻找例外等方法来重塑目标。

心理治疗领域并没有硬性规定，治疗师要明白、清楚地跟个案说治疗目标，但是我会建议治疗师遵循专业领域的职业道德标准要求。在第十章，我会讨论一个艾瑞克森的案例，在案例里艾瑞克森发现个案并没有完全了解她的问题所在。在当时情况下，艾瑞克森并没有将治疗目标清楚告诉个案，而继续治疗过程。

某些治疗学派回避建立特定目标，个案 / 治疗师保持在开放式合约状态，同时将整个过程看成是个案的人生成长经验。完形治疗学派及人本主义、存在主义治疗学派倾向这种做法。

在本书里，我们讨论了三种目标设定的方法：（1）将问题分解成小元素；（2）创造一个地图来表明个案如何产生问题；（3）评估个案所处位置。

在短期心理治疗里，治疗师应该致力于创造清楚、明确、正向的目标，引导个案亲身体验最佳状态。很多人寻求治疗是因为他们无法随心所欲地获取最佳状态——像是社交能力最佳状态，这种状态会带来更美好的人生。要提升社交能力，我们可以诱发元素改变，直到某个时刻改变“自然发生”。

社交能力的元素可能包括想起过去善于人际交往的时刻，在跟别人的交谈当中很投入，在社交场合应对得体，把自己放在一个社交情境里，从一个社交情境里找到意义，以及保持正向。以上任一元素都可以通过一种特定的方法礼物包装，作为一个迷你目标呈现给个案，达到相辅相成的效果。用这种方式，状态通过小部分线索的聚集共构而被“重建”出来。诱发足够元素一起加入到互动当中，一个不一样的状态可能突然浮现。

然而，当我们聚焦在目标上，可能有些潜在限制。治疗师只能创造一个适合个案的情境，用来增强个案达成现象学目标或是次目标的能力。通过礼物包装一个目标的特定技巧，治疗师创造一个“社交磁场”吸引个案达到最佳状态。心理治疗的方法技巧是用来唤醒个案潜力及许多可能性，并不是用来操弄个案幻想自己可以消灭病症。通过礼物包装目标的方式，治疗师把目标呈现给个案，个案可以很开心地拆礼物，然后决定如何使用这个礼物。

让我们继续回顾定位目标。从顺势而为的现象学观点来看，我们可以通过解构的过程来建立治疗目标：把个案带来的问题拆解成许多元素，然后设计解答元素，使个案可以参与其中并用来对抗问题的元素，最终个案可以创造出不一样的状态。记住启发性原则：治疗元素，而不是大问题。

认出一个问题里的许多元素不是达到了精准科学的目标，而比较像是一系列过程和结果。问题（或解答）的众多元素是由治疗师和个案在互动过程中共同创造出来的。这个过程是顺势而为，有很重要的目的。元素基本上是经验性的，不是科学事实性的。所以，治疗师应该致力于理清哪些元素有启发式价值，可以用来强化定制化治疗的疗效。主观可以胜过客观，就好像实际观点会比客观科学观点更重要一样。

治疗师也可以检验一下解构的有效性及实用性。在抑郁症的例子上，治疗师可以跟个案讨论：“我会定义我自己是抑郁的，因为我很内向、钻牛角尖、强化负面经验同时弱化正向经验。”如果答案是“是”，治疗师可以建立与问题元素相反的解答元素。

但是，治疗师首先要考虑一件事：“我会定义自己是快乐的吗？我是活跃的、外向的、活在当下的、接纳自己和别人，同时强化正向经验并弱化负面经验。”如果答案是“是”，治疗师可以运用礼物包装的方法把解答元素放进治疗过程中。既然这些协同作用的元素会创造解答状态，目标可以设定在激活最少数的解答元素，这会让个案体验到自己定义的“快乐状态”。

表 7-1 帮助我们了解抑郁这个问题如何分解成小元素。左边是问题元素，可以产生抑郁的负面状态；右边是互补的、相反的元素。

表 7-1 问题元素及它们的互补面

抑郁元素	互补元素（快乐）
消极的	积极的
活在内心世界里	活在外在世界
执着于过去	活在当下，未来导向
总是对自己和他人过度苛责	对于自己和他人有正向看法
强化负面或是弱化正面经验	强化正向面并且弱化负面经验
悲观	乐观
一成不变的情绪	经常流动的情绪
一般化思考	特定化思考

如果个案可以产生一连串互补元素，就可以感受到快乐。一旦治疗师列出一系列互补元素，就会了解到个案过去其实有产生快乐元素的经验。比如，一个抑郁个案现在总是很消极，在过去或许积极过。治疗师的工作是礼物包装有助益的体验，使个案可以重新连接自身潜力。我们不需要教导个案技巧，而需要唤醒个案内在潜力和资源。

在创造问题元素和互补元素的系列图表后，治疗师就可以用礼物包装的形式互补元素。比如，治疗师可能决定刚开始的目标是要包装“成为积极”这个礼物。他可以给一个直接的建议（列在治疗方法的第一项）。如果这有效，就不需要再尝试另一个技巧了。所以，有可能一开始尝试直接建议就有效果。

接下来的治疗方法主要是一些经验性方法，用来唤醒个案内在的潜力资源。催眠只是许多礼物包装技巧中的一项。再次强调，催眠的目的只是唤醒个案的潜力，而不是要让个案睡着。

记住，在医学的领域里，一种治疗方法或技巧可以达到疗愈的结果。比如，一个专门的手术技巧可以治好一个人的病。社交的治疗方法却是用来唤醒力量。比如，**催眠基本上是一种礼物包装技巧，用来帮助个人体验到原来他有能力改变自己的状态。催眠也可以是一个步骤，用来诱发其他更好状态发生。**

在第二章里，我列出过十九种治疗师用来诱发资源的礼物包装治疗方法。这些治疗方法在艾瑞克森学派里很常见，但这些方法也可以套用在其他心理治疗学派里。提醒一下，这些治疗方法（见图 7-1）大概是从最直接的方法（第一种）到最间接的方法（第十九种）。

这些治疗方法可能是微动力或巨动力（宏观动力）的礼物包装。直接建议和间接建议是微动力取向，因为它们是更复杂礼物包装技巧的基础砖瓦。我们把其他的复杂技巧归类到巨动力取向。大型技巧一般由几

(1) 直接建议
(2) 催眠
(3) 间接建议
(4) 下指令 / 给任务
(5) 模糊的功能任务
(6) 病症描述
(7) 重新框架 / 正向意涵
(8) 挑战
(9) 替换
(10) 美梦预演
(11) 未来导向
(12) 改变历史
(13) 困惑
(14) 隐喻
(15) 象征
(16) 趣闻轶事
(17) 身体雕塑
(18) 平行沟通
(19) 多层次沟通技巧

图 7-1 主要治疗方法

个微技巧组成。

我会用抑郁症作为例子，一项一项探讨，帮助大家彻底理解这些不同治疗方法的差异。

关于这些治疗方法的临床运用及临床探讨，我给治疗师一个警告：治疗师应该要先问问自己“如果我是个案，是否能接受治疗师将这个特定方法用在我身上”，如果你的答案是“不能”，那就不要用在你的个案身上。

微动力治疗方法

直接建议

关于抑郁症，你可以给出的最直接建议就是叫个案“快乐一点”。这个方法看起来很可能无效，比较好的做法是建议改变一个元素。比如，既然运动被证实是克服抑郁的一个有效因素，或许治疗师可以这样建议：“这个星期要多做运动。”或者更明确一点：“每天走路二十分钟。”

如果，个案接受这样的直接建议，那就不需要继续治疗了。如果个案没反应，治疗师可以提供一个更深入的直接建议：“我知道你小时候其实很积极活跃，所以这星期我想要你记起你小时候玩得多开心，然后重新创造这些经验。”如果个案还是没反应，治疗师可以试试运用直接建议加上一个合理的理由：“你可以变得积极活跃，因为最近天气很好，这城市里有很多活动你可以参加，我想你会慢慢喜欢上户外活动，像是散步或骑自行车。”或者，治疗师可以提供一个不一样理由，像是建议个案读一篇关于运动如何跟抑郁有关联的文章。

持续提供直接建议并加上很多理由，就好像是一滴一滴地“增加”药剂量，一般药剂量加重就会有疗效。比如，更多的镇静剂就会让一个人更加镇定。物理学的原则是，施加更多力就会有更多反应。但是在社交情境里，“更多”并不见得会产生同样效果。

格雷戈里·贝特森曾经有个巧妙比喻：如果你踢一块石头，可以计算你的加速度、速度、角度、可能的结果，但是如果你踢一只狗，结果就是全然不同的事情了。社交情境和物理世界是不同的运作方式。

如果改变直接建议的“药剂量”没有产生预期的疗效，治疗师就面临一个选择点：是要继续增加更多的直接建议，还是试试其他礼物包装方法，如催眠。用催眠体验来礼物包装一个直接建议，或许会比直接建议更有疗效。

催眠

当用催眠礼物包装直接建议时，治疗师可能一开始会尝试传统催眠的方法（关于传统催眠模式参见 Zeig，2015）。在创造催眠引导并诱发出催眠现象之后，像是手臂漂浮这个催眠现象，目的是要让个案相信自己在催眠状态里，治疗师可以接着建议：“这个星期你将会花更多时间在运动上，更活跃些。”我们假设的一个前提是，个案的潜意识力量受到催眠的影响，所以治疗建议的后续效果会增强。

把催眠当作一个框架可能有效。我们如果把直接建议运用在那些想戒烟的人身上，可能很有效。当个案在催眠状态里，治疗师可以提供一个直接建议，个案可能会被激励而理解到“香烟尝起来很臭。香烟闻起来很臭”。如果没有运用催眠作为框架，这样的直接建议很可能无效，且很可笑（更多关于传统催眠与直接建议的连接运用，参见 Kroger，1977）。

当我们增加直接建议的程度，不论有没有加上催眠，基本上治疗师是处于一种线性思考的状态中——治疗师觉得加强力道就会有效。但是，依附在逻辑思考上的社交/情绪系统是很特殊的，如果想要改变状态，运用线性系统是不智之举。**在社交 / 情绪系统里，经验才是导致状态改变的主因。**当我们的目标是要改变状态，演算推理及线性指导是无效的。直线思考无法帮助一个人产生信念，找到动力，或是体验幽默。

如果加上催眠的直接建议或是直接建议本身都无效，治疗师可以尝试运用间接方法或是不一致方法，可以运用间接建议（微动力里的礼物包装技巧），或是一些启发沟通里更复杂的形式（治疗方法里的第 4 种至第 17 种）。

更简单地说：当一致性方法，比如直接建议不管用时，我们可以运用不一致方法。当治疗目标是要诱发状态改变，不一致方法通常比较有效。状态是通过引导导向而改变和诱发，并不是通过告知。比如，诗人和作曲家并不会解释他们要表达的主题，而是想要他们的受众自己发现隐藏讯息。这些艺术家引导导向的规则是：呈现，而不说明白。结果就是诱发想要的状态。

当想要的配合或是最佳改变的状态没有发生时，治疗师可以运用间接方式。相对温和的间接或不一致的治疗方法是间接建议。

间接建议

任何运动的概念，可能会吓到某些个案。因此，一个直接指令可以用一个间接方式包装，就像“散步”包装在一个间接建议里。比如，治疗师可以说，“我知道你的社区里有个公园。你可以走过去看看小孩子玩耍，然后回来告诉我你遇见了什么事物”。如此一来，这个直接指令就是通过间接建议给出的。

简单、正式的间接建议包含了镶嵌建议，其中我们预想个案会好好配合。如果目标是希望个案开始运动，一个预设立场句可以是：“我不知道你这周何时会运动。”在这个情况里，我们预设个案会运动——只是不知道他何时会运动。一个比较复杂的预设立场句是："你真的可能完全没意识到你会多么享受下周的散步。你可能会感到惊喜和愉悦。"

几乎不太可能通过一个简单的间接建议导致个案完成治疗目标或是小目标，但有时候这也会发生。弗朗茨·鲍曼（Franz Baumann）——世界闻名的小儿科催眠医师，描述过一个案例，讲到艾瑞克森如何运用一个简单的间接建议做出改变。这案例发生在20世纪60年代的旧金山，当时艾瑞克森被邀请去演讲。作为演讲的一部分，艾瑞克森要帮一个爱惹麻烦的少年（可能是与会的某位医师个案）做一个催眠治疗示范。

艾瑞克森让这个少年坐在他身旁，一起面向观众。艾瑞克森接着就继续对医师观众们演讲，完全忽视这个少年。他完全没有提供任何直接催眠或治疗。在演讲结束时，艾瑞克森终于转头用一种戏剧化音调对这少年讲话："我真的不知道你会如何改变你的行为。我真的不知道你会如何做。"

鲍曼医师说这个简单的间接建议促进了这个少年的行为改变，令这个少年让人满意的行为表现越来越多。

当许多建议为了支持一个特定目标而渐进堆叠一起，间接建议会产生很大潜力。这会扩张个案的连接范围，直到这个大量的重复诱发出理想的改变（关于间接建议的形式，参见 Zeig，2015）。

巨动力治疗方法

我们早先有提到，这些治疗方法大致上是从最直接的方法到最间接、最复杂的方法。我们无法量化无形的东西，就好像间接建议，但我试着用宽广角度来辨识不同方法，从间接方法到最模糊的引导导向技巧。这些技巧事实上不会单独存在，而是可以互相融合或交织在一起。

下指令 / 给任务

杰·海利和克罗伊·玛丹发展出大量的直接和策略任务（任何对心理治疗认真研究的学生都应该很熟悉这两人的治疗工作）。

人类行为依据情境而定。通过给个案任务，治疗师可以用一种微妙的方式改变情境和关系，进而改变行为，就好像任务导向的治疗可以用来诱发改变体验一样。

我们举个例子，艾瑞克森用这种治疗来帮助一位有钱却重度抑郁的女士。这位女士的儿子告诉艾瑞克森，他妈妈属于某个教会，尽管她每周去教会，她在教会里却没有朋友。这位女士有管家和园丁，但她几乎不跟这两人说话。儿子请艾瑞克森去拜访他妈妈，看看是否能帮上忙。

艾瑞克森到这位女士的家里，他发现在她的温室里有很多非洲紫罗兰。他知道非洲紫罗兰需要很多照顾，所以他给这位女士一个"医学上的指令"。他告诉这位女士，隔天请她的管家去花店里买所有的非洲紫罗兰，各种颜色都要。艾瑞克森告诉这位女士，这些是属于她的紫罗兰，她必须好好照顾这些花。他同时说，管家要买二百个花盆，五十盆土和五十个盆栽。这位女士要剪下她的非洲紫罗兰，继续繁殖它们，直到她有足够的非洲紫罗兰可以送教会每个新生儿家庭一盆。艾瑞克森同时指示这位女士，举凡教会的受洗礼、有人生病、喜事、婚事、丧事等事件，她都要送至少一打非洲紫罗兰致意。

这位女士听从艾瑞克森的指示，然后她的抑郁症就好转了。这位女士二十年后过世，被称为"密尔沃基非洲紫罗兰皇后"。艾瑞克森说："任何人如果要忙着照顾二百株非洲紫罗兰，都没有空抑郁了。"（Zeig，1980，p.286）

另一个类似案例是艾瑞克森的一个学生告诉我的。个案很抑郁，因为每天无聊地例行公事。他整天读书，只有在吃饭的时候才休息。艾瑞克森很担心这个男人的身体健康及心理健康，所以开了处方笺叫他去运动。艾瑞克森叫这个男人一早要带着午餐走路去图书馆。他不需要带书，因为图书馆有很多书。这男人对鸟类学的书很感兴趣，他逐渐跟其他翻阅鸟类书的人熟悉热络。最终，他们组织了一个鸟类研究读书会，个案的问题就消失了。

有时候，艾瑞克森指派的任务有本质上的意义。比如，他经常鼓励个案去爬“石头山（Squaw Peak）”，这是凤凰城很有名的一座小山丘，或是去参观沙漠植物园。爬山时，你会走在一条充满砂砾石头的道路上，直到某个观景点，然后，再到下一个观景点。在植物园里，你会见证这些沙漠植物的适应性和强韧生命力，在一个艰困的环境下生长茂盛。

模糊的功能任务

个案通常寻找成长和适应，同时有能力在温和的任务里找到正向意义；他们通过做事情而学习。

艾瑞克森对于给予模糊功能任务的偏好，记载在 *The Answer Within* 这本书里（Stephen Lankton，Ann Lankton，1983）。这个治疗方法包括给予个案一个温和任务，这个任务有潜力可以诱发个案的最佳状态。比如，一个抑郁个案可能被赋予任务——每晚在家庭聚餐时要点一根蜡烛，然后在下一次治疗时再跟个案解释为什么要这样做。个案可能当时对于所赋予的任务没有清楚的理解，但是了解这个任务之后可能会刺激某些正向事情发生。

可能个案会说：“那是一个很棒的任务。谢谢你。我们一家人都发现原来我们已经很久没有在晚餐时点蜡烛或是说笑话了，我们很想念那些美好时光。这些事有很多意义，我们决定以后都要做这些事。现在我回想起来了，感觉点蜡烛就像是一个象征，再次把光带进我们家里。你怎么知道要给我这个任务？”治疗师可能说：“这很明显啊，但是你并没有找到这个任务的所有意义，所以请你继续这样做，然后下次你再过来时，可以多说一些你的发现和体验。”

病症描述

病症描述的最简单形式是给直接指令，在复杂病症的某些部分继续他们原来的样子。一个抑郁个案，我们可能叫他继续保持抑郁，感觉抑郁，然后想着抑郁想法。一个很配合的个案如果照着做的话，可能会对他的病症有些掌控。而一个叛逆的个案可能会违背这个指令，结果是他可能去做些更有活力的事情（Rohrbaugh，Tennnin，Press & White，1981）。

对于相反类型的个案，给一个自我方向可能比聚焦在病症上更有帮助。不论是哪种类型，病症模式的改变是可能实现的。通过给予一个配合的理由，我们可以使病症描述这个方法更加复杂些。比如，我们可以告诉抑郁个案：“你可以继续抑郁，因为现在还不是改变的最好时机。想想看，短跑冲刺者在田径场上会做的事情：在开始向前跑之前，他会向后退作为冲刺的准备。同样的道理，这一周在你进入新的领域之前，你要更加退缩些，更加消极些。你永远不会知道自己会发现什么，因为珍珠总是藏在泥泞里。”

记住，像病症描述这样的治疗方法，是用来刺激未被开发的潜力，而不是用来欺骗个案说他们不需要体验到病症。更进一步说，在病症描述上有些事情需要特别注意。比如，我绝对不会对一个想自杀的个案描述他的自杀念头（在使用任何技巧之前，治疗师对于如何运用这些技巧，必须接受专业的训练）。

尽管这种治疗方法有其他的名称，我倾向于把它叫作“病症描述”。行为治疗学派对这个方法有大量研究文献，称为“大量练习”，在其他治疗学派则称为“自相矛盾”。在存在主义心理治疗里，维克多·弗兰克把这个方法叫作“自相矛盾意图（paradoxical intention）”（Viktor Frankl，1963），他把这个方法当作幽默的工具，用来阻碍预期会出现的焦虑。

病症描述在心理治疗的临床研究里有大量的文献支持。关于这个部分的经典著作参见*paradoxical psychotherapy*（Weeks，L’Abate，1982）。艾瑞克森学派也有不少病症描述的案例（Zeig，1980a&b）。

重新框架 / 正向意涵

保罗·瓦兹拉威克（Paul Watzlawick）、约翰·威克兰德（John Weakland）、理查德·菲什（Richard Fisch）在1974年的研究里运用了“重新框架（reframing）”这个词。塞尔维尼·帕拉佐莉（Selvini Palazzoli）、路易吉·博斯科洛（Luigi Boscolo）、吉安弗兰克·切钦（Gianfranco Cecchin）、朱莉安娜·普拉塔（Gulianna Pratta）在1978年的研究里使用了“正向意涵（positive connotation）”这个词。

重新框架包括改变问题的意义，这会给个案一个机会改变他们对于病症元素的态度。比如：“抑郁可能很重要。这可能是一个反省自己的时间。所以，当你感觉到抑郁时，你可以把它看成一次‘深层的休息’，在这当中你可以重新充电。”

重新框架可以跟病症描述一起使用。比如，如果抑郁个案有老公，情境也恰当，治疗师可以说："如果你这周保持消极，这会有些帮助，继续活在你痛苦的回忆里。如果你停下了，那你老公就要去思考自己痛苦的过去，这会带出他痛苦的回忆。现在，你老公还不够坚强，无法面对自己的过去，他用你的抑郁作为挡箭牌来避免面对自己的问题。所以，这周你试着保持抑郁和消极，直到我们可以帮你老公坚强一点。"

在这个直接指令里，抑郁被重新框架成一种关心的表现：保护老公不被他自己的问题和脆弱击败。病症描述和重新框架的组合可以改变病症的互动功能（关于重新框架的更多资讯，参见 Bandler，Grinder，1982）。

挑战

杰·海利（1984）发展出关于挑战在心理治疗的运用上最重要的一些概念。在杰·海利的《不寻常的治疗》一书中，艾瑞克森做了一个挑战的原型治疗案例。

这个案例讲到一个有失眠问题的个案。在了解了个案的生活，包括他的兴趣、喜好和厌恶（其中一个厌恶是擦地板）之后，艾瑞克森要求个案牺牲八小时的睡眠来克服他的失眠问题。个案对艾瑞克森抗议这个荒谬至极的请求，他告诉艾瑞克森他一晚上只睡两小时而已。艾瑞克森告诉个案他可以牺牲四个晚上总共八小时的睡眠，这对个案而言是比较合理的。艾瑞克森要求个案在睡觉时间穿上睡袍，但不是上床睡觉，而是穿着睡袍开始擦地板，擦一整晚。个案听从艾瑞克森的指示，努力擦地板三个晚上。在第四晚，就寝时间到了时，个案穿好睡袍，决定在开始擦地板之前先闭上眼睛休息几分钟。那一晚，他睡了八小时。艾瑞克森接着说，个案把抹布留在了壁炉架上。个案了解到只要他再有失眠问题发生，解决方法就是去擦地板。"那个男人会尽一切可能避免整晚擦地板……"艾瑞克森说，

“……就算是睡觉都比擦地板好”。

在抑郁的案例上，一个挑战可能是要求抑郁个案写下一系列抑郁原因。比如，治疗师可能说：“在你每一餐之后，我想请你在你家最小的房间里坐下，花二十分钟时间把所有抑郁原因写下来……如果你能写下完整的句子，就好像跟笔友在交流一样，这样会很有帮助。每一天都要写下新的抑郁理由。当你下次来时把写的单子带来，我们可以分析并好好讨论一下适当的治疗方法。”

病症有个特质是自动化，病症必须“自动发生”。安排病症在何时发生或如何发生，就会改变这个特质，可能会有正向疗效。更进一步讲，坐在家中最小的房间里（通常是浴室里）是一件蛮讽刺的事，因为抑郁症对于个案而言，有时候就像是他/她生活在“厕所”里。当治疗师好好执行并与个案分享时，这对个案而言就是一种有帮助的讽刺，但我不会刻意去讽刺个案。

在第十二章有一个案例，讲的是我如何运用挑战这个治疗方法。

替换

替换，通常会伴随在正式催眠里，并且牵涉病症位置的改变。艾瑞克森（1958）曾经运用替换帮一个个案把牙齿过度敏感问题转移到其手上。在我早期的研究里（Zeig，1974），我写到关于如何替换急性精神病患的幻听症状，也就是通过催眠引导的聚焦，成为一种身体上的不舒服感觉。最终，我把幻听这个症状还给个案，把这症状从原来的地方转移到身体的另一个地方，然后重新定义这个幻听声音可能很有助益。

表面上看来，替换这个方法好像是处于怪异行为的边缘，但我们更详细检视会发现其实替换只是一种顺势而为的技巧。个案替换他们自身的问题。比如，当面对情绪障碍时，一个人可能会有头痛，另一个人可能是背痛，还有人可能是胃痛。如果替换是问题的一个面向，它也可以被当成一个解答来利用。在第十章，我深度讨论了艾瑞克森如何治疗一个恐慌症的人，其中有一部分就是运用替换技巧（把一位女士的恐慌症移到椅子上）。

类似的技巧可以用来替换抑郁的某些面向。或许生理上的整体消极状态，可以通过催眠移到身体某个特定消极部位，比如脚趾。

美梦预演、未来导向

美梦预演和未来导向这两个技巧息息相关。运用鲜活的心理想象力，用催眠或是不用催眠，个案可以通过美梦预演来练习一个解答方案，或是解答的一部分元素。个案也可以把自己投射到未来的某个时间点上，而病症已经不一样了。艾瑞克森（1954）把这叫作“时间的假导向（pseudo-orientation in time）”。运用未来导向，抑郁个案可以想象自己变得积极，比如想象自己跟朋友打网球。

改变历史

改变历史这个技巧是艾瑞克森根据“二月男人”这个案例（杰·海利在《不寻常的治疗》这本书里提到过）发展出来的，而罗西进行了更进一步的研究（Erickson，Rossi，1989）。

在“二月男人”这个案例里，艾瑞克森运用催眠创造年龄回溯，然后在催眠里定期拜访一位女士生命中的各个重大转折点。艾瑞克森就像是替代父母（书中称之为“二月男人”），会给催眠里那个“小女孩”提供父母般的长辈建议，这些建议会给这位女士在成长各阶段中提供适时的帮助。这个技巧是改变个案看历史的角度，并不是改变过去。

这个技巧也可以运用在抑郁问题上。比如，如果抑郁个案在小时候很孤立，没有朋友，一个滋养的、正向的内在投射（就像艾瑞克森的“二月男人”）可以通过催眠回溯过去时光，留下一些建议给那个孤立的“小孩”，这会帮助个案在成长不同阶段学会如何交朋友。

困惑

艾瑞克森认为困惑技巧和多层次沟通技巧是他对催眠最大的贡献。艾瑞克森（1964）和吉利根（1987）都大量地深入探讨这些技巧。一个根本概念是，困惑技巧是用来中断僵化的固定思考模式的。我们首先创造一个心理上的困惑（一个未知的情感升起），然后再给一个具体建议。个案对于这个建议的反应可能会增强，因为人们都不喜欢困惑技巧所引发的不安感觉，所以一般会接受第一个给予的具体建议，用来消除内心的不安感觉。

对于这个技巧的简单概念是，把相反的两个概念并列一起，就像是把理解跟误解放在一起，而这会造成一个让头脑困惑的连接：“你的潜意识中有个理解事物的方法，你的意识中也有个理解事物的方法。而通过潜意识理解的意识理解，是不同于潜意识理解的潜意识理解。然后有个基本的误解。而这个潜意识误解的意识理解，是不同于意识理解的意识误解。但是你真的不理解，直到你……这个星期拨出一些时间让自己多运动一些。”

艾瑞克森发明这种困惑技巧时，是一种对于个案坚决抗拒状态的强力反击。在他晚期的治疗工作里，艾瑞克森把强力反击的困惑技巧转变成温和的去稳定化技巧。他会在催眠引导的中途创造一个轻微的中断，或在做治疗时升起一些紧张冲突，然后给出一个具体建议。

相对来说，传统的催眠是一首轻柔深入的摇篮曲，而艾瑞克森的催眠就像是交响曲，有着和谐音和不和谐音，会调节情感的升华。然后，就像交响曲一样，艾瑞克森一开始的不稳定和谐会逐渐变成一种稳定和谐。

隐喻

隐喻是一种说话方式，是在两个看似没有关联的东西上做暗示的、隐藏的、隐晦的比较。隐喻是治疗上很有效的工具。比如，如果个案说“我的抑郁就像一块大石头”，治疗师可以说个隐喻故事，关于一块大石头如何活过来，甩掉身上大部分重量。或者治疗师也可以说：“你的抑郁可能是建造围墙许多石头中的一块石头，但这块石头也可以用来建造桥梁。”或是：“你的抑郁是一块磨刀石，用来打磨锻炼你自己。”

隐喻不受限于语言技巧——行动也可以当作一种隐喻。一个视觉隐喻可能很有效，因为这在个案心中会创造一个视觉画面。比如，当我跟抑郁个案工作时，我可能在椅子上尽可能坐得又挺又直，然后说：“你的其中一个目标是要感觉像这样。”我许多的治疗师培训课程，其中一个教导重点就是善用隐喻。

亚里士多德曾经说过：“到目前为止最棒的事情就是能够灵活自在驾驭隐喻。”事实上，隐喻对于治疗师而言就是一块肥沃的土壤，等待挖掘。

艾瑞克森倾向于运用生活上真实的轶事趣闻，而不是捏造的隐喻故事。有些治疗师不会去区分隐喻或是轶事，而是交叉运用。另一本很棒的参考书籍是*Symbol，Story，& Ceremony*（Gene Combs，Jill Friedman，1990）。

象征

象征和仪式是改变的重要工具。艾瑞克森曾运用象征帮助一个失去小孩的妇女，她的小孩刚出生没多久就突然死了（Zeig，1980，pp.287-288）。为了克服她的哀伤，艾瑞克森鼓励这个妈妈在家中后院种植一棵快速成长的尤加利树，并且命名它为“辛西雅”，这是她死去小孩的名字。艾瑞克森告诉她：“我想要你看着辛西雅长大。我想要你看向未来，有一天你可以坐在辛西雅的树荫下乘凉。”这个妈妈本来是抑郁得想要自杀的，一年之后，这棵树长大了，她可以坐在这棵神圣的树下乘凉，享受她“女儿”的安慰了。这个妈妈把家中本来荒芜的后院，变成了一个充满盛开花朵和茂密树木的后花园。

有个个案，我感觉她是为抑郁症所苦（Zeig，1992）。然而，她解释给我听，她有身心症。我不认为她的身心症会造成她的抑郁，所以我请她带着一块黑色石头十天，然后约好两星期后再次会谈。

在第二次会谈时，她告诉我，她完成了我交付的任务。我问她，在十天之后她如何处置那块石头，她回答说：“我不知道为什么你要我带着那块石头，所以我把石头放在我老公的书房里。”我回答她：“我想，下次如果你老公一起来做伴侣咨询，这或许是个好主意。”

我跟个案交换象征。她给我一个象征（她的身心症），然后作为一个仁慈的、有礼貌的回礼，我给她一个象征：一块黑色石头，我以为是象征她的抑郁。结果发现，她的问题并不是抑郁症，而更多的是伴侣关系问题。她通过象征来修正我错误的诠释，把石头放在了一个有趣的地方。

我的治疗方法通常是顺势而为，运用象征式过程。我接着会观察个案对于这个象征的反应，然后适时修正我的方法（Zeig，1992）。艾瑞克森基金会网站上（www.erickson-foundation.org）有部艾瑞克森的影片，关于艾瑞克森如何做象征式催眠治疗。仪式是复杂的象征任务。你可以找到更多这方面的资料（Van der Hart，1983）（Madanes，1981，1984）。

趣闻轶事

治疗故事是艾瑞克森治疗和教导的主轴。他大部分故事都是成功案例，但他也会讲述家庭成员、朋友和个案的有趣事件，用来创造催眠引导和作为教导工具，同时也镶嵌治疗建议在其中。

故事是人类沟通的基石。我们天生就是说故事的人；我们记得故事，也会对故事有反应。艾瑞克森在他作为治疗师和老师的生涯里大量运用他说故事的技巧。但是，在研究所的专业培训里，他通常不会教导学生说故事。我在 20 世纪 70 年代开始做心理治疗时很害羞，不敢说故事，但是慢慢地，说故事变成我治疗风格的主轴。个案会跟治疗师分享故事，所以很自然地，治疗师也可以运用说故事来提供治疗。

说故事是一种礼物包装的经验式治疗方法，可以诱发概念的体现。个案“拆礼物”，发现藏在故事里的秘密讯息，然后产生有效改变。故事本身是一个情境，帮助我们用不同的方式去思考 / 感觉 / 行动 / 连接。

趣闻轶事可以用来引导联想。目的是诱发正向联想，促使更多的有效行为改变。比如，如果个案无法体验到不一样的情绪，或许说个跟情绪灵活度有关的故事会有帮助。对于相反状态的个案，这个技巧也可以反向操作。治疗师可以说个故事，讲人们如何坚强，目的是唤醒个案自身的坚强状态，然后诱发改变。这样的方法会提升个案的自主性：改变是从个案自身启动，并且由内而外产生。艾瑞克森关于趣闻轶事的运用，可以找到大量的文献（Zeig，1980）（Rosen，1982）（Zeig，1985）（Stephen

Lankton，Ann Lankton，1983）（Gordon，Meyers-Anderson，1981）。

趣闻轶事是一种平行沟通。治疗师有个主题是呼应个案的主题，在过程中借由说故事的方法后退一步，让出一个想象空间，让个案觉得更有趣，更有帮助。

身体雕塑

身体雕塑是一种我经常在评估和治疗里用的技巧，这不是艾瑞克森会练习的方法。资深家庭治疗师经常会运用家庭雕塑，如维吉尼亚・萨提亚、佩姬・派珀（Peggy Papp）。家庭雕塑是治疗师要求一或多个家庭成员摆一个身体姿势用来呈现另一个家庭成员，或整个家庭的情况，以及他们如何看待自己跟家人间的关系。把一个问题或解答外化会有很大疗效。我们大脑的运作很多时候是以视觉化为主。因此，创造一个立体画面，对治疗过程很有帮助。

我有时会运用一种方法——“治疗师的雕塑”。比如，我会邀请个案把我象征性地“雕塑”成他们内心认为的抑郁的样貌。我轻松直立地站着，双手在侧，然后邀请个案给我指导，重新雕塑我的身体姿势，所以我可以变成他们想象中的问题的样貌。

身体雕塑可以是静态的或是动态的。我会跟他们解释说，我想要更了解他们所处的情境。比如，个案可能会指导我说，双手紧紧交叉在胸前，身体从一边摇摆到另一边，或是蹲下来，头压低，双手紧抱膝，动也不动。接着，我可能邀请个案把我雕塑成解答或解答元素的样貌。个案可能看到解答就像是我双手抬起，向外打开，或是用一种开心自在的方式摇摆身体。我的目标是让个案创造一个外化、印象深刻的视觉画面，这会促使改变发生。

平行沟通

平行沟通发生在治疗师沟通一件事、创造一个连接到另一件事上的时候。隐喻是平行沟通。当罗密欧说“朱丽叶是太阳”，他创造了隐喻平行沟通。

其他形式的平行沟通包括简单和复杂的类比陈述。比如，与抑郁个案的平行沟通可能谈论到修剪坏死的树枝，如何把这些坏死树枝移除，让出空间给新树枝成长。游戏和谜语也是一种平行沟通。艾瑞克森经常在治疗和教导里运用心理游戏。比如，为了介绍灵活运用的观点给我，他曾经给我出了个题目，要我描述所有可能的方法，如何从他的办公室走到另一个房间。当我觉得自己说尽了所有可能性、精疲力竭时，艾瑞克森说我错过了一种可能性：我可以从他办公室的后门出去，穿过他家，搭上出租车去机场，坐飞机到纽约，再坐飞机到罗马、香港、夏威夷、洛杉矶，然后回到凤凰城，搭出租车回到他家，从侧门穿过进到另一个房间里。这是一种好玩的、类比的方式，鼓励一种无限的思考模式，克服已知的思考障碍。

几年前，我在一家医院碰到一个精神分裂患者。患者相信因为他待在医院里，所以他是“疯子”。他相信如果他从医院被放出来，那就表示他恢复正常了。不幸的是，他的行为很疯狂，所以他始终无法出院。他是全然地发疯，有伤害自己的危险。我给他看一张图，请他读出三角形内所写的字（见图 7-2）。

他读着：“春天的巴黎。”

我说：“不。”

他再次读着：“春天的巴黎。”

我说：“不。”

“春天的巴黎。”这次他生气了。

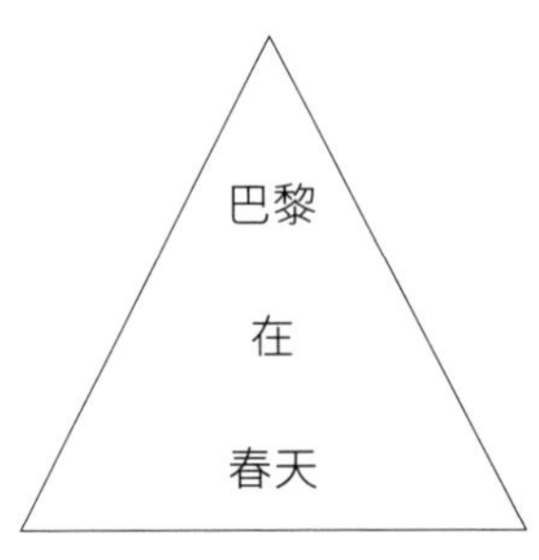

图 7-2　巴黎在春天

"不。"我再次说，"一字一句地读。"

"巴黎……在……春天。"他终于读对了。

"是的，你忽略了明显的东西。"我回应他。

从那时候起，我觉得他忽略了明显的东西，我会提醒他看看其他的可能性，说着："回到那个三角形。"

多层次沟通技巧

多层次沟通技巧是艾瑞克森对于催眠最大的贡献之一。

在一个疼痛控制的案例里，艾瑞克森运用了这个技巧，他说着番茄树成长的隐喻，同时不停加入舒服的暗示："农夫把番茄种子种在土壤里。"艾瑞克森开始说着："他会希望种子长成一棵番茄树，然后对于这棵树硕果累累的结果很满意。种子毫不费力地沉浸在水里，因为雨水带来平静和舒服的感觉。"（Erickson，1966，p.203）艾瑞克森通过他的声音语调来强调放松舒服的暗示，把它们转变成隐藏的指令，这会刺激一连串的想象开始运作，减轻个案的疼痛，并且沉浸在艾瑞克森的舒服语调里。

运用多层次沟通技巧的一种方法是创造一个故事，或是描述某件事——平行于个案的问题，治疗师同时提供隐藏暗示，关于个案如何用不同角度来看 / 思考 / 做事情。多层次沟通技巧可以说是出奇地复杂，可能包括故事、隐喻、间接暗示方法、镶嵌指令，以及预设立场句。

以下是关于抑郁案例的多层次沟通技巧。治疗师可能会说：

> 你可能很熟悉某种经验，就像是走在一条道路上。你有个目标……一个想去的地方……一个看起来容易达成的目标，但是突然，暗沉、乌云密布的暴风雨来临。然后，一阵倾盆大雨让前进变得困难……但是……你想要去到那个目的地……心里有个声音说，“先耐心等雨停，暴风雨会过去的”。所以……你找到一个安全地方……找到一个舒服的地方……抱着自己……等待……暴风雨过去。而当你……躲在自己的黑暗避难所里……你可以看看外面……看见乌云散开……你记得暴风雨已经过去。然后你可以享受这次体验……暴风雨带走所有的阴霾……空气里有种清新的味道，有个美丽的天空。

再次强调，治疗师的目标是建立正向联想，用来刺激有效改变。

总 结

艾瑞克森发明了困惑技巧和多层次沟通技巧，但并不是我们提到的所有技巧都是他发明的，不过他对许多技巧的发展有很大贡献。在艾瑞克森那个年代，他所提倡的许多有效方法是被传统心理治疗师摒弃的。今日，这些技巧成为许多治疗学派的基石。

艾瑞克森几乎不教导特定技巧，但他会把这些方法写下来，包括他跟罗西一起的工作（Erickson，Rossi，1976）（Erickson，Rossi，1979）（Erickson，Rossi，1981）（Erickson，Rossi，1989）。艾瑞克森主要的工作是探索人类反应的变异因素，致力于通过顺势而为，最大化正向反应与合作效应。艾瑞克森发展了一个三步骤的过程，治疗师可以回答以下这些问题：（1）个案现在所处的位置是什么？（2）个案在现在所处的位置有什么资源？（3）什么东西可以用来帮助个案发现内在宝藏？

本章所列出的十九种方法是艾瑞克森经常使用的主要技巧。治疗师不需要对一个个案用上所有的技巧；事实上，如果你这样做的话，可能会与个案产生机械性、做作的关系。然而，新手治疗师可以从这些技巧里找到如何礼物包装目标的方法。如果个案对于某个礼物包装技巧没反应，治疗师可以从清单上找到其他方法来进行。

这里提到的关键元素不是技巧架构本身，而是这些技巧如何诱发一个理想状态。不论你把技巧用得多么华丽，重点是个案要能接收到你所传递的讯息，技巧才算派上用场。

最理想的情况是，技巧是顺势而为的策略运用。顺势而为的格言是：不论个案用什么东西来维持问题状态，治疗师可以运用同样的东西来产生改变，促进美好人生。比如，如果一个精神分裂患者用胡言乱语来疏离自己，治疗师也可以用胡言乱语来拉近彼此的距离（Zeig，1987）。

谨记在心，这些主要治疗方法可以用来诱发治疗目标或是催眠目标。比如，一个隐喻可以用来传递治疗目标或是催眠目标，如聚焦、专注力。

我们先前有提到，治疗师可以多做练习，运用这十九种方法来做练习。对于个案提出治疗目标或催眠目标，然后设计礼物包装技巧。

运用这些方法不是诱骗个案脱离他们的病症，而是帮助个案唤醒沉睡的力量和内在宝藏。这些方法会传递治疗师隐藏的讯息："通过这个治疗经验，我们可以诱发最佳概念体现的状态。"

如何呈现一种治疗方法，会影响它的疗效。这个部分会在第九章深入探讨。

在下一章，我们会结合礼物包装和量身定制来讲。运用第八章所建议的练习，会提升治疗师能力，提升治疗效果。

回顾，本章提到的原则：

- 当一致的方法失效时，我们可以运用不一致方法。

第八章

CHAPTER EIGHT

量身定制组合方格

如果一个人总是小心谨慎，我们可以要求他在散步时注意潜在危险，并且要有预防措施用来避免危险。一个爱冒险的人，我们可以鼓励他散步时发现新事物。

引 言

量身定制的组合方格是一个工具，用来帮助治疗师结合礼物包装技巧和评估技巧强化治疗效果。通过这个工具，治疗师可以学习量身定制一个符合个案独特需求的治疗方案。

量身定制组合方格

当我们通过个案的世界观来看事情时，治疗方法可以被强化。这里讨论的组合方格并不是治疗方法本身，而是一种机制，用来评估哪一种治疗方法最适合个案，根据个案本身的独特性制订治疗方法。

在第五章有提到，我们可以运用评估分类和“钩子”：（1）作为催眠和治疗的一种路标；（2）作为资源；（3）用个案的经验语言来沟通；（4）用来了解个案如何创造他们的问题；（5）通过个案的滤镜来给予治疗；（6）作为动机；（7）作为一种方法用来描述成就卓越的细微动力。在

第七章，我们根据间接治疗方法的程度列出十九种治疗方法。

量身定制和礼物包装这两种方法，帮助我们通过个案的滤镜聚焦在治疗上。我们来看一下，结合这两者，运用量身定制的组合方格，可以如何帮助处理先前说过的抑郁问题。

治疗抑郁的一个次目标可能是增加个案的活动量。治疗师的任务是诱发个案体验到自己未曾开发的潜力，同时帮助个案去运用这些潜力。通过个案的自我发现，这些潜力能量可以变成一种推动力能量。

在上一章，我们看到治疗师如何用一个直接建议来开始治疗过程。从这一点开始，治疗师可以通过催眠的方式来礼物包装这个直接建议。还有另一个选择：如果这样的治疗方法无效，治疗师先不要急着改变礼物包装技巧，可以淬炼量身定制的技巧。这个步骤可以运用个案的体验位置来达成。

这就变成了三角测量的三个变数：目标、技巧和位置。表 8-1 提供了一个简单的例子。

表 8-1 量身定制方格 1

目标	个案位置	礼物包装技巧
激励	内在注意力	直接建议

在这个例子中，我们的目标是要诱发个案更多的运动量。我们选择直接建议这个方法。个案的特性是内在注意力，所以礼物包装的技巧可以通过运用个案向内的注意力来呈现。如果是这种情况，治疗师可以说：“花点时间进入你的内心，如果闭上眼睛有帮助，你也可以闭上眼睛。在这个宁静的片刻，当你跟自己的想法在一起，你可以触碰到某些东西，这些东西对你个人可能是有帮助的。我想你会发现，这些有帮助的东西中的一样

是你这星期会运动多一些。”

另一个可能性是运用个案的位置作为激励。比如说：“我希望你能了解，你这个星期可以单独散步一小时，因为这对于你自我反思及解决问题会有很大帮助。”（对于如何提供激励的建议，参见 Zeig，2015）另外，也有一种语言讨论的方式可以运用，不涉及任何传统的催眠方式。

现在，我们改变三个变数中的一个变数：个案是个外向的人（见表 8-2）。

表 8-2　量身定制方格 2

目标	个案位置	礼物包装技巧
激励	外在注意力	直接建议

在这个例子里，治疗师可以建议个案观看四周，个案或许会发现其他人参与在运动里，然后也同样地参与在运动里，让自己变得有活力。

一个外在引导也可以作为激励的工具，帮助个案去享受一小时的散步，因为个案可以发现“在光线和声音里有这么多的变化”。当个案在做这个功课时，他可能发现自己的视觉感官变得敏锐了。

对于“线性导向”的个案，我们可以要求个案走一条笔直的道路，然后观察他自己在这条笔直的道路上可以走多直。对于点状思考者，我们可以给出任务，走一条曲折的道路，或是蜿蜒地走一条路。或许这个个案会花点时间浏览路边橱窗，做做白日梦，或是听些音乐。

对于强化者，我们可以描述他的散步，在散步过程中有许多神奇、不可思议、美妙的事情发生。对于弱化者，我们可以给一个任务，就是邀请他去注意到小事情，像是一块特殊的石头、一片叶子，或是一个没有意义的贝壳。

对于自责型的人，我们可以给一个艰困的散步任务，因为这样的挑战可以缓和他自我批评的需求。对于他责型的人，我们可以要求在他身边环境找到三个明显的瑕疵，比如垃圾堆积在哪里、路边堵塞的水沟盖、错误的路标——一些他可以做出改变的事情。

对于在上位者，我们可以在一个舒适的环境，比如一个忙碌的杂货店或是热闹的咖啡店，让他自己决定何时去散步。对于在下位者，我们可给予指示，在特定时间到特定地方散步。

至于“钩子”，如果一个人总是小心谨慎，我们可以要求他在散步时注意潜在危险，以及要有预防措施用来避免危险。一个爱冒险的人，我们可以鼓励他散步时发现新事物。

当然，评估分类及“钩子”的范围就像是人类念头、行为、感觉、感知和关系一样宽广多变。更进一步说，这些分类依据治疗师所处的位置或学派而异。评估的过程包括治疗师的特性，以及治疗师和个案互动所处的位置或角色。治疗师的工作是决定当下什么最重要，运用评估分类和“钩子”作为滤镜和动机来量身定制礼物包装的目标。

拥有目标、技巧和位置，就好像画家可以使用调色盘上的不同颜色，治疗师也有许多治疗方法可以选择。如果礼物包装或是量身定制的方法无效，治疗师也不用感到沮丧或是挫败，可以简单地从其他方格中选取另一个治疗方法或是一个治疗组合方法。重要的是，治疗师要顺势而为，运用从个案得来的直接反馈（好的、坏的、不好不坏的），策略性提升正向治疗结果。

改变礼物包装

为了帮个案量身定制治疗，治疗师必须在需要做出调整时保持弹性。

比如，治疗师可以保持一个目标是诱发运动，然后通过预设立场句，而不是直接命令句，来改变礼物包装的方式。

如果个案是内向的人，治疗师可以说："你真的不知道自己可以多么享受一小时的单独时光，当你这星期花时间散步时……你不知道到底有多好吧？"对于外向的人，治疗师可以说："你真的不了解，当你这星期花时间在外面散步时，这会对你有多大帮助。然后你会发现早晨的散步跟下午的散步会有不一样的享受。"（关于创造预设立场句，参见Zeig，2015）

如果个案是他责型的人，我们可以聚焦在个案的这个滤镜上。因为他责型的人在治疗里有个需求倾向是拒绝别人，治疗师可以提供一个方法，允许个案满足自己拒绝的需求，通过适当发展的批判滤镜，同时也满足治疗上的需求。比如，治疗师可以说："这是我想要你这星期做的事情，成为活跃的人，你要完全照着我说的话做。我的经验，毫无疑问是帮助你最好的方法，甚至是唯一的方法。在星期六早上八点，我要你去爬山健行（说一个地名）。记得带一盒酸奶，同时别忘了带一颗橘子，最好带一颗中等大小的橘子。当你爬山健行完了，花半个小时写下十项你从健行中感到有帮助的要项。然后，如果你决定要换一项运动，也请你写下十项对你有帮助的要项。"

这样的直接命令带有许多小的命令是用来让个案拒绝的，而同时有个隐藏的动机是希望个案去做运动——让个案自己选择决定哪一项运动。个案可能在之后的咨询中说："我没有去爬山，我也不喜欢酸奶。但是我在星期六早上花了几个小时时间做我爱做的事。"

同样，我会告诉我的学生在送交博士论文时，放进几个文法上明显的错误，让论文评审委员有可以挑剔的东西。因为，论文评审委员需要修正某个东西，如果文法都正确，评审委员可能会把焦点放在论文内容上。

治疗师也可以顺势而为运用个案的位置和导向。比如，对于一个消极、重视感觉的个案，治疗师可以说："这星期，或是星期三，或是星期四，你可以花一小时散步，或是夸奖你太太三件事情（或是对其他家人、对朋友、对陌生人）。做任何你想做的事，让自己好过些。"

请注意我们在这一章所讲的直接指令都是一些小目标。**要诱发改变，治疗师要确定所采取的策略性小步骤是个案愿意去做的。**记得这个概念：处理小元素，而不是大目标。原则是把大目标分解成小元素和小步骤，然后策略性地建设这些小步骤，就可能改变整个更大的系统。

如果进步没有如预期发生，我们甚至可以把目标分解成更小元素。这里有个原则是：如果问题无法克服，抗阻力量太大，我们可以把目标分解成更小元素，鼓励个案一小步一小步进行。我们可以通过修正目标、选择另一种礼物包装的方法，以及量身定制来处理遇到的抗阻力量。

以下练习可以帮助治疗师成为一个更有效的沟通者。

选择一个具体正向的目标和状态，比如"一天静坐五分钟""在你爱人面前更多地微笑""运动"。如果需要，一个负面陈述的目标也可以用，比如，"吃少一点"。

创造一个量身定制的图表，列出数个个案的评估分类和"钩了"在图表的顶端。在下面的栏位填上数个可能的礼物包装技巧。现在，设计一个量身定制的指令，通过礼物包装的方式与个案的位置结合。一旦你完成了这个组合方格，建立了所有找到的组合策略，便可以很快速、轻松地修正你的治疗计划，可以修正评估分类或是修正礼物包装方式。对于个案而言，任何组合都可能是恰当的。你可以进一步通过改变目标，或是分解成更小元素来检视你的目标设定微调能力。

像是"活跃一点"这样简单的建议，很多种修正、订正和改变方法可能对新手来说太过复杂，让新手掉进心智的瘫痪里。然而请记得，一种新奇的思考方式在刚开始时看起来不可能，之后慢慢会变成基本功。

让我用自己的个人经验来阐明一下。很多年前，我学习开滑翔翼飞机。我的飞机教练第一件事是教导我如何保持飞机的平衡。就像许多新手飞机驾驶员一样，我一开始也过度用力，所以花了一些时间，后来我终于可以避免过度用力，保持飞机在持续的平衡高度上。

下一步是学习如何转弯或是倾斜机翼。一个飞机驾驶员必须学习在三维象限里控制飞机的飞行，我们开车时是控制在二维象限。我的飞机教练通过把整个过程分解成许多小步骤来教导我如何倾斜机翼，同时也列出了许多不正确的行为会造成的危险后果。倾斜机翼，需要很恰当地调整附翼、尾翼和阻力板。当然，我也体会到当我操作不正确时会发生什么事。我对于每个步骤太过在意，结果再一次，我过度用力了。

同样的情况也会发生在学习高尔夫球或是网球时，当一个人开始学习时，总是会对于基础的步骤感到不知所措，就算大部分教练会把整个过程拆解成小步骤来一步步教导。但只有当这个练习的模式从工作记忆变成身体记忆，我们才算真正踏进熟练精通的领域——职业运动员会把这个状态叫作“巅峰状态”或是“心流状态”。今天，当在驾驶滑翔翼飞机时，我完全不需要思考如何转弯或倾斜机翼。我可以毫不费力地对飞行情况做出立即直接的反应。

当一个治疗师试着要掌握这个量身定制组合方格，一开始可能看起来跌跌撞撞，就好像抛很多球在空中，身体不知如何反应。但是，随着时间过去，很多经验产生，适时修正这个组合方格，一些合理决定就会慢慢进入身体记忆，然后治疗师就可以达到一个新高境界，就像我现在开滑翔翼飞机一样潇洒自在。

总 结

在短期心理治疗学派，很重要的是治疗师在心里要有个清楚定义的目标。策略学派（Haley，1973）聚焦于一个特定目标的量身定制治疗计划，要达成这个目标最好的方法是治疗师进入个案的内心世界，从个案所处位置来运用技巧，比如我们之前提到的个案评估分类和“钩子”。

然而，要做到能够组合目标、礼物包装技巧，以及量身定制，治疗师要在自己身上下很多功夫。

回顾，这一章提到的一个原则：

- 如果问题很困难，把问题分解成小元素和小步骤，一小步一小步进行。

第九章

CHAPTER NINE

艾瑞克森治疗学派的流程

如果个案说："我很悲伤。"我会像镜子一样回馈给个案："你看起来很低落。"我慢慢发现，艾瑞克森是用一种更复杂的方式说话，经常是三句话一组，进入、提供方法、离开。

引 言

心理治疗师应该关注的不仅是个案的问题及运用治疗技巧，同时也要关注治疗的整个过程。这一章探讨艾瑞克森学派的策略性层面，通过三个阶段模式，设定（set up），治疗主轴（intervention），跟进（follow-through），简称 SIFT，心理治疗基本上是按照这种时间流程进行的。

简 介

从 20 世纪的后半段开始，艾瑞克森和他的治疗技巧在心理治疗界占据了举足轻重的地位。艾瑞克森的治疗方法是小心翼翼且合乎逻辑地计划着，而且他被许多人认为是一个拥有强大直觉能力的治疗大师。艾瑞克森对即兴创作非常熟练，但同时他的自发性是源自多年的谨慎认真练习。他是历史上拥有最多策略的治疗大师之一，他会深思熟虑地与个案同频，创造出许多步骤，帮助强化治疗过程。他的治疗方法是目标导向，导向一个正向的未来。

在 1973 年，我第一次遇见艾瑞克森时，他正致力于罗杰斯人本主义的心理治疗研究。我对于个案的回应是简短的，通常会包括一个简单的词句，来自个案告诉我的东西，像镜子一样回馈给个案。如果个案说："我很悲伤。"我会回应："你看起来很低落。"我慢慢发现，艾瑞克森是用一种更复杂的方式说话，而他经常是三句话一组。他的做法是进入、提供方法、离开。而我现在在治疗上常用的方法是跟随、建议、激励。当我了解艾瑞克森的方法如此有效时，也完全改变了我在个人生活及专业领域上沟通的方式。

SIFT 模式：条列重点

从表 9-1 可以看到，设定、治疗主轴、跟进这个三阶段 SIFT 模式如何运作。对于个案问题的解答，我们可以通过设定、治疗主轴、跟进这三个阶段来处理，不见得只看重治疗主轴。这个 SIFT 模式是一个简单过程，一旦熟练上手，就可以并入一个健全的策略性过程来促进改变的发生。这个过程可以帮助个案诱发一些小步骤迈向改变，同时也可以作为一个完整治疗过程的基础。

治疗师首先要决定沟通什么，不论是整体目标，还是可以导向整体目标的次要目标。接下来的问题就是，如何沟通整体目标或是次要目标，而这可以通过礼物包装一个治疗主轴来传递讯息。目标经常是为个案的独特性而量身定制的。把礼物包装和量身定制记在心里，治疗师就可以开始 SIFT 的流程。

表 9-1　SIFT 模式

第一阶段	第二阶段	第三阶段
设定	治疗主轴（治疗主轴诱发内在资源）	跟进
治疗的评估	直接建议	确认改变
跟随	催眠	创造失忆效果
建立密切关系	间接建议	过程指导
建立同理心，可以通过经验来完成	下指令 / 给任务	如何使用诱发的资源
建立一个正向框架	模糊的功能任务	在过程中检测治疗效果，运用象征或是梦想预演
欣赏个案所在的位置	病症描述	赋予任务来巩固疗效，并经常练习所学到的东西
诱发改变动力	重新框架 / 正向意涵	催眠
将习惯模组去稳定化	挑战	写信，以及其他会谈后的联络
种下渴望的种子	替换	
框架治疗主轴	梦想预演	
迈向最小的策略步骤前进	未来导向	
诱发戏剧化效果	困惑	
通过最细微线索获得合作反馈	隐喻	
使用催眠	象征	
处理抗阻	趣闻轶事	
顺势而为	身体雕像	
	平行沟通	
	多层次沟通技巧	

第一阶段：设定

为了建立密切关系，治疗师首先要跟随个案。治疗师或许可以根据个案的经验性语言来与之沟通，通过个案的观点看法与个案相遇。密切关系在催眠治疗里尤其重要，因为个案在催眠产生的亲近过程中经常会感到脆弱。

比如，治疗师可能要确认/重新框架个案的抑郁情绪而这样说："我了解你为什么感觉低落。你经历过很多事，承受了许多痛苦。现在是时候可以自我反省，并且哀悼过去。但是你出现在这里，就是迈向改变的第一步。"通过认出个案的痛苦经验中的正向元素，治疗师可以诱发个案的改变动力，以及正向期望。

治疗师可以通过非语言的方法来建立密切关系，比如偷偷模仿个案的姿势，比个案慢几秒钟，这个过程可以称为社交模拟。

接着，治疗师可以建立一个正向框架，可以通过个案问题的重新框架或是重新定义来达成，这可能会改变问题本身的意义。比如："或许你不是抑郁，看起来你是对自己很失望。"

一些不同的策略，比如说故事，可以用来建立一个正向框架并提升改变动力。治疗师可能会重述一遍学习游泳的经验，强调一种"漂浮"的感觉，以及"知道自己可以做到很多事"。

困惑技巧可以用来把固定习惯模组去稳定化（destabilize）（Erickson，1964）。艾瑞克森发展出来的困惑技巧，看起来很有攻击性，因为一开始困惑技巧是被设计用来"攻击"阻抗的，但是缓慢地演变成较温和的"去稳定化"技巧。这个技巧包括运用较温和的戏剧化效果，随后给些具体建议。去稳定化能提升治疗效果，就像是一种香料，如果在烹饪时巧妙运用会更美味。它是一种进阶技巧，需要特殊训练才能在实际治疗里派上用场。

治疗师也可以种下理想目标这颗种子，作为治疗主轴之前的一个预告。预告是强而有力又价值非凡的工具，可以成功地增加对美好未来的正向反应。艾瑞克森经常种种子，也许是给美好的未来“填装火药（准备一触即发）”。比如，如果他想要个案体验手臂漂浮的催眠经验，在催眠之前的某个时间点上，他会轻轻地触碰个案手臂。他这样做是引导个案不经意地把注意力放在手臂上，同时发展出一种轻盈的感觉（轻轻触碰的动作）（Zeig，1990）。

治疗师不需要直接切入治疗主轴或是预想达成目标，而应通过一系列精密策略步骤，营造一个疗愈戏剧背景，在不动声色的情况下加强改变力道。最终，治疗主轴就会自然成型。

在催眠里，手臂漂浮是一种解离现象，可以被当成一种催眠引导技巧，或是一种方法，用来说服个案正经验到催眠状态。治疗师如何运用一系列小步骤及去稳定化等技巧来创造手臂漂浮的催眠引导，请参照以下：

> 你正轻松地坐着，闭上眼睛，你可以保持好奇……好奇接下来你可以好好享受的体验是什么。你可能会注意到你手臂放置的位置……所以你可以……把注意力放在你手臂的感觉上。然后可以让你滑翔（glide）追赶（sic）……引导（guide）你把注意力放在你的手上，所以你会发现……发现你的手上有种特别的感觉，或许是感觉到轻盈，这可以是一件有趣的事。
>
> 然后你感到好奇，好奇某个东西怎么可以从一个地方移到另一个地方。你会很有趣地发现当下这个时刻正在一点一滴发展中……移动的愉悦感觉，你可以在你的手指指尖有这样的愉悦感觉，然后你可以发现，很开心地发现，你的手臂如何开始……升起……向上……像是小碎步一样地移动着，然后可以确定你的手臂将会碰到你的脸，当这

个时刻发生时，你可以做一个深呼吸，感觉自己更加深入地、放松地体验这一切。

艾瑞克森在跟个案工作时通常会一小步一小步地进行。他会运用多层次沟通技巧。他会在工作里创造流畅及顺势而为的感觉。通过逐渐增强的小步骤，艾瑞克森增加了个案对他所提供的治疗目标有更多正向反应的概率。他会把建议、暗示交织叠加在一起，所以一个暗示的结束就变成另一个暗示的起头。当艾瑞克森要呈现他的治疗主轴时，个案只需要在这一系列建设性步骤的过程中向前迈出一小步，事情就成了。

另一个设定方法是通过细微线索来搜寻个案的反应。在催眠里建立个案对于双关语的反应是很重要的。我们可以通过提供一段催眠引导而达到这种效果，催眠引导当中有个元素是对暗示产生反应。而在这个过程中，治疗师可以发现阻抗的浮现——然后在阻抗力道里四两拨千斤地运用它们。

我们也可以通过农夫种田（艾瑞克森的父亲是农夫）的过程来了解如何建立个案反应。在我们种下种子之前，必须要先掘松阻抗的泥土，才能使种子更容易种在土地上。或许我们需要加些肥料。接着，我们要对种子浇水。

在这本书里，我不断强调醒觉式沟通的重要性，醒觉式沟通是奠基在细微线索的运用上。个案对双关语的反应在催眠心理治疗里非常重要。我们可以通过两种方式诱发出个案的反应：正统催眠技巧，自然派催眠技巧。主要目的是让个案的合作反应尽可能最大化（关于诱发反应的催眠引导，参见 Zeig，2014）。

第二阶段：治疗主轴

我们在第七章已经详尽探讨治疗主轴。你可以参考本章前面的表 9-1

决定哪一种治疗方法是最有效的礼物包装技巧。

记住，治疗主轴并不是用来诱骗个案把症状消灭掉，而是用来帮助个案诱发改变的资源。在下一章的个案研讨里，艾瑞克森运用症状描述、替代，以及趣闻轶事来诱发资源。

第三阶段：跟进

SIFT 过程中的大部分步骤是从设定和跟进这两个阶段而来的。治疗主轴阶段可能仅仅用一个礼物包装技巧来涵盖就够了。然而，跟进阶段包含多种可能的元素，这也反映了这个阶段在心理治疗里至关重要。

这个 SIFT 过程就像打网球一样。球被打进球场中，有着独特的旋转特性。网球选手首先要判断这个旋转（量身定制：球的位置），判断这颗球到底是正面旋转、反面旋转，还是侧面旋转。然后决定如何把球打回去（目标设定），决定用什么样的旋转方式回击网球（礼物包装）。如何获得制胜的一击取决于如何跟进。

在心理治疗里也有相同的过程。不适当的跟进可能会毁了治疗效果。通常，跟进包括几个元素，其中一个是确认改变（下一章要讨论的艾瑞克森案例，提供了一个在跟进阶段运用确认过程技巧的绝佳例子）。

诱发一个失忆是一种好用的跟进技巧。失忆可以用来密封知识，以避免意识心智过度上脑，中断了可能的催眠效果（Zeig，1985）。

治疗师可以测试一下，看看某种技巧是否有效。在咨询室里我们可以测试某些治疗主轴。比如，如果个案害怕眼神接触，治疗师可以在治疗主轴之后测试一下是否有增加眼神接触。如果个案的问题在治疗之后无法测试——比如，坐飞机恐惧症——治疗师可以通过运用个案的想象力来测试疗效，比如让个案想象自己在搭飞机。

第三阶段的另一种技巧是提供跟进任务来巩固疗效，个案可以回家多做练习和学习。治疗师可以留家庭作业。比如，如果个案在交朋友上面有问题，治疗师可以给出任务，即回家观察孩子们玩耍——看看他们如何彼此互动，轻轻松松交新朋友。任务也可以有象征性意义。艾瑞克森经常要求个案去参观凤凰城的沙漠植物园，里头有许多特别的沙漠植物。这个任务其实有许多象征的诠释意义：植物如何在艰困的环境下蓬勃生长，在你预期不到的地方看见美丽，对于潜在的威胁保持警觉，如何在资源不足的地方存活下来，等等。

心理治疗的时间线

治疗师应该要知道，在治疗里提供评估，运用适当技巧并不能保证治疗一定成功。治疗师在自己遇到的类似案例上运用艾瑞克森众多出神入化技巧中的一种，却发现结果不尽如人意。失败的原因可能是没有策略性建立治疗主轴；在治疗过程中，时间点（正确时机）是决定因素。

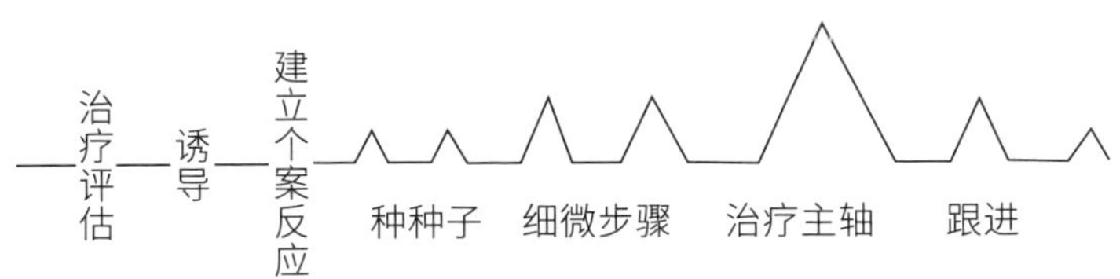

图 9-1　心理治疗的时间线

图 9-1 中的这个时间线很清楚地呈现了治疗师如何在 SIFT 过程中从一阶段移动到下一阶段。我列出了常用的步骤。建立个案反应，换句话

说，就是提供正统派或是自然派催眠引导。

我们要牢记在心，就算我们是用一种线性方式呈现心理治疗的时间线主轴，因为治疗本身千奇百怪的可能性，我们极有可能会改变直线的治疗方式。

总 结

记得艾瑞克森有一个关于婚姻治疗的案例，这个真实案例中的点滴汇聚的时间线，也代表了艾瑞克森如何运用 SIFT 的三阶段过程来做治疗（在以下网站有旁白解说版本影片：https：//catalog.erickson-foundation.org）。

这段治疗影片大概历时一小时，是关于治疗中如何策略发展的出神入化案例。艾瑞克森作为一个绝顶高超的戏剧化治疗师，把刚开始的二十五分钟作为第一阶段“设定”步骤使用，用来建立第二阶段“治疗主轴”，因而产生最大疗愈。他讲故事的时间大概五分钟，把剩下的三十分钟用作第三阶段“跟进”使用。

心理治疗基本上是按照这种时间流程来进行的，治疗师要策略性地关注治疗的整个过程。

在第十章讨论的案例就是疗愈的策略性过程的最佳例子。这个案例表面上看起来是全靠直觉或不合常理的，但事实上，如果我们从醒觉式的角度来理解，就会觉得一切非常合理且计划精密完善。

第十章

CHAPTER TEN

艾瑞克森治疗飞机恐惧症

艾瑞克森认出个案并不是真的有飞机恐惧症，因为她并不是害怕进到飞机里。她所呈现的问题背后有个更大的问题。

引 言

这个案例最早出现在《跟大师学催眠——米尔顿·艾瑞克森治疗实录》一书中（Zeig，1980），描述了一位有“搭飞机恐惧症”的个案。艾瑞克森的治疗主轴是催眠式的替换疗法，过程中他暗示这位女士，她的恐惧症滑出她的身体进入一张空椅子里。艾瑞克森的治疗主轴可能看起来超乎常理，但是他的剖玄析微成功地疗愈了这位女士。尽管替换疗法看起来是功能不全的，我们依然可以精妙地使用这个机制。个案的问题是不合思考逻辑的；所以，一个奠基于合理情感的不合理解决方案会变得有效。

一个戏剧化过程诱发改变

在每次会谈里，治疗师可以制作一连串步骤诱发改变，这个 SIFT 过程可以充满戏剧张力，带着策略方法，使治疗过程妙趣横生。再次强调，三阶段顺序步骤：设定、治疗主轴、跟进。这个流程跟艺术家用来创造电影、戏剧、诗歌和文学是一样的。这些艺术作品包含一系列步骤，从一开始的展开到最终的结束。比如，一个电影制作人知道电影里的每个元素都会增强故事；一个剧作家运用“设定”这个点子，通过多重沟通的线索“收因种果”产生完整结局；一个诗人创造一个策略发展的主题；一个小说家在故事轴上加入一些预兆，从而强化戏剧效果。

我们的治疗目标是诱发状态的改变，建立戏剧张力就是治疗里一个用来醒觉个案的工具：**在治疗过程中唤醒个案沉睡的潜力是极度重要的。**

分析个案报告跟分析影片或脚本是不一样的，虽然其中还是有些相似处。就算是在描述一个案例，艾瑞克森选择的话语及非语言的沟通丝毫不差，每个字句及音调都是有意义的。

以下艾瑞克森案例的详细分析是一个范本，给那些想要了解艾瑞克森微动力策略运用方法的人们。这个案例也提供了一个道路地图，用来了解艾瑞克森的治疗工作。

艾瑞克森是一个心理治疗艺术大师，能够诗意般即兴发挥，并搭建一出改变的舞台剧。他策略性的沟通经常带有细微变化的双关语，产生扭转乾坤的效果；他不会使用经过科学验证的治疗流程。一般人在观看伟大艺术作品时，可能无法察觉艺术家用来创造戏剧张力的神工鬼斧手法。以下例子仅仅是艾瑞克森如何创作他的治疗艺术的例子之一。

“飞机恐惧症”

在 1979 年，艾瑞克森举办了一个为期一星期的工作坊，教导不同学派的治疗师如何做治疗工作。我参与了这个工作坊。这个案例是在第一天要结束前艾瑞克森提到的。

现在，我们回到1972年，一位三十五岁已婚的漂亮女士来找我，按了我家门铃。她一进门的说辞是：“艾瑞克森医师，我有飞机恐惧症。今天早上我老板告诉我，‘星期四你要飞去得州的达拉斯，然后星期六飞回来’。我的老板接着说，‘你要么来回都坐飞机，要不然你就会被解雇’。艾瑞克森医师，我是一个电脑工程师，我在全美国各地做电脑程式设计。”

“在1962年，十年前，我有过一次飞机失事经验。那次失事整架飞机没有损伤，也没有人伤亡。接下来五年，我经常坐飞机从凤凰城到波士顿、纽约、新奥尔良、达拉斯，到处飞。每次我搭飞机，飞机飞上高空之后，我就变得越来越恐惧。然后最终，我的恐惧实在太大，我会全身不自主颤抖。（艾瑞克森示范给听众看颤抖的样子。）然后我会闭上眼睛。我听不见我老公在跟我说什么，我的恐惧症如此厉害，当去到我要工作的地方时，我全身的衣服都被冷汗浸透了。这个恐惧糟糕到我在工作之前必须先睡八小时。因此，我开始乘坐火车或汽车去我要工作的不同地方。我的飞机恐惧症令我百思不解，我登机时完全没问题。在飞机到跑道尽头前我都没事。一旦飞机起飞离开地面，我就开始全身颤抖，然后整个人被恐惧淹没。但是只要飞机一降落，我的恐惧就消失了。”

“所以我开始使用汽车、火车。最终，我的老板受不了我老是用自己休假的时间、病假的时间，以及事假的时间来搭乘汽车或火车出差。今天早上老板跟我说，‘你要么坐飞机去达拉斯出差，要么就等着被解雇回家’。我不想失去我的工作，我喜欢我的工作。”

这是艾瑞克森在课堂上提供给学生们的讯息。他认为这些讯息对于治疗师来说已经足够帮助这位女士解决“搭飞机恐惧症”的问题了。

根据以上陈述，让我们运用早先讨论的量身定制分类方法，从内在心灵的过程开始评估。她的问题是用一种感觉方式表达，同时也强化描述她的负面身体感受。她表达的方式既不是内在自我对话，也不是视觉图像化的表达；这两个元素在这里都明显缺乏。这里同时也有一个解离的元素存在，当她提到她的恐惧症是如此严重时，她完全没听到她老公跟她说话。从人际关系的角度来看，她是比较顺服的人，随时准备好要对情境决定因素做出反应；而不是主宰型的人，控制和定义整个情境。

艾瑞克森接着说：

我说："好的，你希望如何治疗你的恐惧症？"她说："通过催眠的方式。"我回答："我不知道你是否是个好的催眠对象。"她说："我以前在大学里是好的催眠对象。"我说："那已经是很久以前的事了。你现在还是好的催眠对象吗？"她说："绝对是好的催眠对象。"我说："我们试试看才知道。"

艾瑞克森的第一个治疗主轴是，他同意个案的看法，她有"飞机恐惧症"，尽管艾瑞克森并没有明讲他是什么意思，只是使用个案的说法。艾瑞克森暗示他会治疗她的恐惧症，而重点在于"如何治疗"。

艾瑞克森通过一个间接平行沟通来挑战个案的动机：他测试她对于催眠的抗拒程度有多少，而不是去治疗恐惧症。如果她动机强烈，且愿意配合催眠，那么通过平行沟通的方式，让她可以带着强烈动机并且配合催眠来治疗她的恐惧症。

相反于大多数催眠治疗师在会谈快结束时才做催眠，艾瑞克森是在会谈一开始就做催眠。艾瑞克森用了一种所谓的"贝多芬原则"。艾瑞克森立刻行动，就像贝多芬在《第五交响曲》里呈现的主题。艾瑞克森的方法促使这位女士必须立刻参与正向步骤里，而没有时间去思考她抱怨中的每个细节。

在第一次会谈中，传统治疗师可能会鼓励个案多谈谈病史和问题细节，搜集历史资料，给一个诊断，在正式治疗开始前跟个案讨论治疗计划。但是这些讯息可能跟未来治疗过程无关。艾瑞克森“单刀直入”，让个案来不及讨论问题细节。有些时候，我们不需要太多讯息也可以做治疗。艾瑞克森喜欢在会谈开始时直接给个治疗方法，然后后续的评估就成为那个治疗方法的副产品。

在医学领域，必须先有诊断才有治疗方法。医师会先做检查，了解过去病史，通常会有身体检查，然后决定一个诊断，最后才开药方/治疗方法。在社交治疗方法里，并不见得需要照这个流程走，比如心理治疗领域，个案对于治疗方法的反应会决定治疗方向。

在下一段艾瑞克森的案例描述里，我们会发现这个个案是配合多过于抗拒的。

> 她是一个好的催眠对象。我把她唤醒，告诉她：“你是一个很好的催眠对象。我真的不知道你在飞机上的行为是怎样的，所以我想要带你进入一个催眠状态，让你想象自己在飞机上，在三万五千英尺的高度，在云端。”

当艾瑞克森强调“行为”这个词时，他是间接地开始转移注意力。个案的主要问题是在情绪上，而艾瑞克森将她的注意力从情绪上转移开，让她聚焦在另一个经验元素——“行为”上。

在治疗的初始阶段，治疗师可以让个案参与在简单的练习里——目的是：一旦个案可以参与在一个小练习里，就可以成功地参与在另一个小练习里，然后再是下一个练习。艾瑞克森一开始对个案并没有要求很多，他只是邀请她进入催眠。然后，他称赞她做得很好，然后邀请她再跨出一小步：进入第二个催眠，想象自己在飞机上。他这个阶段的动机是搞清楚她在飞机上可能会产生怎样的行为。

第二个治疗方法是一个病症描述催眠。艾瑞克森引导个案去体验问题的病症。个案，在那个当下，并没有真经历到她搭飞机时的那些症状；而是在艾瑞克森办公室的椅子上经历了那些症状。这时，艾瑞克森种下治疗主轴的种子：改变个案体验问题症状的地点。这个改变地点的小小修正，就改变了“飞机恐惧症”的背景情境，为未来的空间修正治疗方法铺路。记得：我们要求一个小改变，会有一个策略疗效。

我们注意到艾瑞克森并不是一开始就提供病症描述催眠。它是一系列策略小步骤中的一步。个案很配合，她展现强烈动机进入催眠，然后展现她被催眠的能力。这些小步骤天衣无缝地连接在一起，造成一个配合的连锁反应。当个案的病症行为从催眠里浮现，她是在采取一系列策略步骤中的一个合理小步骤，而这最终会引导到治疗主轴。

所以她进入催眠，想象自己在三万五千英尺的高空上，想象她在飞机里。她身体开始上下振动，甚至全身颤抖，这真是令人不忍心观看。然后我让她想象飞机降落了。

当艾瑞克森让她想象飞机降落了，她的恐惧症病症就消失了。这确认了她一开始提到的“飞机恐惧症”的真实本质。

在我开始帮助你之前，我想要你了解某件事……

这个指令是一种框架治疗方法，中断且改变沟通的方向。通过一个说法，“在我开始帮助你之前……”，艾瑞克森暗示他之前的治疗方法更多像是诊断而不是真正的治疗方法。这个说法的用意是避免个案去分析之前的步骤。分析步骤会阻碍促进改变的经验体现，就好像我们分析一个笑话就失去了幽默的笑点一样。

艾瑞克森暗示说，个案可以忽略之前所做的事情（可以失忆），因为他接下来要做的事情才是“真正的”治疗。一旦她“了解了某事”，艾瑞克森才会开始治疗。通过这个细微的方法，艾瑞克森运用某件还没有发生的事情，作为治疗个案的起始点。事实上，治疗在艾瑞克森和个案碰面的当下就开始了。从那之后，艾瑞克森所做的每个步骤都有其意义，并且强化了治疗的过程。

> 你是一个很美丽的三十多岁的女士。我是一个男人，我坐在轮椅上，你不知道我残障的程度有多严重。现在，我想要你承诺我，你会做任何我叫你做的事，不论好坏。然后，记住，你是个很有魅力的女人，我是个残障的男人。我需要你绝对承诺，你会做任何我叫你做的事，不论好坏。

这种不寻常的治疗方法是用来松动个案，并增加戏剧化效果的。治疗师通常不会用刺激的状态来增进治疗效果。通常他们会帮助个案放松，找到情绪的平衡点；避免刺激个案。艾瑞克森经常在治疗和催眠里使用刺激状态，这会强化情感的运作过程。再一次，他运用了“贝多芬原则”，就像是谱写一首交响曲，艾瑞克森的催眠引导和治疗包括和谐音与不和谐音。

艾瑞克森要求这位女士承诺“做任何事”，这是个很有攻击性的要求，如果她答应了，可能会造成尴尬或痛苦的结果，尤其是他的陈述里面还夹带了跟性魅力有关的双关语。这位女士来找艾瑞克森帮助处理恐惧症，然后艾瑞克森跟她提及其他东西，可能会让她更加焦虑。艾瑞克森利用他刚刚建立起的优势——个案对于两个催眠引导都很配合，乘胜追击，因此很有可能个案对于这个新的要求也会配合。这个治疗方法——开出焦虑的处方笺——可以被看作情感症状的处方笺。我们谨记在心，如果艾瑞克森可以提高情感的强烈程度，他也有能力弱化情感程度。

她想了大概五分钟，然后说："你不可能要求我做出比飞机恐惧症还要糟糕的事情。"

注意，在这里个案花了五分钟时间才做出决定，而不是像之前那样爽快答应配合。

我说："现在既然你承诺我了，我要让你再次进入催眠里，做一个类似的承诺。"

在催眠状态里，她立即给我那个承诺。我把她唤醒，告诉她："你在清醒状态和催眠状态都答应我了——你百分百的承诺。"

我说："现在，我可以治疗你的飞机恐惧症了。"

这个过程再次确认艾瑞克森对于潜意识运作的坚定信念。他想要个案的潜意识也同意，他觉得意识的同意不够。她的意识心智可能有所保留，而她的潜意识心智是立刻同意；她的潜意识很热情地正向回应，毫不犹豫地信任这个过程。

艺术家通常会在他们的作品上加入细微元素，是常人无法发觉的。真正伟大的作品通常包括创新及几乎无法发觉的慧心巧思细节。贝多芬作品的复杂程度和创新程度无人能及。小说家所呈现的笔歌墨舞高度是一般读者望尘莫及的。醒觉式复杂程度可以改变状态，但是必须保持隐而未见。

艾瑞克森，要求个案在催眠里也给一个承诺，这完全反映出他的大师手法。这个请求看起来是一个很小的元素，但是在整个过程情境里，这是玄妙入神的一步棋。

在个案很配合的行动之后，艾瑞克森不着痕迹地强化了治疗的框架，暗示个案接下来的过程才是治疗主轴的开始——就好像之前的步骤是毫不相关的。

之前的步骤构成了一个“是的（真实句）组合”（关于“是的组合”及其他催眠里常用的文法形式，参见 Zeig，2014）。这位女士对艾瑞克森说了四次“是的”：她对催眠说“是的”，对呈现她的恐惧症说“是的”，对艾瑞克森提出的承诺说“是的”，对在催眠状态里的承诺说“是的”。现在，既然她已经说了四次“是的”，这创造了一个惯性，她很有可能会对下一个指令也说“是的”——治疗主轴。

> 现在我让她进入一种催眠状态，想象在三万五千英尺的高空飞机上，飞行时速六百五十英里。她整个身体颤抖，非常害怕，身体弯曲抱着，额头贴着她的膝盖。我对她说：“然后现在，我要你让飞机下降，当飞机整个降落到地上时，你所有的恐惧、焦虑和恶魔的折磨都会滑出你的身体，滑进你隔壁那张椅子里。”

因为艾瑞克森已经在之前的指令中建立起个案完全的配合度，他很确信她会配合他接下来的新指令。再者，个案已经对于很多个小任务都百分百配合，对个案来说再配合一个任务并不是太难：让所有的恐惧滑出她的身体，进入隔壁那张绿色椅子里。

在艾瑞克森办公室里，绿色椅子是专给来访个案坐的，并不是很舒服的椅子。如果一个个案的目标是舒服，会自己创造舒服的感觉。艾瑞克森办公室里家具的功能只是用来坐着。

我们要记住，艾瑞克森这里种下了一颗种子，是把恐惧症移到椅子上。个案先前已经证实她有能力可以改变她恐惧症的情境背景，她在艾瑞克森办公室里想象自己坐飞机。她的恐惧现在出现在艾瑞克森办公室的绿色椅子上，而不是飞机上，同时她继续在催眠状态里。更深入探讨，这个替换恐惧的动作是镜像反馈个案本身的作为，因为在过去，只要飞机降落时，她的恐惧就消失了。艾瑞克森的策略疗法就是要求她允许那种恐惧滑进隔壁椅子里，然后再次经历到那个替换过程。

尽管这个步骤看起来很不合理，不过这仅是一系列连锁策略步骤当中的一小步。个案已经完成几个任务：进入催眠、在催眠里呈现恐惧症、做出承诺、在催眠里做出承诺。既然已经完成先前艾瑞克森提出的这些要求，再多加一个——允许她的恐惧症滑进绿色椅子里——对个案来说不是太难的事。

这个治疗主轴的关键时刻是艾瑞克森对个案所做的超乎常轨、带有点性暗示的陈述，创造尴尬的气氛，然后，艾瑞克森强调诱发个案的承诺“你会做任何我叫你做的事”。

这个做法的效果是双面的。第一个面向，这位女士开始感到紧张，她不知道艾瑞克森会要求她做什么奇怪的事。第二个面向，当这个要求只是要她把恐惧滑进隔壁绿色椅子里，比起艾瑞克森可能要求的其他奇怪的事情，这看起来是相对轻松的事情，她甚至可能松了一口气。这一切都发生得太快，个案甚至没有时间去思考艾瑞克森这样做的用意是什么。艾瑞克森是为她的最大利益着想（如果我们知道魔术师的把戏秘诀是什么，那魔术就不精彩了）。最终，艾瑞克森强调一个词“现在”，他的强调语气使他的暗示听起来更像是一个命令。

> 所以这位女士想象她的飞机落地了，从催眠里醒过来，突然尖叫着跳离开椅子，跑到房间的另一头，然后大喊着：“它们在那里，它们在那里！”（艾瑞克森指着那张绿色椅子）

因为个案接受艾瑞克森的建议替换掉她的恐惧，这次治疗看起来是完成了……但事实上还没有。艾瑞克森鬼斧神工地创造一个起头，接着一个治疗主轴，也没忘记要跟进。

这个案例可能有个额外的情境效果，因为这个案例是艾瑞克森在为期一星期的工作坊里与他的学生们分享的。那张绿色椅子就放在他旁边，在整个工作坊的过程中，如果他要做示范治疗，就会邀请个案坐在那张绿色椅子上。或许某个学生会想：“这很荒谬。怎么可能会有什么恐惧依附在椅子上。”或者另一个人可能会想：“有没有什么我不想要的东西，可以留在艾瑞克森办公室里那张绿色椅子上？”

艾瑞克森通常会引导联想的过程，刺激一些隐而未现的反应。唤醒内在共鸣的隐而未现技巧是所有艺术创造的基础，这是一种概念化的过程，而非知识上的理解。

我们也可以确认评估讯息。个案对于替换恐惧的反应表明，她会强化经验，而不是弱化经验。

在治疗主轴安置好并且执行完毕，艾瑞克森接着开始跟进。

> 我用对讲机请我太太进来，跟我太太说：“贝蒂，请你坐在那张椅子上。”（艾瑞克森指向那张椅子）然后个案急着说：“拜托，艾瑞

克森太太，拜托你不要坐在那张椅子上。”我太太继续向那张椅子走过去，个案从角落冲出来，身体直接挡在我太太面前，阻止她去坐那张椅子。

为什么艾瑞克森要把他太太扯进这个案例里？催眠引导通常会运用一个过程，称为“确认（ratification）”（Zeig，2014）。确认是一种方法，治疗师预设个案已经走在正向改变的康庄大道上。在这个案例里，艾瑞克森确认个案的改变是活灵活现的——个案表现出她在催眠治疗里得到真实改变。通过邀请太太加入，艾瑞克森是在告诉（确认）个案，她的恐惧症已经移除了，不仅仅是在艾瑞克森眼前，同时也是在陌生人眼前。

是的，这看起来很不寻常，甚至可能有违常规，把自己的家人牵扯在治疗当中，但是艾瑞克森的家人经常入戏顺势而为。因为艾瑞克森有想要呈现的效果，刚好他太太在附近。他太太在其他治疗过程中也会被叫进办公室去参与。

我请我太太离开，然后转向个案，对她说：“你的治疗完成了。”

艾瑞克森刻画了治疗的起始点，同样也帮治疗画上句点——这个框架就可以完整结束。这也暗示了接下来发生的事就没那么重要了。个案不会特别关注接着发生的事。然后，艾瑞克森的下一个陈述，是用很温柔的声调。但是，接下来发生的是一个很重要的治疗步骤。

我说：“好好享受飞去达拉斯，飞回凤凰城，然后从机场打电话给我，告诉我你有多么享受这趟旅程。”

艾瑞克森给他的个案一个指令——好好享受飞去达拉斯，然后享受飞回凤凰城——把重点放在“享受”上。他的陈述句也包含了一个预设立场句：“打电话给我（一个命令），告诉我你有多么享受这趟旅程。”（预设她会坐飞机，并且享受坐飞机的过程）艾瑞克森的方式很像是“成交”，也就是业务员经常使用的技巧，比如“告诉我你会买多少”，预设客户一定会买，只是买多买少的差别。

这个沟通还有另一个层面。这位女士先前答应过艾瑞克森她会做任何他所要求的事，这也就包括了打电话给艾瑞克森，并且告诉他，她有多么享受这趟旅程。

然而，艾瑞克森的跟进并不仅止于此。

在那位女士离开后，我请我女儿对那张椅子拍了一张过度曝光的照片（艾瑞克森指向椅子），一张曝光不足的照片，以及一张光线刚好的照片。我把三张照片分别放进三个信封里。

我在过度曝光的椅子照片背面写着：“你的恐惧、恐惧症、焦虑和折磨你的恶魔，缓慢地掉进黑暗，被遗忘的永恒安息之地。”在曝光不足的照片背面，我写着：“你的恐惧症的永恒安息之地，消失在外太空里。”至于曝光刚好的椅子照片背面，我写上：“你的恐惧、恐惧症和焦虑的永恒安息之地。”

艾瑞克森不仅提供了一个象征来呈现个案的恐惧症，同时也提供了改变的象征。他给个案一个具体的东西：一个护身符。这个象征里面包含了她的恐惧，可以作为她那个被消灭的恐惧的一个替代品。她“失去了某个东西”，但事实上她获得了另一个东西作为替代。艾瑞克森可能使用了些词句是个案在一开始描述时使用的，像是“恶魔的折磨”。同时，照片又带着些娱乐效果、带些幽默感，这可能会改变问题的情绪背景。疗效可以通过情绪背景的改变而发生，而不是仅依靠改变明显元素。记住，艾瑞克森曾用类似的方法帮我戒掉烟斗。

另外，这个案例有艾瑞克森的家庭成员参与其中。看来艾瑞克森的家庭治疗风格是运用他自己的家庭成员来帮助个案。

深入探讨，艾瑞克森给个案的照片礼物是出乎个案意料之外的。艾瑞克森藏而未言的预设立场陈述是她的病已经治好了。个案会很感激治疗师超乎常人的细心——额外步骤。

我把信寄出去，她星期三早上就收到了。星期六我收到一通从机场打来语气很兴奋的电话："这真是太神奇了。真是无法言喻的美妙，这真是我人生最棒的经验了。"我跟她说："你愿意跟我四个研究生分享一下你的事情吗？他们正在写博士论文。"她说："好的，没问题。"我告诉她后天早上八点来我办公室。

在约定的时间，她和她老公出现了。她绕过那张椅子，离得远远的，然后她坐在离那张绿色椅子最远的尽头一端。研究生们大概五分钟之后出现了，陆续坐下，其中一人坐在那张绿色椅子上。那位女士突然大声说："拜托，拜托，请不要坐在那张椅子上！"

那个学生说："我以前坐在这张椅子上，没问题的啊。这绿色椅子很舒服，我想要坐在这绿色椅子上。"我的个案说："拜托，拜托你不要！"学生就说："好吧，既然你坚持的话，那我以前也坐在地板上过，如果这会让你好过些，我就坐地板吧。"她说："太好了，谢谢你。"

然后她跟这几个学生说她的故事，包括我寄照片给她这件事。她说："我把这些照片带在身边，就好像你们会带着一个幸运符，一个平安符，或者是一个十字架项链。这些照片变成我旅行时行李的一部

> 分。我旅行的第一站是去埃尔帕索（El Paso），整趟飞行很舒服，我一直想着飞机的乱流何时会发生，但是都没有发生。在埃尔帕索有二十分钟的转机。我在机场找到一个安静的地方，自我催眠告诉自己说，'艾瑞克森医师告诉你好好享受。现在你就照着艾瑞克森医师告诉你的做就行了'。我再次登机，从埃尔帕索一路飞到达拉斯，另一个美妙的飞行旅程。当我要从达拉斯飞回凤凰城时，飞机在高空上，我从窗户看出去，可以看到许多云朵在天空中飘着。我可以穿过云朵的缝隙看到远方的美丽风景。这真是一趟美好愉悦的旅程。"

在这个部分，艾瑞克森很详细地描述个案所看到的云朵细节和个案感受。这样的描述是确认个案真实克服了飞机恐惧症。她现在感到很安全，就算是从高空看地面也没问题。所以，不管个案是否还会记得或遵守艾瑞克森的指令，这都不重要了；她还是会继续享受飞行，继续旅行。

> 我说："现在，我想要你进入催眠，此时此刻，当下。"所以她进入催眠了。我说："现在，在这个催眠里，我想要你去凤凰城的机场，买张机票去旧金山，然后好好享受沿途的风景，特别是连绵起伏的山峰景色。"

在这个部分，艾瑞克森运用了梦想预演的技巧。再一次，他运用一个之前很有效的预设立场句：好好享受沿途风景，特别是连绵起伏的山峰景色。他把焦点放在"山峰"这个点上，也就是种下一个跟高度有关的种子——提醒和准备个案的潜意识要面对接下来的挑战。准备好一个未来图像会增加之后达成目标的概率。艾瑞克森的种种子技巧，就好像文学上会用的预埋伏笔技巧。这种技巧的运用是很细微地逐渐增加；差别就在于，这是技巧熟练的运用，还是大师级出神入化的手法。

我说："你到达旧金山，在机场租辆车，开车去金门大桥。把你的车停在桥边，走到桥的中间，然后往下看。"

艾瑞克森预设他的个案还有另一个恐惧症：在一个悬吊很高的吊桥上的恐惧症。在这个案例里，他好像看到个案所呈现的问题背后还有一个更大的问题存在，然后他决定一并处理掉这个更大的问题。

当艾瑞克森在帮我处理抽烟斗的问题时，他把问题分解成很多小元素，这就改变了问题的情境背景。如果他发现我抽烟斗可能是连接到一个更大的问题，比如自卑的议题，那他可能会用不同的方式来进行。

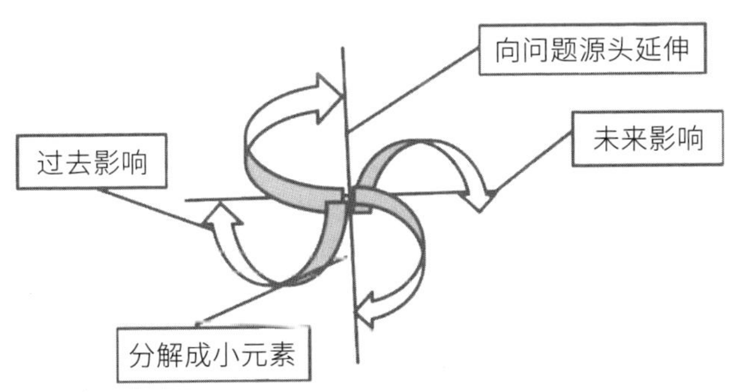

图 10-1　我们通过 XY 轴如何看待个案的问题

如图 10-1 所示，在 Y 轴上，治疗师可以向下移动，把问题拆解成小元素（分解）。或是，治疗师可以在 Y 轴上向上移动，去寻找个案呈现的问题是否是更大问题的一部分（问题拼凑组合）。在 X 轴上，治疗师向左移是回到过去——找到过去历史的重要因素（过去影响）。在 X 轴上向右移是进入未来，治疗师可以根据一个未来预测，如果个案问题没有解决，结果会是怎样，来决定采用的治疗方法（未来影响）。

艾瑞克森后来跟我们说，这个个案其实是恐惧待在一个地方而没有任何看得见的支撑物，比如，搭飞机在三万五千英尺的高空上，或是站在一个悬吊很高的吊桥上。通过暗示个案站在金门大桥这样高的吊桥上（让她处于另一个她很恐惧、害怕的情境里），艾瑞克森试着去确认她是否已经克服了整个大问题。这个技巧是**“多重镶嵌隐喻技巧”，一个故事里藏着另一个故事**（Stephen Lankton，Ann Lankton，1983）。

我对那位女士说：“现在我会告诉你关于那座金门大桥的历史。支撑整座桥的桥塔高度是七百四十英尺。当这座桥修建完成时，其中一个工人画了一幅金门大桥的画，他在图画的最远端桥塔上画了一个渔网。他画上他抓到了海鸥，并把它们的头画成红色。之后有一天，一个娱乐记者写了篇报道，关于一个新品种的红色海鸥。记者的名字是杰克。这一切都是真实的事件。”

艾瑞克森说故事，是用来创造生气、愤怒的情绪，这个愤怒情绪会阻碍个案从桥上看下去的恐惧。治疗师一般是通过渐进式的放松技巧帮助个案去敏感化一个恐惧症。相反，艾瑞克森创造一个参考经验，用强烈的生气、愤怒情绪，来阻挡强烈的恐惧反应。从一种强烈情绪转移到另一种强烈情绪比较容易，而从一种强烈情绪转移到一种放松情绪比较难。

我接着对她说：“然后，你往下看那些浪花，看那些浪花产生的泡泡，然后你看到那些海鸥。然后大雾弥漫，你看不见任何东西。所以你走回车上，开车去机场，然后用你的回程机票，搭飞机回到凤凰城，从凤凰城机场回到这里。”

当我这样说时，她立即从催眠中醒来，跟我的学生们说：“我必须告诉你们那趟去旧金山的旅程，还有那个恶劣的记者杰克。”她的老公接话说：“我知道她一定很讨厌杰克，因为她是激进的动物保护人士。”（艾瑞克森笑了）然后个案接着把整个旧金山故事讲完，她说：“然后，我直接从机场回到这里。我的老天啊！我在催眠里做了这些事情。我没有真的去到旧金山。我在催眠里，然后我以为我去了旧金山一趟。”

艾瑞克森提供这个梦想预演，给个案一个机会去发现她的治疗结果有滚雪球效应，然后他又顺势而为地治好她的另一个问题。

这个海鸥故事不仅仅是一个注意力转移。这个故事转移她的注意力到“那个恶劣的杰克”身上，而不是转移到她脚下的空白空间。艾瑞克森运用了个案的价值观系统——她对于保护动物的热情——注入了生气、愤怒，远比她的恐惧还要来得强大。同时，或许红头海鸥的画面也是种下生气的种子，因为红色通常是生气、愤怒情绪的象征连接。

结构上，这种治疗方式跟之前的方法很类似，都是增加情绪的强烈程度。然后，艾瑞克森加入了一个具体的概念来减轻强烈的程度：一场大雾会遮蔽她的视线，看不清楚。

然后我问她一个重要问题：“你去达拉斯的旅程解决了什么其他问题？”她回答：“我没有其他问题了……只是解决了我的飞机恐惧症。”我说：“是的，你有另一个问题，一个困扰你很久的问题。我不知道这问题困扰你多久了。现在你解决这问题了。但是，请你告诉我的学生们，你另外的问题是什么。”她说：“说真的，我没有其他问题。我真的没有其他问题。”我说：“我知道你现在没有其他问题，但是你在达拉斯解决了什么其他问题？”她说：“那医师你告诉我，我有什么其他问题。”我说：“不，我只会问你这个问题，然后你会知道你的问题是什么。”

这时候，艾瑞克森转向他的学生们，请他们猜猜这位女士的“其他问题”是什么，没有人猜得出来。

我告诉她：“你解决了另一个问题。现在，告诉我那个问题是什么？我问你一个简单的问题：你在达拉斯做的第一件事是什么？”

她说：“喔，那个？我进入一栋四十层楼高的大楼，然后我从一楼坐电梯上到最高楼层。”我说：“你以前是怎样坐电梯的？”她说：“我会从一楼坐电梯到二楼，出电梯，然后再从二楼坐电梯到三楼，出电梯，然后从三楼坐电梯到四楼，出电梯，再从四楼坐电梯到五楼。一路慢慢地到我要去的楼层，一次一层楼。我太习惯这样做了，我不觉得这是一个问题。”

艾瑞克森解释给学生听，他如何从与她初次见面时的描述里筛出她问题里的不同层面。

她说：“我对于登机的过程没有问题。当飞机进入跑道时，我也没问题。飞机到跑道的末端准备起飞，我没有问题。一旦，飞机起飞进入拉高爬升的阶段，我就进入恐惧症的全身颤抖。”她的恐惧是封闭的空间，没有任何看得见的支撑物存在。一架飞机在空中，是一个封闭空间，没有任何看得见的支撑物存在；一座电梯也是。

我说："现在，另一个问题是什么？"她说："我不知道有任何其他问题。如果你觉得有，那我一定是有其他问题。"我说："你真的有另一个问题。这是真的。现在，当你没有坐飞机时，你坐汽车、火车。你坐火车没有问题。如果你坐汽车，当车子经过一座很长的悬吊吊桥时，发生了什么事？"她说："喔，那件事。我通常会躺在地上，双眼紧闭，全身颤抖。我通常会问旁边的陌生人：'汽车已经下桥了吗？'"

我的学生们知道我知道这一点，因为我在那一趟旧金山之旅的催眠里有请她走上金门大桥吊桥。

时间拉回到现在，个案对于搭飞机的整个过程完全没有问题。她跟她老公搭飞机玩遍澳大利亚的大小城镇，她定期飞去罗马、伦敦和巴黎。她不喜欢待在饭店里。她更喜欢在飞机上睡觉，在飞机上吃东西。而她依然带着那三张照片。她依然害怕那张绿色椅子（艾瑞克森指着椅子大笑）。

艾瑞克森不仅成功地解决了个案带来的问题，同时也解决了她其他方面的问题。他在多重沟通上下功夫，并且锲而不舍地追踪治疗的后续发展过程，直到他确认个案的各个问题层面已经彻底解决。艾瑞克森认出个案并不是真的有飞机恐惧症，因为她并不是害怕进到飞机里。她所呈现的问题背后有更大的问题。

一旦他找到那个最大的恐惧——在一个封闭空间里，没有任何看得见的支撑物——他推论她有可能在其他类似的情境下也会出现类似恐惧症的反应（在吊桥上或是在电梯里）。

艾瑞克森尊重个案的潜意识有解离的需求，保持自己不在意识层面上觉察到其他的恐惧。他同时也确认个案带来的问题已经解决，然后才去处理潜意识里的其他更大问题。

你看，你没认真听。她并不是对飞机本身感到恐惧。她说："我在飞机上很舒服，当飞机起飞时，我开始全身颤抖。"而我知道，当飞机起飞时，它是一个封闭空间，并且没有任何明显的支撑物。电梯里也是同样道理。汽车开在很长的吊桥上也是同样道理。她看不到左右两边尽头的支撑物；她向左看，她向右看（艾瑞克森转头作势向左看，向右看）。她发现自己在空中。在火车上，她有支持的证据——听觉的支持证据——火车铁轨发出的声音，所以她在火车上没有问题，不会有恐惧症。她可以听到外面铁轨的声音支撑着火车。

两天之后，在同一个工作坊里（Erickson，Zeig，1980，p.158），艾瑞克森再次提到这个案例。

现在，这个有飞机恐惧症的个案……我不需要相信任何人告诉我的任何事。我不需要相信别人说的，直到我听到她亲口说的话。当她在谈论她的飞机恐惧症时，她告诉我她可以一路很舒服地走到登机口，走进登机门，一直很舒服地等飞机慢慢开到跑道尽头，但是只要飞机一开始爬升起飞，她的恐惧症就出现了。我能够理解她没有飞机恐惧症。她的恐惧症跟封闭空间有关，她的性命不在她的掌控之中，她的性命是在另一个陌生人的掌控之中：飞机机长。

我必须等待，直到我听懂她的意思。我让她承诺我，她会愿意做任何事，不论好坏。我在要求她承诺的过程中非常小心，因为这就跟把性命交在陌生的机长手中一样。然后我告诉她："享受你飞去达拉斯的旅程，享受你飞回来的旅程……告诉我你有多么享受这趟旅程。"她不知道她正在信守她的承诺，但她确实遵守承诺。我知道我要求这个承诺的意图是什么。她不知道。然后我是那么温柔地说着："享受飞去和飞回来的过程。”然后，她有答应我不论我要求什么她都会照做。她没有发现是我要求她这样做。

在这案例里我们清楚地看到，艾瑞克森并没有移除这位女士的恐惧，而是替换了她的恐惧。是的，这个解答是不合理的，但是问题同样不合理。然后，恐惧还是存在，同样强烈，个案任何时候想回到那个恐惧都可以——去找那张绿色椅子就行。艾瑞克森通过改变恐惧所在的位置而改变了恐惧的本质。个案没有失去任何东西——然后增加了享受生活的乐趣。一个重要原则，适用在很多心理治疗问题上，改变个案自主选择，而不是消灭问题。

艾瑞克森过世后，他的家人把许多个案记录销毁了。但是在这些档案销毁前，我刚好看见这个个案档案。里面有许多确切的描述，甚至包括个案说的“飞机恐惧症”这个词。档案夹里有三张绿色椅子的照片副本：一张曝光刚好，一张过度曝光，一张曝光不足。后来，我甚至遇到艾瑞克森所说的四个研究生中的一人（Zeig，1985）。

总结

最棒的治疗是让个案发现他们潜藏未被发现的潜力，而这些潜力可以用来克服问题和障碍。艾瑞克森运用间接沟通及多重沟通有效地诱发改变动机、合作，以及带有强大疗效的改变。他的方法是策略性的：把一系列小步骤串联在一起，然后不着痕迹地建立一个戏剧化的改变。

当我们研读艾瑞克森时，很重要的是学习他从诱导到改变的整个过程。首先，他会种下种子；然后，他会建立一系列的反应。催眠引导的基础是建立隐而未现的反应（Zeig，2014）。我们要建立一系列策略步骤导向完美的结局。这些小步骤各自独立，看来无关紧要也不痛不痒，但是当串联在一起时，就会产生有效叠加的重大影响力。

在这个案例研究里，艾瑞克森只有在串联了数个有效小步骤并且产生足够的反应作为铺路之后，才呈现他的治疗主轴。在选择一个治疗主轴时，他灵活运用且富有创造力，不受限于任何理论基础。只有当治疗主轴被植入之后，他才会跟进，并确认个案自发的改变。接着他会赋予连续几个跟进步骤，以保证不论是在哪种社交情境里，个案都会采取必要的步骤来维持永久性改变。

回顾，本章列出了一个原则：

- 改变自主选择，而不消灭问题。

第十一章

CHAPTER ELEVEN

心理治疗培训手册：运用经验式方法提升治疗师专业能力

在心理治疗里，沟通更多时候像是即兴表演，而不是静态技巧。治疗师所处的状态是千变万化治疗技巧之母。

引 言

请记得，这本书是我心理治疗艺术三部曲中的一部曲。另两本是《催眠引导》和《治疗师培训手册》。《催眠引导》聚焦于基础原则或是催眠引导。《治疗师培训手册》提供实际练习及洞见，用来帮助治疗师专业能力发展。尽管这三本书各自独立，却彼此互补有无，用来提供一个多重面向的教育，提升不同取向的治疗学派的专业能力。

这一章提供《治疗师培训手册》中的总结，我回顾自己作为一个治疗师的演化历程，同时强调我作为一个老师的成长过程。我希望能够刺激治疗师运用这些模式促进个人及专业的成长，同时在治疗过程中把经验式方法当作一种工具使用。再一次，艾瑞克森在此扮演重要角色。这并不是一个移情作用（好吧，我承认我对艾瑞克森有极深厚的情感）。

在我近身接触许多心理治疗大师，以及深入了解他们学派的精髓之后，最终得到结论，艾瑞克森毫无疑问是我所遇见的最出神入化、最鬼斧神工、举世无双的治疗大师。我也不是唯一如此认为的人。许多当代的心理治疗大师都受到艾瑞克森的深远影响。他有一种神乎其技的能力，可以带着深刻疗愈触碰到许多不同等级程度的个案，因为他在自己身上发展出有效的疗愈状态。

我对催眠的兴趣很自然地让我从状态的角度来看待事物。催眠状态是一种不同元素的编辑整理。个案所采取的状态——最佳状态或是糟糕状态——都是不同元素的汇整。治疗师的状态也是类似的。而状态可以通过经验式方法诱发出来。

艾瑞克森学派的状态

有哪些元素可以作为治疗师的状态？我会简单地讲一下艾瑞克森本人强调的四种状态：成为经验性的、顺势而为、引导导向、策略性的。虽然有些人会觉得这些是治疗方法，对我而言，这些是治疗师的状态，当治疗师有意识地保持在这些状态里，疗效会更深入有效。这个主要原则是，治疗师所处的状态是千变万化治疗技巧之母。

成为经验

艾瑞克森的招牌治疗工作就是创造很多独特经验。艾瑞克森遇见个案时就像是指挥一首交响乐，个案得到最棒的体验，以及发掘过去没有发现的自身潜力和改变。他这样的做法就像是用艺术家惯用的方式——说故事、比喻和象征性任务。艾瑞克森发现，个案要能自我觉察这件事并不是改变的先决条件，所以在他的治疗和教导中，他把个案的自我觉察排除在外，更倾向于用经验式治疗方法来促成个案的自我醒觉。

顺势而为

艾瑞克森另一个众所皆知的招牌治疗方法是顺势而为，做法是从问题整体的波涛汹涌里挑选出最适合的特质，来达成治疗目标。顺势而为，也就是说，治疗师保持在一个随时准备好的状态，策略性地对个案及个案所处的环境做出反应和解答。然而，这样简略的解释对于艾瑞克森学派的治疗方法好像有欠周全，对于艾瑞克森学派的大师们也不够尊重。简单地说，所有艾瑞克森学派的治疗方法都是奠基于顺势而为的。

在过去四十年，我致力于锻炼自己的顺势而为状态，我的大部分艾瑞克森学派文献写作也都会提到顺势而为的过程。顺势而为对于艾瑞克森学派的重要性，就像是诠释对于精神分析的重要性一样，又如同去敏感化对于行为治疗学派的重要性一样。事实上，很多伟大的治疗师会顺势而为运用个案带到治疗里的特质。然而，世上没有人能够像艾瑞克森这样，把顺势而为的精髓发挥到如此淋漓尽致的程度。

我们把顺势而为当作艾瑞克森学派的中心思想、独一无二的特质，并接受它有临床治疗的实用性。然而，我们还是忍不住想问，为什么治疗师发展一个顺势而为的状态是这么重要的事？一个主要原因是，它说出了心理治疗的一个核心基本面向。心理问题，通常被认为是一种“自我相信”的受限。个案通常相信并表现出他们无法改变，也无能力改变。而在相反的一面，顺势而为是一种有效改变，以及有足够资源的哲学。以比喻来说，治疗师变成一个炼金术士，从铅块里面提炼出金块。结果就是，个案受到治疗师的启发，在自己的生活和生命里做出醒觉改变。

顺势而为是我在每次催眠引导里会保持的一种状态。我利用现实情境里有的东西，来完成四个常见催眠目标：内在专注力、改变强度、建设性解离，以及隐藏的细微反应。在做催眠时，治疗师就像是一个回馈机制：

用提炼出来的东西，顺势而为地诱发目标。

我如果要对读者做催眠引导，可能会这样说：

> 你现在坐在这里，可以发现自己所在位置，可以发现自己正在读着这些字句。但是，当你做一个深呼吸时，你真的不需要……有意识地聚焦在明显的东西上。因为你不需要注意到椅子对你的支撑，或是……你的背放松下来……或是手放松下来……因为你曾经有过易如反掌的专注，这样独特的经验。然后，我不知道你的潜意识或许突然想起你在学校读书的时候，或是坐在沙滩上轻松地读书，或是在家读书……阅读。然后你在这里……但是你可以继续享受逐渐发展的放松，感觉这样的经验一直在蜕变，而当你感受到了，你可以做一次深呼吸，然后不费力气地继续。

我们会发现，四个催眠引导目标都包含在这段关于阅读的话语里面了。

引导导向

艾瑞克森也是运用引导导向的大师。引导导向是一种治疗师运用的间接方式，“轻轻推送”个案朝向改变的潮流，而不是直接陈述目标给个案听。治疗是一种内在生活的重新连接（Erickson，1948），因此，治疗师可以通过引导个案的潜意识连接来创造有效的治疗。一个引导导向的简单例子是，某些宗教里的故事和传说会帮助信徒产生信仰。最终，信仰是一种状态，要产生信仰需要一种醒觉工具。

成为策略

许多治疗师是垂直思考的，认为找出内心深处的问题来源很重要。他们就像是“考古学家”，努力挖出表面底下的许多化石。这样的治疗师相信，只要把个案内心的病源、病史、家庭模式等带到表面，就会有疗效、有改变。

而艾瑞克森对个案反应更有兴趣。他会细心地调频个案到他想要给出的建议和结果里。艾瑞克森更像是一个导航员，而不是考古学家。艾瑞克森会掌控航向。作为一个催眠大师，艾瑞克森定焦在地平线上，然后示范了一个人有能力对于细微的变化做出反应，比如声音位置的改变、音调的改变、说话速度的改变。

在练习催眠的那些年里，艾瑞克森研究人们对双关语如何反应。他会策略性地运用语言和非语言的暗示，间接引导个案朝他想要的目标前进。对艾瑞克森而言特别重要的是，个案在没有完全意识到诱发改变的刺激因素情况之下，还是能够做出反应和改变。一个类似的例子是，当一个人打哈欠时，另一个人（甚至可能是动物）可能跟着打哈欠；镜像神经元会刺激改变的发生。

这四种状态，成为经验式的、顺势而为、引导导向、成为策略性的，是艾瑞克森学派的核心状态。一个领域的专家能够经常进入那个领域的理想状态。比如，职业运动员学习如何进入“巅峰状态（Ideal Performing States，IPS）”来完成所赋予的挑战。持续练习把这些元素放进身体记忆里，这种状态就变成身体记忆的一部分。类似地，我不觉得莎士比亚会思考创造比喻的技巧方法，他练习这些技巧到炉火纯青的地步，让自己处在创造比喻的状态里，这状态就变成了他写作的主要基础。

如何获取状态的本质

现在，让我们来探讨一下如何获取这些状态的本质。

通过经验

艾瑞克森所呈现的这四种状态可能看起来仅是技巧，许多治疗大师都会谈论这些技巧。然而，我把这些看成是治疗师可以撷取保持的状态，用来产生更有效的治疗结果。不同学派的训练，会有不同的技巧和状态。我们可以通过教条式方法来学习技巧，但是状态通常是通过诱发经验而产生的。所以，我们需要一个经验式过程来训练治疗师达到一种状态，可以提升正向的治疗效果。

状态对于个案来说是很重要的，因为我们可以通过头脑来了解想法，然而像快乐这种概念无法用头脑理解。快乐是一种经验的体现。快乐无法通过一系列公式或是一系列步骤“达成”。快乐必须被体验到，通过生活的经验被体验到。

通过训练

我持续六年断断续续地接受艾瑞克森的训练。他是我的治疗老师，也是我面对人生困境时的启蒙导师。

我接受艾瑞克森的督导就像是接受他做治疗，会体验到玄妙入神的经验。他从没见过我做治疗或是做催眠，尽管他有时候会从他转介给我的一些个案身上得到一些回馈。他几乎不提供教条式的指导。他不但放弃了认知上的教导，甚至暗示这些认知更多时候是障碍，而不是帮助。在一对一的互动上，艾瑞克森不教导内容；他觉得内容从书本上就可以学到。相反，他引导至治疗师的经验状态发展层面上。

艾瑞克森的教导方式有个隐藏意义，对于我训练治疗师有深刻影响：治疗师必须发展更多能力，比他们的技巧还要多。自我发展并不局限在寻找自己的治疗师。治疗师应该发展一种可以增进有效疗愈的状态。我们可以用一种系统化方式学习。这种通过生活经验的学习是“从心灵深处由下而上”的成长方法，要运用我们的右脑，而不是“从头脑开始由上而下”的教条式学习方式，那是依靠左脑。

我会列出我的训练模式。可以通过我的观点来了解治疗师发展专业能力领域（关于完整的模式，参见 Zeig，2015）。

通过分类

这本书的宏观模式是奠基于五个选择点：目标、礼物包装、量身定制、运作过程（创造一个过程）、治疗师所处位置（治疗师的态度）。在我的培训工作坊，当我教导前四个选择点时，我会运用经验式练习帮助学生熟练原则，但是当我教导治疗师的位置时，我让自己完全处于经验性状态里。

治疗师的位置区分成四个项目：滤镜、肌肉、心、帽子，每个项目都有个人面向及专业面向。首先，滤镜是指我们看事物的观点。在专业角度，学习家庭治疗的治疗师的滤镜会不同于行为治疗学派的人。在个人的角度，每个原生家庭所产生的滤镜都是不一样的，取决于父母教导小孩如何看待这个世界。其次，肌肉会影响我们如何做事。比如，精神分析师经常锻炼他们在治疗里诠释的肌肉，而艾瑞克森学派治疗师会经常锻炼他们说故事的肌肉。再次，心，这是一个慈悲心的比喻象征，这在专业领域和个人领域上各有不同定义。最后，帽子，治疗师选择戴的帽子是象征他们的社交角色。有些治疗师比较正式，按照规矩来做事，有些则较随性，会随机应变。

通过治疗师的蜕变

通过训练和经验，一个治疗师可以持续蜕变。很多治疗师，不管他们的学派是什么，都会说他们的蜕变是由许多资源的组合而产生的。当我询问治疗师他们成长和发展的主要来源，一个常见的回应是："我从个案身上学到最多。"但是，如果我们把治疗训练当作职业运动训练，职业运动员都需要发展一种"巅峰状态"，难道训练治疗师不应该比照办理，发展一种体验性、系统化的训练？

职业运动员拥有类似的生理技巧，包括了体力、耐力、灵活性、协调性、敏捷度、力量、速度，他们在特定的情境里可以发挥"巅峰状态"。比如，高尔夫球选手开球时会有一种"巅峰状态"，但是在推杆时会有另一种"巅峰状态"。

同样，治疗师可以持续地训练（以及交互训练）发展一种"巅峰状态"，以适合不同特定情境使用。如果是这样，我们会把焦点放在治疗师本身的状态发展，而不是技巧上。要精进治疗师的成长和发展，我发展出一种心理治疗培训手册作为系统性、体验性的训练课程。或许某种程度上，我是模仿了艾瑞克森直觉性自我训练的方法。

艾瑞克森的自我训练

艾瑞克森说过很多关于他如何自我训练的练习。比如，为了支付他念医学院、实习，以及住院医师实习的费用，他会去打工。艾瑞克森早期的一次打工，是从社工机构得到一份社会心理历史报告，然后根据报告记录写一个直觉的精神诊断。然后，他会把他的直觉精神诊断跟医师开出的精神诊断做比较。后来，他会倒转整个程序：他会先看一个实际精神诊断，然后用自己的直觉写出一份社会心理历史报告，然后把他的直觉历史报告跟社工机构所给的实际社会心理历史报告做比较。

艾瑞克森说，他对很多个案做过这个练习。他不是要试着学习报告内容，而是试着学习熟练一种状态：了解人类的发展。

艾瑞克森也研究人类社交行为的细微差异。就像福尔摩斯，他会观察一个线索，写下一个预测，交给他的秘书，直到他确认这个预测发生为止。比如，他曾经正确地观察到一个老公偷偷摸摸背着老婆有外遇。另一次，在没有任何生理征兆之前，他写下某个案怀孕了，事后证实他是对的。他看起来是致力于发展一种状态，从最细微的线索中推断。他不仅仅是增强认知知识背景，还在发展一种推论的状态："如果 X，那就会有 Y。"

艾瑞克森一生致力于个人成长和发展的研究。在他过世之前，我问他一个治疗案例的简单问题。他用一种惯用的间接方式回答我：他讲了一个故事，然后我要自己"拆开"这个礼物包装的答案。他选择不直接回答我，这让我很感兴趣。我感觉他是在玩耍，其实他在训练自己引导导向的肌肉，想要保持肌肉强度。他的方法强化了他的治疗师状态。

有时候，艾瑞克森会给我个人发展功课，虽然不是系统性地给我。比如，他曾经给我一个练习，叫我去学校的操场看孩子玩耍，然后预测哪个孩子会选择哪个玩具，哪个孩子会提早离开团体活动。这种从行为的最小细节去推断，然后预测未来的行为，对于艾瑞克森而言很重要，他也在他的学生群中推广这个概念。

在模仿艾瑞克森的过程中，我每个月会给自己一个主题——一个我想要在专业上或是个人生活上发展的主题。比如，我可能会花时间训练自己的视觉感知能力，或是在一个技巧层面上工作，像是运用姿势来沟通概念。最终，这种新状态会从工作记忆的模式过渡成为深植潜意识的身体记忆模式。

在我的工作坊里，我会宣导自我训练的哲理，提供一个组织性的方针，让学生可以每周或每个月有个学习主题，精进治疗状态。一个延伸思考是，治疗师可以给个案提供每周或每个月的挑战，来帮助个案发展最佳状态。

关于训练的历史反思

在心理动力疗法上有个经验性传统。比如，弗朗茨·亚历山大（Franz Alexander）认为有个正确情绪经验很重要。但是，**心理动力治疗方法是奠基于理解上的**。用比喻来说，**经验应该是主菜，理解应该是甜点**。

很多当代心理治疗学派的主要焦点放在了解个案问题的病因上。在这些治疗学派里，理解病因是主要支柱，没有理解，就无法产生改变。因此，临床的训练聚焦在教条式地学习理论和技巧上。

训练治疗师的方法反映了治疗历史。心理治疗是一个相对来说比较新的领域，在 19 世纪末才出现。当时，训练方法在这个领域所知甚微。因此，训练是着墨在理论探讨，而不是技巧上。治疗师的专业发展着重于个人被分析的经验。为了把个人的自我扭曲（会造成反移情）舍弃掉，精神分析训练需要很多年的时间接受分析的训练。

这个思维是一个治疗师如果去除个人移情作用，就会对精神分析治疗有较好的疗效。在第二次世界大战之后，多样化心理治疗学派如雨后春笋般崛起，焦点转移到其他的理论和特定的治疗技巧上，然后治疗师的自身发展就慢慢被淡忘了。

我的看法是，治疗师的自身发展应该回到其经验性基础上，但是，这一次，我们不需要精神分析训练。相反，治疗师应该在经验上受训，发展核心治疗状态。要这样做，我们可以用艺术作为范本。如果我们把治疗看成是一种艺术而不是科学，那我们就该接受艺术家一般的训练。

通过模仿艺术来训练

模仿艺术是一种截然不同的治疗学习训练。我早先讨论过这个主题，在这里我会更深入探讨，因为这是我做治疗、做训练、做督导的中心思想。一个人可以通过上学和听演讲而学习到基本和进阶的物理原则。但是，如果讲到如何作画、如何写诗，这就无法单纯从阅读或是听老师上课达成。同理可证，当我们讲到快乐和疗愈的感觉时，无法单从知识上理解。某些事物必须从内在被体验——通过发现我们内在的某些东西，而不是学习特定的知识和技巧。

很多年前，我不停思考“治疗是一种艺术”这个概念，不禁想到：“在训练治疗师上，我们是否放错焦点，建立错误的模式了？如果是这样，那什么才是更好的训练模式？”我决定要研究戏剧——更具体地说，即兴演出——我希望发现艺术家是如何训练艺术的能力的。事实上，当我们在接触另一个人时，我们也是在即兴表演。**在心理治疗里，沟通更多时候像是即兴表演，而不是静态技巧。**

现在，刚好多位世界心理治疗大师都有演戏或是戏剧方面的背景身份，包括弗里茨·皮尔斯（Fritz Perls，完形心理治疗创始人），佩姬·派珀（艾克曼家庭治疗大师），雅各布·莫雷诺（Jacob Moreno，心理剧创始人），维吉尼亚·萨提亚（萨提亚学派创始人）。这些大师运用他们在戏剧里学到的东西作为工具来帮助个案。

我参加了一门戏剧课，向演戏的专家们学习如何教导即兴表演。这个团体很小，大家都是二十岁出头的年轻人，一起接受为期六个星期的成人教育课程，带领者是一位戏剧博士。之后，我又接受了两次为期六个星期关于表演和即兴演出的训练。

我们在第一次上课时会自我介绍，讲一个来上课的理由。第一个学生讲了他的名字，然后说："我来上课，因为将来我想朝剧场演出方向发展。"第二个人接着说："我来这里，因为我想演电影。"然后接着有人说："我来这里，因为我想拍广告。"轮到我的时候，我说："我是一个间谍。我想要学专家是如何教导即兴表演的。"在自我介绍之后，所有人站成一个圆圈，开始表演的第一堂课：啦啦啦。这个练习是重复一个声音模式（第一回合我们用"啦啦啦"），然后加上一个身体动作，比如拍手。

在一开始，老师带领这个练习，我们跟着做。然后，老师转向我："你当带领者。选一个不一样的声音。用同一个节奏。选一个不一样的动作。"所以，我选了一个声音模式是"叭叭叭"，做了一个抱婴儿的动作。大家都模仿我。下一个人选了"咯咯咯"，换了一个新动作。老师站出圈外，给我们每个人回馈。"不对，杰弗瑞，"她说，"你的动作摇摆不够。仔细看着带领者并且模仿她。这不是'哥哥'，是大声的'咯咯咯'。"

然后，出乎我意料，这个练习结束之后，我们直接进行下一个练习。没有任何讨论。没有讨论分享一下刚刚发生的事，也没有做任何分析。当对于后续讨论的期待没有获得满足时，我感到非常困惑。"等一下。"我安静地抗议，"我们不是应该要分析一下这个部分吗？把这个经验当中的意义萃取出来吗？"

我是一个"碎纸机"，给我些东西，我就能够分解它，把粗糠从细麦里分辨出来。个案会告诉我一些东西，然后我会分解他们告诉我的事情。我把个案告诉我的东西分解成一小片一小片的，然后把这些元素回馈给个案。我对于反刍很有经验：咀嚼个案给的讯息，消化吸收，然后用一种愉悦的形式回馈给个案。

但是在这堂表演课里，我们没有解析。我没有办法自动咀嚼、消化、反刍。突然，我必须思考：“这是什么？我在学习什么？这里到底在教什么技巧？要表演戏剧需要什么样的技巧和状态？”表演有个重要的技巧是咬字清晰。要做任何舞台演出，演员必须咬字清晰。我回想起老师对于我不到位的模仿所给的回馈就是：“不对，杰弗瑞。这不是‘哥哥’，是大声的‘咯咯咯’。”原来我在学习咬字清晰。

更进一步说，舞台演员通常需要表现夸张的动作，不是细微动作。身为一个治疗师，这个元素就像来自外星球，非常陌生。当在做治疗时，我总是坐着，尽可能地控制身体动作越小越好。突然间，我被要求用姿势来产生效果。直到今日，当做治疗时，我已经可以轻易运用夸张的姿势。

我从表演课学到的最后一件事是认识到模仿的重要性。要表演，一定要模仿。如果你要扮演一个角色，假设是出租车司机，必须要观察出租车司机，并且模仿他们所做的事情。或许你被要求扮演一名医师，要演好这个角色，最好是观察一名真实的医师，模仿他的一言一行。

我从表演课得到的这三个技巧——咬字清晰、夸张的动作，以及模仿——在表演课里很重要，但是老师从来不会直接提及这三点。她不是一开始上课就先讲解这三个技巧。相反，我们一开始就做练习，然后慢慢就了解，一旦我们站上舞台，就需要咬字清晰，运用夸张的动作和模仿。在表演课堂上，我们无缝接轨地进入想要的状态，而跳过意识理解的运作过程。

在第一堂课的练习之后，我们又有许多即兴演出的练习。有些练习，包括发声练习，就像是暖身练习一般。其他的练习，包括场景，会诱发特定的演出状态。这绝不是我惯常接受的学习方式。这比较像是第一次学骑自行车——坐上坐垫、踏上脚踏垫、脚向后推，然后希望这一切都很自然。最神奇的地方是，最终所有事情都会顺其自然发生。

你不会用你的左脑学习骑自行车。研究骑自行车的物理原则和原理并不会帮助你骑自行车。学习骑自行车是一种身体经验。为了学会骑自行车，你首先要在自行车上试着保持平衡，发展出一种隐藏的觉知，感受你身体的移动会影响你要去的方向，以及自行车的稳定性。你尝试了，然后你跌倒，然后你继续尝试。一段时间后，你就学会了。通过身体学习，然后你“掌握诀窍”了。还记得当你突然学会骑自行车时，那个“啊哈”的美妙时刻吗？当时你只是很简单地骑着自行车。我觉得治疗师应该把那个“啊哈”时刻的感觉深植在个案心里。同时，心理治疗的培训也应该把这种感觉深植在学生身上。把某个东西变成身体记忆，这是一种体验性历程。

心理治疗培训手册

心理治疗更多的是主观的，而不是客观的，整个过程受到治疗师状态的影响。因此，心理治疗经常倾向于拥有较高独特性。治疗师的状态投射到治疗情境里，建构出治疗核心部分。一个倾向于教条原则的治疗师会加重教导模式，而一个经验式治疗师会着重于运用这本书的原则作为治疗核心，以此延伸。

治疗师应该发展出他们的状态 / 风格 / 自我 / 学派 / 存在意义，而一个系统化、体验性的训练课程不仅是有帮助的，还是最重要的。所有治疗师都应该增进专业训练来诱发核心状态。

当我蜕变成一个老师时，我在自己的教导上加了一个核心元素：体验性状态。这主要是艾瑞克森的状态，但是这个规模和运用是更宽广的。因此，我发展出了心理治疗培训系统，作为基本教材来发展人类多元化专长的不同状态。这是检视组成一种专业能力的各种元素，然后创造练习来诱发这些元素成为一种状态。

在心理治疗培训系统里，主要有两种类型的练习：（1）暖身练习，许多心理治疗学派都会使用；（2）心理治疗培训练习，是为艾瑞克森学派发展状态量身定制的。

以下列出一些练习方法。

暖身练习

暖身练习是团体一起做的。大家围个圆圈坐着，一个学员当作投手，一个学员当作捕手。投手要对捕手揭露一个带有特殊情感的个人秘密，同时身体动作是正常的。然而，不是用口语来沟通，投手只能用嘴形来沟通，或是发出一个特定的声音，像是“吧吧吧”来沟通。投手会用他正常讲话时候所使用的动作姿势及非语言表达。禁止使用夸张的肢体语言。

团体成员要体验一下特殊状态“经验性评估”，以及“经验性同理心”。对于投手所说秘密的反应，捕手要持续让身体移动，允许自己跟接收到的情绪频率共振。捕手要关闭头脑的分析功能，允许自己的身体去感觉和表达投手所要传达的情绪。

我们想象一下，把两只音叉相对地放在一个传导的平面上。如果其中一只音叉被敲响了，另一只音叉也会以一种较小的频率跟着同频共鸣。同样，每个接收者，也就是捕手，也要让自己的身体跟着同频共振，反映出投手在说秘密时的情绪感觉。当投手讲完了，捕手保持在最后一个姿势里，这时投手和其他成员可以检视分辨一下这个秘密是如何被传递的，以及当中是否有些差异。

为什么要做暖身练习？因为治疗师可以通过觉察自己的身体反应和自

身经验去了解个案的情绪状态。如果治疗师发现自己整个陷入沙发里，这可能是对个案的抑郁情绪产生相对应反应。大多数治疗师在专业领域的早期都学会了用语言表达对个案的同理心。经验性的评估可以是治疗师的进阶状态。

暖身练习也是用来刺激敞开的、合作的、玩耍的氛围，为治疗师进行之后的心理治疗培训练习做好准备。

我们要反思一下，这个暖身练习在治疗过程中可以如何运用，如何作为一个经验性元素加入？

治疗里可用的暖身练习

心理治疗培训练习的运用并不局限于提升治疗师本身的状态，也可以用来创造临床疗效帮助个案。比如，前面提到的暖身练习可以用来帮助一个退化、无法分辨别人感觉的个案。练习可以用在个人、团体或是家庭里。一个人可以用不发出声音的方式“表达”一个情绪的故事。其他人观察之后可以在生理上认出，或是清楚表达那种情绪，借而提升辨识情绪的能力。

这个暖身练习也可以当作功课。比如，一个疏离的情绪冻结家庭可以做这个练习，在晚餐时轮流扮演投手和捕手的角色，或是用音符“啦啦啦”来分享沟通，这样会创造出好玩的状态。

这个暖身练习也可以在小朋友的团体里进行。我们给其中一个小朋友提示，让他演出一种情绪，像是沮丧或生气，而只能用声音或是音符“咯咯咯”来表达。其他成员来猜猜这个小朋友在表达什么。这个过程可以帮助小朋友发展同理心能力。这个练习可以用来作为治疗师督导培训的一部分，尤其是在训练新手治疗师时。

这类暖身练习是要帮助人们体验并获得同理心的状态。要学习同理心，最好的方法就是通过经验学习。我们可以通过状态而不是技巧达到目的，就好像我们无法坐在沙滩上就学会游泳，无法只是阅读食谱就学会煮菜一样。同理可证，同理心是通过实际体验学习到的，只有不断练习才会让我们进步。

以下是暖身练习一，我的书《治疗师培训手册》中也有这个练习。

暖身练习一

治疗师要发展的状态：同理心（同频共振）和经验性评估的资源状态。

形式：五至八个学员。

角色：一个投手（表达者），其他人是捕手（接收者）。

方法：投手用四五句话来表达一个个人情绪和私人秘密，但是只动嘴巴不发出声音，身体动作正常，姿势正常，表情正常。投手不能像演哑剧一样动作夸张。他嘴巴在动，就像正常说话，但是不发出声音。这个秘密可以是负面的，像是某件非常羞愧的事，也可以是正面的，像是一种深刻的亲密感觉。这个秘密必须要带有强烈的情绪反应。

捕手们很专注，允许他们的身体带着同理心共振着投手的情绪。捕手们要保持身体流动，持续移动着，用自身的直觉反应来回馈投手的情绪。捕手们要克制自己，不要过度用头脑来分析是什么样的情绪。捕手们的身体可以无缝接轨地呈现投手的感觉姿势。这个情绪的同理心评估是通过捕手们的相对反应、身体姿势呈现的。

捕手们不需要直接看着投手的表情动作。他们运用间接眼神接触或是眼角余光就行，可以看着投手的膝盖或是地板，或是用一种较温柔的眼光。当投手讲完了他的秘密后，捕手们就立马冻结，变成雕像。捕手们要保持他们的特色雕像姿势，投手可以好好检视每个捕手的同理心呈现雕像。团体成员也可以彼此观看，参考一下别人是如何同频共振的，但是只是稍微看一下，捕手们的最后姿势要撑久一点。捕手们不可以讨论秘密背后的情绪是什么。

然后换一个人当投手，讲一个秘密，然后捕手们跟着投手的情绪同频共振。在换到另一个人当投手之前，最好大家一起伸展身体活动一下，或是在教室里走动一下，把之前的感觉抖掉。

练习变化：

（1）说一个情绪故事，而不是秘密。

（2）两两一组做练习。

（3）用乱语的方式说秘密，而不是动嘴唇。

（4）用音符的方式说秘密，像是“叭叭叭”“噜噜噜”“哩哩哩”。

（5）捕手们可以猜情绪，用一个词命名。

（6）捕手们可以稍微模仿一下投手的动作，用来分辨深层的情绪是什么。为了避免投手感到不自在，可以用三种方式：

①在练习开始之前，带领者教导镜像动作的原则。

②在镜像模仿过程中比投手慢一秒钟反应。

③运用大概的动作来模糊化镜像动作（如果投手做一个打开双手的动作，捕手们也要稍微打开他们的双手）。

（7）在整个练习都做完之后，每个人分享一下自己的同理心同频状态。“我知道我有达到同理心同频，因为……”“我知道我自己有同频，当我……”

目的：发展一个隐藏的情绪共振/同理心同频状态。发展一种经验性的同理心。

态度：保持一颗玩耍、合作、不批判的心和态度。

暖身练习二

两个人一组，一个人扮演投手，一个人扮演捕手。

投手要对捕手说几个赞美，捕手要对投手说的称赞打折扣，同时表现出敌对的样子，可能是双手交叉在胸前，或是刻意不看对方，甚至是沉默地对于投手说的称赞不认同。当捕手进入防备心很重的状态时，投手问捕手："你是通过哪些特定的部分知道自己处于防备的状态的？"两个人都要聚焦在细微的改变上。

比如，如果捕手说："我知道我是处于防御状态，因为我双手交叉在胸前。"投手说："那请你松开你的双手一点。"如果捕手说："我知道我是防御的，因为我脑子里想着负面的念头。"投手可以说："那少想一点负面的东西。"投手持续地稀释捕手的负面反应，直到捕手再也无法保持防御的状态。

然后，投手和捕手角色互换。捕手对于投手的称赞嗤之以鼻，逐渐增加防备心。然后捕手的反应慢慢被化解，直到其再也无法保持防御状态。

对于治疗师而言，不费吹灰之力获取状态的这种特殊能力是很值得学习的。这个练习也可以运用在治疗的过程中，治疗师担任投手的角色，个案扮演捕手的角色。

治疗师可以问一个轻度抑郁的个案："具体来说，你如何知道你是抑郁的？"在个案回答之后，治疗师可以建议一个相反行为。比如，如果个案说："我知道我是抑郁的，因为我都没跟朋友联络了。"治疗师可以提供相反行为建议，说："你可以有个目标是这星期至少跟一个朋友联络。"如果这对个案来说是太困难的事，治疗师可以建议个案去观察快乐的人都在做什么，然后回来讨论观察心得。

在抑郁的案例上，如果个案听从治疗师的建议去做个跟抑郁相反的行为，或许在某个时间点，个案将无法继续保持其抑郁状态。因此，把问题（这里我们讲到的问题是抑郁）分解成小元素是至关重要的。

暖身练习也是心理治疗培训手册的入门款，心理治疗培训手册可以用来训练治疗师进入艾瑞克森学派的状态。

心理治疗培训练习

心理治疗培训练习是用来帮助治疗师发展艾瑞克森学派的独特状态，即引导导向，而不是告知讯息。间接技巧是一种存在于引导导向状态里的明显特质。

心理治疗培训练习一

两人一组，一个投手，一个捕手。

捕手观察投手的言行举止一两分钟，然后写下五个是非题的问题。捕手要写下异想天开的问题。比如，如果投手是精心打扮注重穿着的人，捕手不要问："你喜欢你的衣服上面有饭粒吗？"或是"你喜欢花时间在穿着打扮上吗？"捕手可以问："你喜欢经典电影吗？"这个问题的答案对于捕手来说可能是模棱两可的。

投手回答问题的方式不是直接说"是"或"不是"，而是通过说故事引导导向答案的方式回答。投手应该用一种缓慢、一成不变、没有明显动作的方式说话。这个故事应该是简短而简单的。比如，投手可以讲一两分钟他跟朋友走路去看电影的经过。这个故事隐藏着一个暗示，投手对于经典电影有个感觉：喜欢、不喜欢，或是有时候喜欢。不能使用肢体的暗示。

捕手要运用自身经验来感受投手，而不是通过头脑分析。投手要小心谨慎地观察捕手身体的细微反应。如果捕手点了头或是摇了头，身体暗示了“是”或“不是”，投手就可以接受那个答案，而停止继续说故事。如果捕手是耸肩或是头歪向一边，就表示捕手可能感觉投手的答案是有时候喜欢经典电影。捕手的身体反应，有时候可能是距离感的改变：身体靠近一点或是远离一点。一旦投手收到捕手呈现一个反应——“是”或“不是”，或“有时候”，这时两人就可以继续下一个问题。

投手和捕手不用讨论问题的正确答案是什么，也不用讨论捕手理解答案的方式是什么。正确答案在这练习里不重要。两人应该讨论他们自身在练习时各自的状态。捕手可以分享从故事中撷取意义是什么感觉，进入一个“拆礼物”的状态是什么感觉。投手可以讨论运用故事来包装答案，那个引导导向的感觉和状态是什么。

这时，我们可以运用暖身练习二，得到并驾驭一种能力行云流水地进入状态和离开状态。投手和捕手两人可以互相回馈。比如，捕手可以回馈说：“当你说故事来礼物包装答案时，你身体姿势很放松。”投手可以回馈说：“当你听着我说故事试着要拆礼物时，你身体稍微倾向我，就好像你想要更加专注聆听。”

就像许多的心理治疗培训练习一样，这个练习是用来发展核心状态的。对于投手，训练引导导向的状态；对于捕手，训练“拆礼物”的同频共振状态。我们只能通过经验及垂直式的方法来学到这些状态，就跟我们学习游泳或是骑自行车的方式一样。

或许间接沟通是一种技巧，但是引导导向是治疗师可以获取的一种状态，就像慈悲和同理心。通过练习，我们可以轻而易举地取得这些状态，全然地发展这些状态。一旦治疗师学会特定的印记用来进入特定状态，这些印记可以在治疗过程中派上用场，帮助治疗师进入特定状态。

心理治疗培训练习过程与健身运动很类似，我们可以训练特定肌肉群并发展锻炼特定肌肉。在这个练习中，禁止使用言语和肢体来直接沟通给答案。所以我们可以发挥潜力，就像在治疗弱视的人，眼科医师通常会把好的那只眼睛遮起来，迫使弱视的人去发展那只弱视的眼睛。同时，在这个练习中，投手对问题的实际答案并不重要。原因是我们希望练习的双方聚焦在进入特定状态上。我们要训练的状态是引导导向，以及拆礼物状态。

心理治疗培训练习二

这个练习有点不一样，需要角色互换。

第一次，投手在开始时描述一个想象的物件，像是网球拍。这个描述要反映出一种负面情绪，比如，罪恶感、生气或是恐惧。投手要在描述之前就先想好负面情绪是什么，但是不说出来。同时，投手在描述的过程中不可以变换情绪。投手最好不是直接表达情绪，而是引导导向负面情绪，并且要限制姿势和语气的起伏变化。

捕手进入一个直觉评估的状态，分辨投射的情绪，然后把那种情绪用最细微的线索镜像反馈给投手。比如，捕手可能做了个细微的怪表情来表达恐惧，比如皱起眉头表示生气。投手持续物件描述，直到捕手分辨出那种情绪并做出细微反馈；“正确的答案”在这练习里并不重要。

第二次，再描述另一个物件。比如，一个杯子，装半杯水；一种正向情绪，像是快乐或兴奋，由投手投出一颗好球。第三次，网球拍可能被用来描述正向情绪。第四次，一杯半满的水可以用来描述负面情绪。

在练习的最后，双方分享一下各自所处的状态。

投手和捕手不用核对答案——哪种情绪在哪个描述里。我们的目的是诱发状态：引导导向状态和同频共振状态（拆礼物）。捕手是否猜对包装在描述里的情绪一点都不重要。

描述一个状态是困难的，但是很重要。同时，每个人都会有独特的表达方式。比如，如何描述好奇的状态？你可能会说："我知道我很好奇，因为我身体向前倾，我的手托着我的脸，我眼角上扬，我有一种兴奋和期待的感觉。我等着看接下来会发生什么，然后我想着，'这真是太棒了'！"

要进一步了解这两个练习的目的，我们可以看一下艾瑞克森的"多重沟通技巧"（Erickson，1966）。一个案例中讲到艾瑞克森跟一个身体疼痛的个案工作，个案是一个种花的花农，艾瑞克森跟个案讲到番茄如何成长，在描述的过程中通过多重沟通植入舒服的暗示。在另一个案例里，艾瑞克森跟一个厌食症患者说故事，植入饥饿的暗示建议，同时也诱发一连串的情绪。

我们假设这个多重沟通技巧很重要。在训练治疗师使用多重沟通技巧时，我们可以把它分解成技术上的小元素。比如，间接沟通模式里有些元素是我们可以教导的，像是真实句和预设立场句。我也教导治疗师如何改变自己声音的语调和方向来标记出暗示建议。另外，我也教导这个多重沟通技巧，其实它是更大经验性方法的一部分——引导导向的经验性状态。这两个练习可以用来获取这种状态，在这种情况下，多重沟通技巧变成治疗师所处状态的附加价值。

练习一的目标是投手引导导向一个想法（是、不是、有时候）。在练习二，投手引导导向一种情绪。多重沟通技巧是奠基于引导导向一种想法、情绪或是行为。最终，潜意识的联想诱发正向行为，通过一种我们称为意动效应的现象产生，也就是说，联想刺激了行为的改变。在多重沟通技巧里，个案被引导进入同频共振的状态，以及拆礼物的状态。

体验性的评估对于催眠是很重要的。事实上，催眠（hypnosis）不见得要定义为催眠状态（trance）；催眠可以被定义为体验性同频共振的状态。催眠建议可以被看作是引导联想。在艾瑞克森治疗学派里，联想不是运用在分析上，而是用来诱发和顺势而为的。

就像进行身体锻炼一样，我们也应该经常进行心理治疗训练。

这些年里，我同时教导技巧性方法及经验性状态，但是最近我更倾向于教导经验性状态。我甚至会在练习之前与之后带团体催眠以加深巩固体验性学习的状态。

引导导向是一个根本的疗愈状态。艾瑞克森学派的其他运用状态包括发展敏感度、沟通进而产生疗效，以及顺势而为。请记得，我描述的这些概念是状态，而不是技巧。我的目的是帮助治疗师在治疗舞台上轻而易举地获取所需状态。

敏锐度练习

在心理治疗培训手册里，敏锐度练习种类比其他练习多很多，因为治疗师发展他们的滤镜，或是看事情的角度是很重要的。敏锐度有几个次状态，包括视觉注意力、听觉注意力、专注力、模式的侦测、从细微线索观察、注意到可疑的缺乏。每个次状态都有相对应的特定练习。

以下就是其中一个用来训练视觉感知敏锐度的练习。两个人一组，一个投手，一个捕手，面对面。捕手要“记住”投手的样貌，然后闭上眼睛。投手接着做三个身体上的改变。比如，把手表拿掉、改变项链的位置，或是解开一颗纽扣。接着捕手睁开眼睛，指认出那些改变。接下来的分享讨论，聚焦在辨识出视觉注意力状态上。

另一个练习是用来强化感知模式。在这个练习里，团体中的一个成员，最好他的母语是外国话，用母语讲两个短故事，其中一个是真实故事，另一个是带有强烈情绪的假故事（运用学员不熟悉的语言，会让学员聚焦在肢体动作上，而不是说话内容里）。团体学员聚焦在分辨线索，说故事的人在说谎模式时有什么蛛丝马迹可循。团体成员辨识出模式状态。再次强调，正确答案不重要，重点在于达到我们想要的状态。

还有个练习是奠基于推论的状态，两个学员运用最细微的线索，对彼此做推论。比如，其中一人可能说："你不喜欢拥挤的人群。"或是："你花很多时间在户外活动上。"

在每次练习之后，学员要讨论一下如何获取并发展一个健全的敏锐度状态。我们也可以给个案做类似的练习。比如，对于一个抑郁个案，我们可以提供一个外在觉察的刺激，相反于内在的抑郁压力，从而中断抑郁状态，诱发一个外在的正向状态。我们可以给抑郁个案一个功课，看着天上的云朵然后想象动物、人脸或物件（这称为空想性视错觉，pareidolia），就好像我们小时候会做的事一样。

同样，这类练习也可以在家庭里做。当我女儿妮可还是个青少年时，我和她会在餐厅里玩一个游戏。当我们在餐厅坐下来后，我会闭上眼睛，她会在桌子上做三个改变，比如，重新摆放盐罐和胡椒罐等。然后我睁开眼睛，去找出她做的改变。然后，我们角色交换。

我曾经问一个神经解剖研究员，如果我们做这样的练习够久之后，大脑是否会有些改变。我永远都记得他怎么回答我的，他说："我几乎百分百肯定，因为最终，你的心智创造你的大脑。"

为了效果而沟通的练习

我发展出的很多沟通练习，都是为了产生效果而进行的沟通。在某个心理治疗培训练习里，我让学员用乱语来做催眠。这样做的目的是为了理解，状态可以通过非语言和平行语言的方式诱发，不是只有通过文字。

在另一个练习里，我让学员通过重复一个词来做催眠。接着另一个练习，我让学员重复一句话来做催眠。在重复述说时，学员必须在音调、速度、姿势、发声位置等地方有变化。做过这类练习的治疗师都感觉十分受用，非语言方法的经验性学习可以诱发状态的改变。再次强调，我们聚焦在发展治疗师的状态，而不是技巧的熟练。技巧的熟练可以通过状态衍伸出来。然而在传统培训里，技巧学习优先，然后才学习如何获取状态。

顺势而为练习

在心理治疗培训手册里，聚焦在顺势而为的练习主要是以催眠做基础，因为这个方法是艾瑞克森学派的重要心法。

其中一个练习是三人一组，一个催眠师，一个个案，一个教练。催眠师在个案身上做催眠，然后教练间歇性地放入一些干扰，这些干扰有一系列清单，包括不同的声音、房间里的物件，以及各种情绪。在教练产生干扰之后，催眠师要把这些干扰一个个加入到催眠的过程中，顺势而为地运用这些干扰来强化催眠目标，比如专注力和解离。

技巧的熟练不是重点，这个练习的重点在于给个案提供一个机会体验，并让治疗师进入一种顺势而为的状态。一旦治疗师成功地进入顺势而为的状态，在未来治疗过程需要时就可以派上用场。

总 结

在我蜕变成为一个治疗师或老师的这个阶段，我区分出来技巧上的方法及治疗师的状态。在很多治疗学派，理论和技巧练习是起始点，用教条式方法传授。然而，我坚持一点，提供治疗更重要的是治疗师的状态（以及个案的状态），而不是技巧。因此，在我教授训练时，状态优先于技巧。

每个治疗学派都有大量的研究、理论和文献，学生可以通过头脑的理解来增进技巧的熟练。然而，强调教条式的训练方式可能会导致治疗师朝着无效的方向前进。治疗的主要目标是帮助个案增强自信心、攻克难关、变得更好、担负自己的责任，并且使个案最终能够疗愈自己。个案如果要达到这些目标，就要通过经验性的方式体会。因此，如果我们认定治疗计划是经验式的计划，那治疗师的培训就应该通过系统性、经验性的方式来教导。

这个概念就像禅宗一样，心理治疗的培训可以优先聚焦在经验上。知识的学习是有别于经验上的学习的。

我以艾瑞克森为榜样，试着去区分技巧和经验性的状态。心理治疗培训是我毕生心血，是一个用来发展系统性、经验式状态学习的培训项目。

我希望这个模式可以有更宽广的运用，而不仅仅是呈现艾瑞克森的概念。如果我们可以创造一个心理治疗培训项目，用来向各个治疗学派的大师们学习——阿朗·贝克（Aaron Beck）、欧托·克恩伯格（Otto Kernberg）、詹姆斯·马斯特森（James Masterson）、维尼吉亚·萨提亚、萨尔瓦多·米纽庆（Salvador Minuchin），那就太棒了。更进一步说，这个模式可以延伸到其他领域，比如亲子教育和其他教育。一个好老师的经验式状态是什么？一个好父母的经验式状态是什么？怎样的练习可以教导这些状态？

这个模式也可以运用在个案身上。运用经验式练习，治疗师可以帮助抑郁个案发展外向觉察的状态，外表散发光芒，并引导导向一个目标。一个类似的模式也可以用来提升个案的自信心。把目标分解成小元素，帮每个小元素设计适当的经验式练习。目标是诱发一个系统上的小远足，然后进入冒险的体验性国度里。

我们需要不断进行这些心理治疗培训。有个笑话是这样说的，有个人在旧城区迷路了，他在一个陌生的地域感到惊慌失措。终于，他看到有个人背着一把小提琴向他走过来。他走近这个音乐家，问："先生，不好意思，我有点迷失了。我在一个全新地方。我找不到方向。你可以告诉我怎样去国家音乐厅吗？"这个小提琴家回答说："练习、练习，再不断练习。"

回顾，本章列出的原则：

- 治疗师所处的状态是千变万化治疗技巧之母。

第十二章

CHAPTER TWELVE

经验式治疗的临床案例

让我们用一个餐厅菜单做比喻，催眠在这个过程中是甜点，不是主菜。催眠的作用是强化治疗的效果。

本章里所提的两个案例是示范治疗，一个是二十年前的案例，一个是最近的。第一个案例是在 1995 年的心理治疗演化大会（Evolution of Psychotherapy）上的示范案例。这个案例名称叫作“引导联想”。整个过程有字幕，同时加上我的解说。这是我早期做经验式疗法的例子，同时也反映了我当时不成熟的视觉运用技巧，像是运用姿势来沟通概念。这同时也是一个运用挑战及策略性步骤来做治疗的案例。

第二个案例发生在 2017 年某个督导班上，我在督导班里会治疗学生生活问题，也会督导学生如何做治疗，以及如何给予同侪督导。第二个案例是通过翻译协助的。

这两个案例用来作为醒觉体验学派的不同例子。这两个案例也可用来印证我在本书中所说的概念和原则。你们可以在这两个案例里找到目标设定的选择点、量身定制、礼物包装，以及策略性过程的创造。我惯用的元素组成状态的导向和顺势而为技巧在这两个案例中都很明显。

临床案例一

心理治疗演化大会

拉斯维加斯，内华达州，1995 年 12 月 13—17 日

这个示范案例发生在 1995 年的心理治疗演化大会上。我们在大会的大舞台上做治疗示范，整个心理治疗大会有七千多人参加。分会场的观众大概有一千人。安（Ann）是参与大会的成员之一，她自愿上台担任示范个案。在上台之前，安（不是真名）告诉我她有咬手指甲及撕裂指甲的坏习惯，然后她将要在维也纳的某个大会上发表演说。

杰（Jeff）：好的，安，你自愿上台，因为你想要戒除某个坏习惯，而现在你在台上把这个问题藏得很好。请你告诉我，你想要达成什么目标？

安坐着将手藏在大腿下。

安：我不确定我想要达成什么目标，但我知道我明年要在一个大会上发表演说，这让我很紧张。

杰：是在海外的某个大会？

安：是的，这件事本身就让我很紧张。我总是躲起来。我对我的指甲感到羞愧，这是一个坏习惯。我尝试多年想要戒掉这个坏习惯。这对我是很大的障碍，我试图要解决这个问题，但我现在真不知道该怎么做。

杰：你之前怎么处理这个问题？你有接受心理治疗吗？

了解安过去的治疗经验，这会避免我重蹈覆辙。

安：我尝试过一些EMDR眼动减敏疗法。我接受治疗很多年了。我也尝试过一些完形治疗法。现在这个问题算是成就我“完整且正常”人生的最后一个障碍。

杰：那你现在问题很严重了。因为如果你治好了这个问题，你的人生就找不到借口有其他问题了。

安：是的。

杰：这样你将会困在幸福快乐的日子里一辈子了。

我试图用幽默来减轻我们两人都感受到的那种紧张，但我的幽默听起来变得很冷，并不好笑。

安：（笑了）是的，然后我就可以很积极正向，帮助很多人。

杰：然而，你的直觉是你要继续保持这个问题。

安：这真的很困扰我。这就像是阻碍我前进的最后一道墙。我快被逼疯了。我想着，“我还继续生活在我妈的阴影之下，或是我根本不想放下对我妈的投射”。

杰：这话怎么说？

安：就好像，我可以折磨我自己。我可以用这件事把自己逼疯，让自己羞愧到无地自容，同时又感到十分害怕。这让我无时无刻不感到羞耻。

杰：你长大之后留指甲最长一次是什么时候？

我假设安在成年之后曾经成功地留过长指甲。

安：我记不得了——或许是两年前。我也不记得当时发生了什么事。

杰：当时你有成功留过长指甲。

安：当时我感觉很正常，就像一般女士。

杰：当时你保持正常的样貌多久？

安：大概两三年。在我人生不同时期我会留长指甲。

杰：让我们换个角度来看，如果我们说你从这个习惯里得到某些内在的满足……

了解一个人从坏习惯当中所获得的“满足快乐”，或许可以产生一些解决方案。比如，我们有可能通过自我催眠产生同样的快乐。

安：完全没快乐。

杰：完全没快乐？我们假设说有。那这个快乐是什么？你会怎样产生这个快乐？你过去是怎样咬指甲的？

了解一个人如何保持问题模式 / 习惯，可以帮助我们找到解答。比如，有可能我们破坏模式 / 习惯，通过修正模式里的某个小步骤而达到疗效。

安：就像这样（她在台上示范咬指甲），然后撕裂它们。

杰：把它们撕裂，而不是用咬的？

安：有时候是撕裂，有时候用咬的。

杰：做这件事的快乐是什么？

安：我想是我的焦虑。我有巨大的恐惧，就像是潜意识里的急湍猛浪。

杰：所以一部分的你觉得，咬指甲这件事可以缓和一下那个急湍猛浪。

我把她的症状最小化，而她是把问题戏剧化。

安：这真的是一个急湍猛浪。它不是一条平缓的小河，它很凶猛地流动着。我努力地克制自己，尽管其他人看不到，但我自己知道。

杰：那你感觉机械式地撕裂指甲这件事有任何快乐成分在其中吗？

安：我觉得没有。可能撕裂本身会让我感觉很好。我想把很多人都撕裂，但这是不对的。

杰：此话怎说？

安：对人苛刻是不好的，我必须要当个好人。不是说我一定要当好人，而是说我想当好人。我喜欢当好人，我喜欢人们。事实上，我爱与人相处……所以我内在想要把人撕裂这个部分是不好的。

杰：好的，你提到在维也纳的演说（在她上台之前跟我说的）。为什么这个演说这么重要？你何时要去演说？

安：明年七月。

杰：这给你很充足的时间。为什么在演说之前把这个问题处理好很重要？

安：我现在感觉非常恐慌。

杰：你把恐慌隐藏得很好，如果不是你跟我说，我也看不出来你恐慌。

安：治疗这个问题对于我来说是一种全然的胜利……我发现我是从第二次世界大战时开始咬指甲，当时我们被迫离开欧洲。我是犹太人大屠杀的幸存者。在德军开始投弹时，我发现自己开始咬指甲，有很多的恐惧。我去年又重新经历了那样的恐惧，从去年起我的咬指甲问题就再度失控了。

杰：你说重新经验是什么意思?

安：我去了荷兰，参观了安妮·弗兰克之家（Anne Frank Museum）（纪念犹太人受害者的博物馆）。当天下午我去了库肯霍夫植物园（Keukenhof Gardens）然后……（安松开了她的围巾）

糟糕。我以为这是一个简单的习惯——突然间这变成一个复杂的大创伤。

杰：让你自己舒服一点，这样很好。

安：他们偷了我的护照、机票和钱。我无法找回这些东西，我整个人掉进焦虑恐慌里，再次体验了年轻时面对世界大战的恐怖。我再次啜泣和颤抖。我体会到父母曾经有过的恐怖时代，他们经历过一切艰难，千辛万苦才拿到护照逃了出来。然后回到明年要去维也纳这件事，维也纳附近的奥斯维辛集中营（Auschwitz）是我家人曾经待过的纳粹集中营，所有这些事情加在一起，如果我能够不咬指甲，就好像我征服了，征服了某件事，征服这个念头浮现在我脑海中。如果我不克服它，我就失败了，我不知道自己会变得怎样……我可能最终会掉进集中营里，或是掉进像集中营一样的地方。

杰：好的，我有种解药给你。

安：你想叫我不要去，是吧?

杰：不是的。我有一种绝对的解药——这种解药绝对有效，保证你不会想要撕裂自己的指甲。

大胆地提供一种绝对有效的解药，同时又卖关子不讲出内容，是一种制造戏剧化效果的方法。

安：听起来很棒。

杰：我很快会告诉你解药是什么。首先，根据我所听到的，共有三个部分。因为你如此聪明又有非凡的洞察力，我们直接讲一下这三部分吧。第一件事是有个潜意识的急湍猛流，你一辈子都在处理它。

安：是的，我总是有这个急湍猛流。

杰：这是我们可以处理的一件事。还有一部分是你撕裂指甲。这也是我们可以处理的一件事。然后还有一部分是你总是有强烈的情绪。这也是我们可以处理的一件事。

安：听起来很棒。

杰：然而，三部分里面的两部分——潜意识的急湍猛流和强烈情绪——好像在你脑中跟咬指甲这件事绑在一起？

安：是的，这种感觉很强烈。

杰：什么感觉很强烈？

安：不论我感觉到什么，总是很强烈的情绪，所以我控制强烈情绪的一个方式是咬指甲。

杰：我觉得现在我们处于一个强烈情绪的情境中，你现在在做什么呢？这是一个不寻常，甚至很尴尬的情境。你是如何控制这些强烈的情绪感觉的？

在这时候，我把治疗带到当下，提醒她其实有很多策略来控制她的强烈情绪，只是她自己并没有意识到这些。

安：事实上，我在我们的外围放了一个大泡泡。

杰：嗯嗯，在我们的周遭。

安：一个小房间……除了你和我之外，没有人在这里。这样很好，我很喜欢。

杰：你真是太聪明了。

安：就好像我们待在一个小小圣所里。

杰：我想要更加深入地探讨这些内容，这些从第二次世界大战遗留下来的东西，当一个聪明的小女孩不知道如何面对当时的巨大强烈创伤，她让自己发明出一种撕裂指甲的方法。然后，她把这个点子带进成年生活里。

在这个时刻，我发现了她的问题潜在的一个正向意图。

安：然而这个点子已经过时了。这就是问题的所在，这是一个全然过时的点子。这真是太困扰我了。

杰：它是一个过时的东西。但是，感谢你有这么一个过时的问题。如果不是个案带来这些过时的问题，我们可能也要失去工作了。

再次，我运用幽默来降低她的紧张并且把问题“一般化”。

安：你说得对。没错。但这仍然是一个障碍啊，是我人生当中很大的障碍。

杰：是一个障碍，让你不得不把你的手压在大腿下，呈现一种诡异的姿势。

安：……我总是要藏起来，就好像某部分的我总是要隐藏起来。

我经常这样做。

杰：你觉得你应该怎样克服这种情况？你想要慢慢地解决撕裂指甲这个问题？还是快速突然地解决它？

我准备了一个“道具”让安在台上使用，我需要她慢慢地解决问题。同时，我也在话里预设了她将会解决这个问题。

安：快速地，我想要把这问题立刻放下——就好像我即刻进入一个新系统。

杰：这会让你感到很棒。

安：喔，像天堂一样，就像置身天堂一般。

杰：或许就像某些事情，如果你慢慢解决也是没问题的。或许举另一个习惯上的例子，就像是吃太多的问题——如果你现在吃太多（做一个手臂延伸吃很多东西的动作），你最终会付出代价，但是，是一段时间之后才会付出代价。你没有立即付出代价，因为你有机会得到立即的奖赏：吃太多的满足感。但之后当你看着镜子时，你会付出代价，或是你隔天要穿衣服时穿不下，或是一周之后你付出代价。这个习惯很难戒除，因为这个习惯的代价与问题本身是分离的。

现在，我把另一个道具放在台上。为了绝对有效的解药，我需要她对于问题所要“付出的代价”有不一样的看法。同时，我们会看到，我在替未来治疗“种下种子”。

安：我过去也有这样的问题。

杰：我想这对你来说也是有意义的，因为这样做可以让你立即从那个潜意识急喘中得到舒缓效果。但你最终还是要付出代价的。

安：是的。

杰：我会说这跟我之前提过的绝对有效的解药是环环相扣的。有件我们可以做的事是改变距离（用手势表达距离），这对于撕裂指甲所要付出的代价会比较合理。我在想的事情是：有几种方法可以修正行为。你可以通过奖励、惩罚、忽视、不过度强化等方式来修正行为。随着时间过去，这个问题不知为何已经变得坚不可摧。它已经僵固了，就像是颗钻石，变得非常坚硬。如果我们运用一点技巧，在对的镜面上戳一下（右手手指戳在左手僵固的指甲上），问题就可以被突破，然后你就得到自由解脱。但在这之前，或许首先要改变的是你没耐心的习惯，因为你急着想要此时此刻立刻解决问题。

安：这将会美梦成真。

杰：我想要建议你的是，有些小事情可以帮助你一次改变一点点。在我们开始之前，我邀请你再次换个角度思考。让我们找到五个睿智的借口——适合你的——一次撕裂一个指甲，而且不只是撕裂指甲——这听起来很吓人吧？我开始向前倾，你开始向后退缩。找到五个借口才可以撕裂一个指甲，而且不仅仅是指甲，你还要把指甲皮也撕裂，是吧？当我之前看着它，这就好像你在做某事……

安：我在做的事是把它们往内挤压，所以它们可以长得更长一些。

杰：所以你在做的事是不让指甲产生组织，因为这样你的指甲可以有些棱线。

我想要她知道我了解她的问题，且观察仔细。

杰：所以你是否找到四五个睿智借口可以让你撕裂一个指甲？你

觉得脑袋瓜里是否有找到正当借口和理由？

通常我处理坏习惯的问题时，我发现给坏习惯一些适当借口，会导致这些借口的影响力降低。这会减少一个人再次使用坏习惯的机会。

安：不够。

杰：不够什么？

安：撕裂还不够。

杰：好的，还有其他借口吗？

安：我不知道你所谓的借口是什么？

杰：你会如何替你的坏习惯辩护？我是这么想的，你曾经有两年是自由的：有两年的时间你是淑女。你过去曾经克服过这个问题。然而，两年之后，你又失败了。

安：我日子过得太爽。

杰：好的，那“我日子过得太爽”可以作为一个撕裂指甲的借口吗？

安：喔，我了解你的意思了。

杰：我想确定你了解了……

安：我日子过得太爽。

杰：这个拿来当作借口可以吗？我们看一下这个借口的表面意义。

安：我不应该有这么好的生活。

杰：Keinehora？

我用了一个犹太人的说法，“keinehora”的意思是，厄运不会来。这是一个犹太人的迷信：如果有个人说了某件喜事，接着说“keinehora”就可以避免厄运随之而来。我想要面质安的迷信。我同时也想让她知道我是犹太人。这是我放在台上的另一个道具——一个我觉得必要的道具。

安：Keinehora——我的生活过太好。

杰：再给我一个借口。

安：这会阻碍我前进。这会把我压制下来。老天有眼，我不应该完全成功——百分之百成功。

杰：Keinehora。好的，还有呢？再给我一个借口。

安：老天有眼，我也不应该太性感或太有女人味。我妈如果知道的话会发疯。

杰：所以这是一个让你谦虚的方法，不要让你太卓越。

安：这是个好的转向思考，让我谦虚一点。哇！让我保持低下，保持谦虚。

杰：让我们很快速地尝试一下完形治疗法，因为你过去曾经做过完形治疗。我们可以把这部分外化出来表演一下吗？你觉得这可行吗？

安：嗯……（同意的语气）

杰：我们这里有多余的一张椅子，我们使用它。假设我们把你的指甲放在这椅子上，我们把撕裂者放在另一张椅子上，那是撕裂你指甲的部分。现在我想邀请你做个转换。过来这边，坐在这里，成为那个撕裂者，夸张地演一下撕裂者——我要把你撕裂，我要把你的指甲撕裂；我要让你保持谦虚（安坐到加害者的椅子上，然后把受害者的椅子拉近一点）。

完形治疗学派的名言是，如果某人觉得自己是受害者，那他可以扮演一下加害者的角色。最好的方法是把这个角色外化出来，所以个案可以经历真实的情绪。这样的方法会产生疗效。

杰：喔喔，你确定你要受害者这么靠近你？

安：是的，我想要她靠我很近。

杰：好的，那我们把她移近一点（把受害者的椅子拉近）。

安：我想要撕裂你。我绝对不准你在这世界里变大，也不准你变得重要，我会阻止你。你不准变得有女人味。我会把你撕毁，我会把你撕毁！

杰：好的，停下来，角色交换。坐回这张椅子，成为安的样子。给那个加害者反馈。

安：（大声地）你无法撕毁我！你做不到！我会尽全力反击你！

杰：当你说的时候，你可以加重力道吗？（安说话的时候是驼背的，我想要她更像一个“大人”，在她的面质里更有力量）

安：（转头看我）我想要打败这个部分（对着加害者椅子）。我想要跟你奋战到底，你无法击败我，你无法击倒我。

杰：再说一次，更大声些。

这个目的是诱发更坚定的感觉。

安：你无法打败我。你会一试再试，你会继续尝试，但你永远无法击败我。

杰：你的母语是什么？用母语说说看（为了增强效果）。

安：（讲了一些法语）我不知道该怎样说……

杰：你体会到这种感觉了，这很重要。回到这个位置上。

安：（安换到加害者椅子）我不会让你得逞。

杰：你的反应是什么？

安：……（用法语说了些话）

杰：用英文告诉我。你跟她说了什么？

安：你想要的你做不到。

杰："我会继续撕裂你。"我们一起来帮她吧，现在填空一下，"我将会继续地撕裂你，直到……"

这个创伤可能是在法国发生，所以用法语说话可以加强效果。

安：……（用法语说了些话）

杰：现在请试着用英文讲。

安：用英文很难。我会继续撕裂你，直到你放弃为止。

杰：再试一次。我会继续撕裂你，直到……看看还有什么会出现。

安：我会继续撕裂你，直到你……我不想讲那个字……直到你死掉。我会继续撕裂你，直到你完全死掉。

我当时试着要在撕裂者身上找到一个正向意图，或是重新架构一个描述，但我失败了。

杰：好的，现在回到这里，再次成为安。你对她这样讲的回应是什么？

安：（对着椅子）你永不放弃，你永不放弃。你不会赢的，你不可能赢的。你会继续试着要撕裂我，但你不会成功的。你总是让我如坐针毡。你总是要跟我斗，但是你不会赢的。

杰：你不可能赢的。这句话也可以用法语讲。

安：（法语）我不知道怎样用法语说"赢"这个字。

杰：（帮忙）"成功"。

安：……（用法语说“成功”）

杰：好的，安。现在请你过来，站在那边一下（我邀请安站在一个观察者的位置）。很好。现在请你进入安，身为治疗师的角色。然后，请你告诉我，你会怎样看这两个角色的能量分布。如果能量是100分，这个能量的分布是60/40，还是70/30，还是50/50？你会怎样配置这两个角色能量的分布？

问一个评分的问题，可以提供我们参考标准。

安：这一个没这么大声，那一个大声很多。

杰：请你给我一个数字的评分。你会怎样分配能量？

安：90/10（安指出90分是在那张加害者角色椅子上）。

杰：请你坐回这里（邀请安坐回受害者的椅子）。让我们移开加害者这个角色一会儿。

安：但是她现在真的逮到我了，因为能量是90/10。她就好像是卡斯特的最后一搏（Custer's last stand）（美国著名战争上校卡斯特错估敌军原住民的人数，但仍奋战到底，却因此全军覆没）。

杰：你会介意我把她移开吗？还是你要移开她？（安象征性地用手把加害者的椅子移开）你感觉到什么？当我听你说话的时候，我想到莎士比亚——这个部分是“慷慨激昂”。

我在这里的意图有两个，既是间接的暗示，也是“催眠后暗示”。同时我也在种下未来种子。莎士比亚的经典台词：“……这只是一个傻子说的故事，说得慷慨激昂，却毫无意义（A tale told by an idiot，full of sound and fury，signifying nothing）。”在未来，安可能会读到莎士比亚这段话，这就会再次启动疗效的产生。

安：慷慨激昂，因为她快要输了这场战役。

杰：嗯。是的……让我们思考一下——你和我，用一种创造性的方式，假设过了五个月，或五年，或其他时间，有百分之十进化了，突如其来地她就开窍了，成长为一个眼界宽阔的人。你觉得她会进化成为怎样的人？暂时，我们把她移开……

我这样说，是想要在负面投射里找到一些正向意义。

杰：你会看见未来的自己是怎样的人？运用你的创造力——你知道自己有一部分很有创造力，可以创造泡泡。你会看见怎样的自己——一个负面投射——进化成为一个正向模样？

这时，从观众席的麦克风传来一阵回音。

杰：（对着观众说）我们很高兴听到观众席传来一些正向回馈（观众都大笑了）。

安：就好像吹口哨（意指那阵麦克风回音）。关于慷慨激昂这件事，我有个有趣的幻想，我想到了一个游行。你知道的，就好像纽约第五大道的花车游行一样，在那样的花车游行里大家敲锣打鼓欢送我去维也纳。我将会在维也纳变身成为一个指挥家。

杰：变成一个指挥家。我喜欢这个点子。

安：在维也纳的指挥家。

我顺势而为地运用观众席的麦克风回音，把这个噪声变成一个正向的东西。安也同样顺势创造出一个游行的欢乐画面。

杰：为了让事情变得简短一点，要请你帮一下忙。告诉我，我的理解是否正确。当那个百分之十的撕裂出现时，可以告诉我们一声吗？我们可以说这算是一个预告。当那个百分之十的撕裂出现时，当你开始撕裂指甲时，就是一个讯号——她在那里了。

安：喔，绝对没问题。你说对了。我了解你的意思。

杰：然后，在那时的某个片刻，你会想要确保你的90%存在，然后她会蜕变成为一个厉害的指挥家。但是现在，很短暂地，我们可能需要某些东西的帮忙，避免一下子情绪就冲太高，就好像一个人造的温度计，可以避免你升温太快，一下子就“爆掉”了。再次回到那个，回到那个我们刚才提到的绝对有效的解药——提供一点缓解的效用来帮助你。但我有了另一个想法……

安：我喜欢你说的慷慨激昂。我觉得那太棒了。哇！

杰：好的，我有另一个画面。

安：哇，那太棒了，因为那真的是慷慨激昂。你知道，我现在正在用很多慷慨激昂来撕裂自己。我喜欢这点子。

杰：好的，我有另一个想法。或许我们邀请观众们一起来帮一下忙。因为我不但想到慷慨激昂的声音，同时也想到我女儿，想到一首儿歌。它是这样唱的……它必须加上画面（我用手势来帮助唱歌，安用她自己的话跟着我唱；再也不躲藏了）。这首歌是这样唱的：

小兔子噗噗，

跳进了森林里，

用手抓起了田鼠，
从田鼠头上敲下去。
飞来了一个仙女，
仙女说：

“小兔子噗噗，
我不想要看到你，
用手抓起了田鼠，
从田鼠头上敲下去。
这是你的第一个警告。
你可以有三个机会，如果你不遵守的话，
我将把你变成毛球。”

第二天，
小兔子噗噗，
跳进了森林里，
用手抓起了田鼠，
从田鼠头上敲下去。
飞来了一个仙女，
仙女说：

“小兔子噗噗，
我不想要看到你，
用手抓起了田鼠，
从田鼠头上敲下去。”

第三天，同样的事，
小兔子噗噗，
跳进了森林里，
用手抓起了田鼠，
从田鼠头上敲下去。
飞来了一个仙女，
仙女说：

“小兔子噗噗，
我已经给你三次机会：
变——
方向错误（我的姿势是向着地板，然后转变方向把姿势朝向安）。
——变，你变成了毛球。”

这个故事的格言是：“今日是毛兔，明日是毛球（Hare today，goon tomorrow）。”双关语是说：“今日存在，明日消失（Here today，gone tomorrow）。”

我有个想法是，我们可以征召你们，然后你们可以帮助我们（转身对观众说）。你们都学会了这首歌。所以我的想法是，当安开始有那百分之十的撕裂时，偷偷靠近她，当她开始撕裂指甲时，突然之间可以有个幻想声音出现——就好像那个慷慨激昂的声音，或许歌声“小兔子噗噗”会出现。安，你可以转向观众吗？跟我一起转。这些观众就像是一个希腊合唱团会帮助我们。

安：要比慷慨激昂更大声。

杰：这样你才会听到，是吗？

安：是的。

杰：我想要你记住这种感觉，所以当你想啃指甲的时候来临你会想起……

安：希腊合唱团——一个支持团体。

杰：准备好了吗？好的，一，二，三——（我们两人跟着观众一起唱）

小兔子噗噗，
跳进了森林里，
用手抓起了田鼠，
从田鼠头上敲下去。
飞来了一个仙女，
仙女说：

“小兔子噗噗，
我不想要看到你，
用手抓起了田鼠，
从田鼠头上敲下去。”
（观众鼓掌）

我有一群观众，所以我顺势运用了观众。治疗主轴里的“慷慨激昂”及“小兔子噗噗”，用来改变撕裂指甲和焦虑的情绪背景。

安：喔，这真是太好玩了。

杰：对你而言，她就好像是“小兔子噗噗”，是吧？

安：嗯嗯。

杰：所以现在，绝对有效的解药——这个“小兔子噗噗”正在演化成为一个指挥家，并有一个你和我都尚未知晓的功能的时候，我想把这个绝对有效的解药作为一个在演化发展中间的缓解措施。我觉得你需要一次严厉的治疗，因为你有一个严厉且慢性病般的问题，而且是某个你感到很羞愧的问题。我觉得一个严厉的问题需要一种严厉的治疗方法。治疗过程应该像问题一般严厉（这个启发式说法是采用自杰·海利和克罗伊·玛丹的治疗工作）。

我将会给你一次雷厉风行的治疗，同时这次治疗也会给你一些喘息空间。这次治疗跟缩短你的惩罚也息息相关。我觉得你有权利，这或许听起来离经叛道，但我觉得你有权利去撕裂你的指甲。不过这是一个很幼稚的习惯，所以当你撕裂指甲时也应该承担一些惩罚。但我觉得你不应该惩罚自己，所以我会是那个提供惩罚的人。这样可以吗？

现在，在台上为安准备了另一个道具。

安：这听起来很好。

杰：你有权利撕裂自己的指甲。但同时你也要立即付出代价。可以吗？

安：好的。

杰：我觉得应该给你一些喘息空间，因为我不觉得你应该立刻改变。所以给你一些喘息空间。

这句话是另一个道具……

安：我想，来点神奇魔法应该不错。

杰：根据我们刚才所做的这些心灵魔法，我想你应该没问题。但我同时也想要来一点行为上的东西，所以我想给你一些喘息空间。你自己决定，我们有讨价还价的空间。我想说的是，你一个星期可以有三次免费撕裂指甲的机会——这三次是免费的。现在，如果你要跟我讨价还价，我顶多可以给你五次撕裂指甲机会，再多不行了。你可以有三次免费撕裂指甲的机会，然后你将会知道……你想要五次？三次？你觉得你应该有几次免费机会呢？

安：如果我说四次呢？五次太多，三次太少。

杰：（笑了）好的，我是很慷慨的。我就给你四次免费机会。你可以免费撕裂指甲四次。如果你忍不住犯了第五次，你要付出一些代价，而且是要立刻付出代价。

安：不要叫我跑十公里。

杰：不会，我不会叫你跑十公里。比那个更糟，比跑十公里更糟。

安：还有更糟的事？

杰：你到哪里都会带着你的皮包吗？

安：是的。

杰：在你的皮包里，我要你准备三个信封，这些信封必须有邮票，有寄信地址，然后你随时要带着这三个信封在身上。在第一个信封里，你放一美金。这是一个象征性的金额。你理解的，钱不是重点。在第二个信封里，你放五美金。这还是一个象征性金额，钱真的不是重点。在第三个信封里，你放十美金。当你第一次违反规矩时，把第一个信封寄出。当你违反第二次时，寄出第二个信封。当你违反第三次时，寄出第三个信封。所以你真的有权力可以继续撕裂指甲……

安：信封要寄给谁？

杰：（笑了）等一下，别急。你有犯规的机会，但是你每次犯规时都要付出代价。再次强调，这只是一种减缓症状的方法。你最多可以犯规十次，同时你每次都要把信封补满。当你第一次犯规时，要在皮包里补上一个放一美金的信封。当你第二次犯规时，要补上一个放五美金的信封，当你第三次犯规时，要补上一个放十美金的信封，这样懂了吗？所以你皮包里随时都有三个信封。只要一个信封寄出了，你就要补上内含一美金的信封、五美金的信封、十美金的信封，以此类推。

安：我懂了。

杰：……还要贴好邮票，加上地址。只要你一犯规，就要立刻寄出信封，不能有任何延误（这是我最后一个道具了）。

你要立刻付出惩罚的代价。了解吗？现在，关于寄信地址，你可能要做些功课才能找到这个地址。我想你应该有办法很快找到这个地址。准备好了吗？你要不要先深吸一口气？

凝聚戏剧化效果。

安：嗯嗯（在椅子上深吸一口气）。

杰：我要你把收信地址写上美国纳粹组织的地址。

安：你疯了吗？（观众们大笑）

杰：不，不。这是你的惩罚。你有个很严厉的问题，一个严厉的问题需要有个严厉的治疗方法。

安：我没办法这样做。

杰：你当然可以！

安：付钱给美国纳粹组织？你真的疯了！

杰：不，你值得拥有那第五次撕裂。但是如果你撕裂指甲第五次，那就要寄一美金给美国纳粹组织。

安：（微笑，作势想要跟我讨价还价）让我们改一下游戏规则，我自愿跑十公里。

杰：我刚刚说了，你不应该是那个给自己惩罚的人。而我刚才也答应要给你一个绝对有效的解药作为暂时缓解，直到你进化成为"小兔子噗噗"为止。我为什么要这样做呢？因为对于"小兔子噗噗"我有第三个画面。而为什么这个治疗这么适合你呢？通常，我不会把答案说出来，但因为你本身是一个治疗师，同时我们身处于一个教学的环境，我会很清楚地告诉你。我的画面是，她不仅仅是慷慨激昂，不仅仅是"小兔子噗噗"，还是一个纳粹。你头脑里有个小纳粹住在里面。

安：嗯嗯。

杰：所以这样的惩罚是绝对适合你的。如果你要对你头脑里的小纳粹表示敬意，那你每次犯规时就要付钱给美国纳粹组织。

我再次改变了情绪背景。

安：（犹豫地）我不知道为什么要这样做……我不懂……

杰：不会的，你想想。

安：你一语中的，但我搞不清楚那是什么。

杰：这没关系，你可以花点时间慢慢思考。

安：我很确定这有道理，只是我不知道为什么有道理（更有自信地说）。我感觉我头脑里真的住了一个小纳粹，总是不停追赶我，我的人生都在他的掌控之下。你怎么发现这一点的？

杰：你做得很好。你可以如此公开地在艰困的环境里讨论个人隐私中的困难问题，你真的表现得很好。

安：所以为什么我头脑里的纳粹总是想要置我于死地？（眼泪布满眼框，轻声啜泣）

杰：这些眼泪很棒——是一种可以把老旧伤痛彻底洗净的眼泪（在这里，我重新定义她的眼泪，很坚定地继续说）。你了解这是一个暂时的作业。你也了解，一个严厉的问题需要一种严厉的治疗方法。然后也有缓解解药，我相信你会有更多的成长和发展，让你自己进化再进化（小兔子噗噗）。

你知道，剩下的时间不多了，在剩余的短暂时间里，我们做个小催眠来深化今天讨论的所有事情，你觉得可以吗？

安：嗯嗯，我很乐意。

杰：让你自己放松下来。然后或许你可以，安，仅仅是让自己在椅子上放松；你的手很放松地放在两边，你的手肘可以……（我帮安调整到一个比较打开和平衡的姿势）……只是把肩膀上的压力带走。然后你眼睛闭着，你可以在内心里搜寻。然后你可以，安……在内心里搜寻。我希望你能够发现某种特殊的感知，当你可能发现那种特殊的感知。

当你在内心里寻找时……找寻那种特殊的感知，你突然发现它开始进化了。那种特殊的感知可以进化。然后我给你一个困难的任务，但是你做得到的。那种特殊的感知可以进化……从你的脚底，那种特殊的感知可以进化……到你的大腿。然后你可能发现这是一种持续成长的感觉……一种持续成长的感觉，你甚至可能……感觉在你的身体里有种成长的感觉。

然后，安，你可能会发现那种感觉用其他的方式发展，那个特殊的感知。或许你甚至会发现它是一种很强烈的感觉。然后你可能发现这种强烈的感觉现在来到了你的脖子。而当它持续发展，你可以，安，体验到那种逐渐成长的感觉……来到你的头。然后那种持续成长的感觉，安，可以沿着你的手臂向下发展。然后就像你创造出泡泡，你也可以在你的前臂和你的手腕创造出一种强烈感觉。或许那种强烈感觉会有一个节奏，就像你的潜意识、你的内心有一个领导，一个指挥家，如果你愿意，那会帮助你了解那种强烈感觉，用一种舒适方式去体会，用一种便利方式去体会，你可以在你的舌尖有这样的体会（手指指向她，几乎碰到她的手指尖）。

我不知道你的潜意识可以如何进化，安，使那种强烈感觉更棒。但这是我希望你可以好好探索一下的事情，学习到你可以如何进化自己。安，那种强烈的感觉，在此时此刻……在彼时彼刻……一再，一次再一次，同时你发现自己沉浸在那种进化的强烈感觉中，也发现我正在跟你说话，某种临在、愉悦、愉悦的改变正在发生（我刻意口吃，重复说了两遍，用来强调两种可能性皆可发生）。

你呼吸的频率有一个变化。在你的眼皮上有个很棒的振动频率；肌肉频率的改变；肢体动作的改变；或许是一种感觉，你正在移动你最棒的那只脚前进（安移动了她的脚）；或许是一个感觉，你的脚正在远离你的头；或许是一种感觉，你的左边肩膀离你的右边肩膀更远了一些；或许是一种感觉，你的头变大了一点，不是太大（我提到这一点，因为理论上来说，如果长得很高，肩膀宽厚，有一个大头，你通常会比较有自信）。

带着这些，做些调整，让你自己感觉到安最棒的样貌，放松……然后感觉自己在蜕变，那种持续成长的强烈感觉。然后感觉到一个重量……或许你发现你手的重量，你的手臂是这么有趣。带着这些，你学到了如何帮自己享受那个流动……享受那个在内心深处的流动，那些进步的、成长的、强烈的深层流动感觉。

然后我想要你花些时间用自己的方式记住，用你自己的语言，记住那种强烈感觉。安，感受你的蜕变。然后，安，我想要你开始恢复清醒，用一种舒适、自然的方式恢复过来，自由地、全然地恢复清醒。把你自己带回到这里，全然当下，安，全然地做一两次轻松的呼吸。做一次、两次或三次轻松的呼吸，把你自己全然带回到的当下，清醒，安。

安：很好。

杰：愉悦？

安：是的，非常。

杰：工作人员会给你一份备份，如果你想要的话。这是免费赠送，所以你可以复习一下，记得更好。

安：太好了！

杰：然后你的治疗就这样了——三个信封？

安：那真是令人难以置信，直到今日这些纳粹如何继续追逐我。就只是难以置信……但这真的有效。太感谢你了。我可以拥抱你一下把这些纳粹赶走吗？

我和安拥抱。

评论与后续发展

让我们用一个餐厅菜单做比喻，催眠在这个过程中是甜点，不是主菜。催眠的作用是强化治疗的效果。催眠引导基本上是一个解答的隐喻，这会造就内在投射的蜕变。那种“特定”的感觉会蜕变成持续成长的感觉，变成强烈的感觉。尽管我是聚焦在安的病症上，但我们可以预期一个滚雪球效应，她的焦虑会减轻。

这次催眠引导是由一系列的消化吸收和确认步骤构成的乐章。安可以在她自己的感觉里消化吸收所有细节及可能性。更进一步说，我通过描述生理上的改变而“确认”改变正在发生，比如，她呼吸节奏的改变。运用解答隐喻作为一个帮助消化的工具，这是一种进阶催眠引导技巧。传统上，我们把催眠作为一个工具来达到目标。在进阶运用上，催眠可以是提供治疗的一种方法。

六个月后，我收到安寄来的信，她说她在病症和焦虑这两个问题上，感觉越来越能被控制。她在压力大的环境里可以保持冷静，她的家人都为她的正向态度感到惊讶。

几年之后，我在某个专业大会上遇见安。她给我看她的指甲，然后我很温柔地亲吻了她的手指，就好像关爱的父母轻轻亲吻小孩的伤口处，让伤口快快好起来。

在另一次大会上，我再次遇见安，注意到她有再次撕裂指甲的习惯，但随后她跟我说，在我们相遇之后，她立刻改变了这个坏习惯。

临床案例二

2017 年大师督导班

因为马里奥（Mario）的母语不是英文，所以这个案例是通过翻译协助进行的。我在这里提出的这个案例，是作为一个顺势而为原则的教材。在这个案例里共同参与的还有一抽纸盒，马里奥的太太玛丽，她也是大会的学员之一。在这个案例里，我们也看到礼物包装的技巧，像是趣闻轶事的运用。

杰：（微笑）请你说说自己，让我更了解你一些。

马：你想知道什么？

杰：你的兴趣、嗜好。

马：我喜欢看电影，我喜欢文学。

杰：哪一种？

马：好的文学。

杰：好的文学。

马：任何好的文学都好。我喜欢旅行。

杰：太好了。你喜欢看哪种电影？

马：我喜欢看老电影——没有广告植入行销的那种。我偏好经典老片。以前我各种电影都看一些，现在我只看对我学习有帮助的电影。

杰：所以学习对你而言很重要，有深度的，不是肤浅的那种。

马：随着我年纪增长，我喜欢在一个宁静的环境，喝着红酒，有着愉快的交谈，这对我来说越来越重要。我很喜欢这样。

杰：你想要谈话像这样（手指指向下，旋转向下），有深度，有趣的，字字珠玑。

马：可以是这样，但是不管是哪个方向的谈话，只要是相谈甚欢就没问题。

杰：太好了。

（对着上课的学员们说）现在我们暂停一下，帮助你们了解一下。好的，当马里奥的头向右边倾斜，我的头也向右边倾斜，他坐的姿势是打开的，我坐的姿势也是打开的。马里奥的手交叠在一起，我的手也交叠在一起。现在，我并不是刻意要这样做，而是很自然地这样做。我自动地调频到不仅仅是他的身体动作，还包括时间的配合；不仅仅是韵律的协调，还包括意义。所以，同步调频是我们同理心的基础，我们可以增强我们的同步调频，心理学研究上称为社交模仿（social mimicry）。当你在google上搜寻社交模仿，会找到超过五十个文献证实社交模仿的价值和实用性。这些文献是社会心理学家所做的研究，他们对于如何应用在人身上没多大兴趣，更感兴趣的是人类社会如何运作。所以，我们必须找到我们可以运用的部分，但是有研究支持总是件好事。好的，现在我们回到马里奥身上，我可以帮你什么？

马：我想说的是，我内在有个小佛陀，我想要唤醒他。

杰：嗯嗯。

马：因为我内在有一个很强大的塔利班。

杰：很强大的塔利班？

马：是的。

杰：让我厘清你的含义，你所谓的塔利班是恐怖分子？

马：比恐怖分子更严重，我指的是极端激进分子。

杰：嗯嗯。所以一个激进分子想要改变一个社会系统？

马：是的。

杰：所以关于佛教徒，我的理解是接纳（双手伸出掌心向上，像禅一样打开姿势）。激进分子（双手用力地向前推）——指的是改变。

马：是的。我心胸很狭窄，我无法忍气吞声。我对很多事情很不耐烦，我很没有耐心。

杰：你这么说我很惊讶，因为你的身体姿势看起来很像佛教徒。

马：或许是因为现在在这里的关系。

杰：嗯嗯。好的。那教我一下怎样变成没耐心的人。如果我们要去找我的教授，解释没耐心这个技巧及如何享受没耐心这件事给教授听，你教导我一下该怎样做比较好。

马：我想重点不是聚焦在人们所犯的大错（我戏剧化地手指着地板），而是聚焦在人们的小瑕疵。

杰：好的。所以，等我一下，我知道了。好的。我是一个艺术评论家——喔，这是糟糕的艺术（戏剧化地手指着地板）——喔，太糟糕，糟糕透顶的艺术了（再次戏剧化地手指着地板）。

马：（笑了）……

杰：好的，我可以做到。你表情很明显，你告诉他们，你让他们知道（戏剧化地手指着地板）。这个艺术品实在惨不忍睹。好的，我是一个评论家，我看到一种糟糕的艺术，然后我直接讲出来，但我不会叫这个是没耐心。

马：没错，因为你少了一个部分叫作生气。

杰：好的，那我要怎么做？

马：你做个生气的脸。

杰：好的（做个生气的脸，同时手指戏剧化地指向地板）。这件作品这么令人作呕（做个恶心表情，继续用力指向地板），你必须……

马：（笑了）然后你还要提高音量。

杰：好的，你现在很享受这个过程。我不知道你如何享受这个过程，教我一下如何享受在其中。你了解的，当你一开始解释给我听的时候，这里头没有艺术。这实在太容易了，就好像是渔网捕鱼一样简单，我总是可以找到一种丑的艺术。我总是可以针对它，总是可以找到一个生气的理由，这太简单了。这里头没有任何艺术。这就好像是一个反射动作（我跷腿，用手敲膝盖，膝盖反射向上弹）。

马：一个制约反射动作。

杰：是的。当你观看一座花园时，你有两个选择——你可以看这些花，或是看这些杂草。我想一个佛教徒应该会看花。

马：佛教徒看事物，是看见事物原本的样貌，而不是他们想要的样貌。

杰：无分别心。所以，没有批判，只是明心见性。我不知道。这样会好玩吗？你在人生这个阶段有什么执迷不悟需要改变的吗？（头转向马里奥的太太玛丽，跟她说话）就算你老公是个爱批评的人，你还是爱他吗？你也爱他喜欢批评这一点吗？

玛丽：是的。

杰：是的？你有试图改变他吗？

玛丽：我试过一次。

杰：有用吗？

玛丽：没用。

杰：没用？所以，我可能也无法改变他。但你听起来是个佛教徒，因为这是马里奥。是吗？所以，关于马里奥刚刚所讲的这些事，你觉得怎样？

玛丽：关于他总是没耐心这件事？

杰：是的。你会这样说吗？当然，我们知道他不会对你没耐心。所以，如果有一天他对你没耐心，你会怎样做？

玛丽：我了解这是他的问题，不是我的问题。我以为我必须修正一些东西，但我了解我不需要。

杰：好的，所以当他对你没耐心时，你允许这个批评的风就只是凉风徐徐吹过，然后它不会影响你的状态。

玛丽：我现在就在那个状态里。

杰：很好。所以这就只是一个（很快速地在空中握拳两次）神经刺激释放？这就只是马里奥的制约反射动作（双腿交叠，敲膝盖；膝盖反射，小腿上扬）。所以，马里奥你是为了玛丽而想要改变这个问题，是吗？因为你这么爱她，你想要为她改变？你知道的，一个男人所能够为自己心爱的女人做的最伟大的事，就是允许他老婆改变他。

马：这是其中一个原因。

杰：好的。那如果你对你女儿感到没耐心，你不会失控（一只手旋转向上动）——这是另一个理由。

马：我对我女儿还蛮有耐心的，我对其他人比较没耐心——并不是说我就对她完全有耐心，只是相较之下……

杰：是的，你确定？

玛丽：他对女儿确实比较有耐心。

杰：嗯嗯。你女儿做了什么，让她这么特别？你女儿做了什么，使她这么特别？

玛丽：她是他女儿，个性跟他很像，然后他细心照顾她。

杰：很好，现在我可以请你对我展现你的没耐心吗？我想要感觉一下处在天平的这一端是什么感觉。真的对我没耐心。好的，等我一下（把脚卷曲到椅子上，抱膝，头低下缩成一团）。

马：不，这么做无效。我无法对你没耐心。

杰：嗯嗯。你无法做，对吗？所以你现在是对自己没耐心吗？我有个点子。让我们有个象征性的，马里奥，可以吗？（我拿了一个抽纸盒，放在桌子上）现在，请你对自己没有耐心。

马：……（伸手拿过抽纸盒；用力把抽纸盒摔在地上数次，再把抽纸盒拿起）

杰：你感觉到什么？

马：这很丑。这真的很丑。这完全不必要。

杰：好的，这看起来很聪明，我们可以……这最好是从你自身作为一个佛教徒开始，而不是对这个世界做一个佛教徒，或是对你家人做一个佛教徒，因为我会假设，人们通常会对待别人就像他们对待自己一样。所以，如果你看到自己是丑陋的，也会看到别人是丑陋的。你可以进到黑洞，然后刻意练习对自己没耐心吗？

马：我没有听清楚。我不懂你的意思。

杰：好的，你在早上起床刷牙之后，可以花十五分钟的时间对自己没耐心；做一个自我批评者。很丑的艺术！（戏剧化地指着对面，做一个厌恶的脸）

马：好的。

杰：刷牙之后，你可以在浴室里这样做，因为你如果觉得这一切都是屎，那还不如就直接在浴室里做吧（马里奥的笑声）。你的笑声很爽朗。然后你把这个从系统里剔除。所以你花十五分钟的时间，极尽所能地把批评者演出来，现在你已经给那个部分很多的满足；你可以把它从你的系统里剔除，然后开始一天的生活。所以，帮助我了解一下，如果你是一个佛教徒，你参与在感知里面，但你不参与在批评里，这看起来像是一个成熟的状态，是吗？你现在几岁？

马：五十二岁。

杰：好的。我今年七十岁了，没错，突然之间我进入一个很慷慨的状态，把东西分送给别人——很单纯地赠予别人东西。我在20世纪的后半期及21世纪的前半期，有个很棒的心理治疗历史发展成就，我将把这个成就赠予别人。我现在在做一个计划，五分钟心理治疗小秘诀，这是给治疗师看的，你进到Youtube会找到这个，这也是我给出去的东西。然后我想：虽然我没有研究艾瑞克·艾瑞克森（Erik

Erikson）的生涯发展，但他研究的人生发展阶段里有个阶段是成为慷慨的人，所以我现在这样做。我不知道在五十岁时是怎样的阶段发展。我不记得了。但是作为一个佛教徒，更多感知（双手打开的姿势），而不是批判（手指很用力地指着地板），感觉你现在在一个对的时机、对的地方、对的发展阶段。所以如果你现在是佛教徒，帮助我了解一下那是什么感觉。但在开始之前，我问一下，我现在对你而言看起来像是佛教徒吗？

马：我觉得是。

杰：因为我没有批判你，也没有戏耍你或是嘲笑你。所以就是这个模式。当我是佛教徒的时候，你感觉如何？

马：感觉很好。这个感觉真的——让我感到羞愧。我感到无地自容。

杰：你对自己很诚实，我了解羞愧的感受，但你不想无意识地继续这样（跷腿，敲膝盖，小腿反射）。这不是一部好电影，这也不是一本好小说。这个没有深度。羞愧可以是一件好事，焦虑、羞愧、罪恶感是驱动人们奋发向上的动力之母。当人们没有焦虑时，他们不会改变。成瘾的人、自恋的人，他们不会改变，因为他们没有焦虑，不感觉羞愧。所以他们不会改变。焦虑是使改变成为可能的动力源头，只要你没有困在其中就好。我很高兴你体验到这一点。

现在我们谈到你要成为你想做的人，然后现在是命运存亡绝续的时刻。博尔赫斯（Borges，阿根廷诗人，西班牙语文学大师，所以我用西班牙语说）说："当一个人决定担负起自己一辈子的责任时，那就是决定命运的一刻。"

好的，现在我站起来了（站起），我是蜕变后的马里奥，佛教徒。帮助我去感觉一下这个蜕变的马里奥该有什么姿势。你坐着没关系，不需要做任何事，只要告诉我，我该怎么呈现。我想要创造一个雕塑——你自己可以看见你这一辈子心中的理想样貌。所以，是这样站？还是那样站？

马：不。

杰：不？所以是像这样吗？告诉我，我该怎么做？可能是像这样……像那样，或是这样。你告诉我怎样站——怎样演出你自己。

马：你现在的姿势刚刚好。

杰：我现在的姿势就行？嗯嗯，很好。好的，就只是我当下的姿势就行。我感觉很放松，有灵活弹性，很踏实地站着，我看见事物，我很轻松地呼吸，我觉察，我感受，然后这就是我。

马：大概就是这样。

杰：好的，那我们再多做一些？你想要过来这里像我一样站着吗？

马：我感觉这更多是内在态度。

杰：所以我需要你的帮忙，因为艺术家会把内在态度用艺术的方式惟妙惟肖表达出来。贝多芬会用交响乐演奏出漫步乡间小路的氛围。所以，我想要创造一个艺术画面，可以呈现你的内在态度。

马：一个慈悲的凝视。

杰：慈悲的凝视？好的。一个充满慈悲的眼神。我可以感受到这个。我家里有个弥勒佛的雕像。你知道弥勒佛吗？

马：不知道。

杰：就像这样（侧身，头低下，用手托腮，做弥勒佛样）。这个叫作慈悲佛陀，你在亚洲可以找到这个佛的雕像。

马：或许某个我想要呈现的东西就好像圣方济各（方济各会和方济女修会的创始人）的祈祷文。

杰：告诉我那个祈祷文。这是一个催眠引导。请你用西班牙语告诉我。

马：我不记得怎么说了。

杰：《使我做你和平之子》那个，是吗？

马：是的。

玛丽：主啊，使我做你和平之子。在憎恨之处播下你的爱。少求被了解，但求了解人，少求爱，但求全心付出爱，因为在舍去时，我们便有所得，在失去时，我们便找到，在赦免时，我们便得赦免，在迎接死亡时，我们便进入永生。

杰：是的，我可以感觉到这个（将双手交叉在胸前）。太棒了。所以，这可以是你命运之旅的方向：慈悲、付出和永生。然后当你有真知灼见，就创造了深度。一个画家有画作，我们无法窥见他别具巧思的观点——这就创造了深度。

马：我想要加一件事。我不想放纵自己呈现一张愤世嫉俗的脸，我也不想针对任何人。

杰：好的，你不想当唐·吉诃德（Don Quixote，中世纪西班牙愤世嫉俗的假想英雄），但是你想要挑战社会的不公不义。

马：是的，但是我也不想因此创造更多的不公不义。

杰：是的。用一种非暴力的方式。也就是甘地（Gandhi）所呈现的样貌，印度圣雄甘地，非暴力不合作主义（Satyagraha）。Satragraha意思是真实力量，对权威说真相，对不公不义说真相。如何做到这一点是一种艺术，它不需要用饶舌的音乐来达成。所以，很棒。所以你的榜样是谁……除了甘地之外？

马：南非前总统曼德拉（Mandela）。

杰：有个关于曼德拉的美好故事。曼德拉在监狱里时，其他囚犯都讨厌他，因为他在学习南非语（Afrikaans）——他们敌人的语言——他们受不了曼德拉这样做。但是曼德拉的观点是，当他出狱时，如果要解决社会的不公不义，他必须说南非语。他高瞻远瞩的看法是，如果你用一种对方听得懂的话语沟通，他会记在脑子里；如果你用对方的母语与之沟通，他会记在心里。好的，这是一个很棒的榜样。

是的，很好，现在你的观点很清楚。所以如果把曼德拉和圣方济各编织在一起，你会有个清晰的图像。现在你的任务（走到房间的另一头，弯身屈膝）是创造你为自己设计的艺术，可以代表你活到五十岁的样貌，一种循规蹈矩的感觉。我不觉得你会缺少资源。我的感觉是当你下定决心要做一件事时，就会完成它。当然我也希望这是一个好玩的过程，但我应该会这样做（用手做一步一步踏实的动作样子），而不是试着纵身一跃（打开手，甩手出去）。如果你给自己上石膏（摆出手臂僵硬的姿势）很长一段时间，可以想象手臂有个自由活动空间（我说“活动空间 motions”音似“情绪 emotions”，释放僵硬的手臂姿势，手臂画大圆圈），但你真的需要花点时间慢慢适应，直到你可以自由转动。你觉得你可以跟玛丽玩个游戏吗？当你快要失控时，可以呈现曼德拉和圣方济各的样貌，如果她发现了你的转变，你就亲吻她一下。

马：好的，这听起来很好玩。

杰：但是你要尽量使那个呈现隐而未见，我们来看看玛丽是否能发现。然后，如果你想要的话，我们可以邀请你女儿加入，重新塑造马里奥，来玩马里奥重生的游戏。我想我们可以给没耐心一些空间，给没耐心一些艺术呈现的方法。

马：艺术般的没耐心。

杰：没错。有一种很成熟又复杂的方式可以呈现没耐心。在我的生命里，有些人会用一种优雅的方式说实话，他们会说出你感到羞愧而不敢讲的话，但是他们不怕。卡尔·惠特克就是其中一人，他是我的家庭治疗督导，他会说实话。然后这变成一种优雅的没耐心，因为那个美感是在于他带着一种全然关爱的态度说出实话，所以他会说实话，但是带着一种美感，这一点我对他是非常崇敬的。也就是那个美感，才能让“手术”顺利完成。所以当你提到艺术般的没耐心，我第一个想到他。

好的，我喜欢你所做的事，我想这是你能力可及的范围，也是你会感到很骄傲的一件事，因为你会持续做一个你理想中五十岁男人该有的样貌。在完形治疗学派里有个说法，要死去，再重生是一件不容易的事。你知道这个。所以我希望我们的对话给你一个清楚的画面。我觉得你现有的资源已经足够你使用，你不需要额外的工具了。就像飞蛾一样，一旦飞蛾看到光，就会朝光飞去。现在我想这已经是绰有余裕了。你还有其他请求或是问题吗?

马：当我们开始时，我很紧张。

杰：我不知道你当时很紧张。

马：因为我觉得这个主题给人印象很差，至少不是好印象。我从没想过我可以笑看自己。

杰：要有好印象，重点在真实。真实呈现，这就是一个好印象。不真诚就会产生坏印象。我感觉你真诚面对自己，你说出你人生发展里很重要的一部分，我希望我只是加了一点催化剂，让改变更快速发生。谁知道呢？或许圣方济各和曼德拉也有笑看自己的那部分。当你把握机会成为真实的你的时候，我感觉跟你更亲近一些。

马：我要讲的话可能有点奇怪，不合理，但是我很高兴我们可以谈论狗屎而不用去闻狗屎。我真的很感谢你。

杰：我也是这样想的。

马：你让这一切变得简单。

杰：好的，我很喜欢这种感觉，所以（同学们），让我们下课休息一下。

跋

卡尔·惠特克曾说——心理治疗是一段荒诞不经的人生魔幻旅程。我持续享受如此妙不可言的旅程，因为心理治疗教会我许多人生奥秘。我衷心希望书中的概念和原则替你的魔幻旅程增添色彩。

参考文献

Bandler, R., Grinder, J., & Andreas, S. (1979) .*Frogs into princes: Neuro-linguistic programming*. Moab, UT: Real People Press.

Bandler, R., Grinder, J., & Andreas, S. (1982) . *Reframing: neuro-linguistic programming and the transformation of meaning*. Moab, UT: Real People Press.

Bateson, G., & Ruesch, J. (1951) . *Communication: The social matrix of psychiatry*. New York, NY: Norton.

Berne, E. (1964) . *Games people play*. New York, NY: Grove Press.

Combs, G., & Freedman, J. (1990) . *Symbol, story, and ceremony: Using metaphor in individual and family therapy*. New York, NY: W.W. Norton.

Erickson, M. H. (1954) . *Pseudo-orientation in time as an hypnotherapeutic procedure*. Journal of Clinical and Experimental Hypnosis, 261-283.

Erickson, M. H. (1958) . *Naturalistic Techniques of Hypnosis*. American Journal of Clinical Hypnosis, 3-8.

Erickson, M. H. (1964) . *The Confusion Technique in Hypnosis*. American Journal of Clinical Hypnosis, 183-207.

Erickson, M. H. (1966) . *The interspersal hypnotic technique for symptom correction and pain control*. The American journal of clinical hypnosis, 198-209.

Erickson, M. H. (1980) . *Hypnotic alteration of sensory, perceptual and psychophysiological processes. In E. Rossi (Ed.), The collected papers of Milton H. Erickson on hypnosis (Vol. 2)* . New York, NY: Irvington Publishers.

Erickson, M. H., & Rosen, S. (1982) . *My voice will go with you: the teaching tales of Milton H. Erickson, M.D.* New York, NY: W.W. Norton.

Erickson, M. H., & Rossi, E. L. (1979) . *Hypnotherapy: An exploratory casebook.* New York, NY: Irvington Publishers.

Erickson, M. H., & Rossi, E. L. (1981) . *Experiencing hypnosis: Therapeutic approaches to altered states.* New York, NY: Irvington Publishers.

Erickson, M. H., & Rossi, E. L. (1989) . *The February man: evolving consciousness and identity in hypnotherapy.* New York, NY: Bunner/Mazel Publishers.

Erickson, M. H., Rossi, E. L., & Rossi, S. I. (1976) . *Hypnotic realities: The induction of clinical hypnosis and forms of indirect suggestion.* New York, NY: Irvington Publishers.

Erickson, M. H., & Zeig, J. K. (Ed.) (1980) . *A teaching seminar with Milton H. Erickson.* New York, NY: Brunner/Mazel.

Fisch, R., Weakland, H. J., & Segal, L. (1983) . *The tactics of change: Doing therapy briefly.* San Francisco, CA: Jossey-Bass.

Frankl, V. E. (1946) . *Man's search for meaning: An introduction to logotherapy.* London: Hodder & Stoughton.

Fogarty, T.F. *The Distancer and the Pursuer. J.L. Framo. Ed. The Family: Compendium II. The Best of the Family 1978-1983.* Rye Brook, NY: The Center for Family Learning.

Gilligan, S. G. (1987) . *Therapeutic trances: The cooperation principle in Ericksonian hypnotherapy.* New York, NY: Brunner/Mazel.

Gordon, D. (1978) . *Therapeutic metaphors: Helping others through the looking glass*. Cupertino, CA: Meta Publications.

Gordon, D. C., & Meyers-Anderson, M. (1981) . *Phoenix: therapeutic patterns of Milton H. Erickson*. Cupertino, CA: Meta Publications.

Haley, J. (1963) . *Strategies of psychotherapy*. New York, NY: Grune and Stratton.

Haley, J. (1973) . *Uncommon therapy: The psychiatric techniques of Milton H. Erickson, M.D.* New York, NY: Norton.

Haley, J. (1984) . *Ordeal therapy: Unusual ways to change behavior*. San Francisco, CA: Jossey-Bass.

Hart, O. V. (1983) . *Rituals in psychotherapy: Transition and continuity*. New York, NY: Irvington Publishers.

Kroger, W. J. (1977) . *Clinical and Experimental Hypnosis in Medicine, Dentistry, and Psychology*. New York, NY: J.B. Lippincott.

Lankton, S. R., & Lankton, C. H. (1983) . *The answer within: A clinical framework of Ericksonian hypnotherapy*. New York, NY: Brunner/Mazel.

Madanes, C. (1981) . *Strategic Family Therapy*. San Francisco, CA: Jossey-Bass.

Madanes, C. (1984) . *Behind the one-way mirror : Advances in the practice of strategic therapy*. San Francisco, CA: Jossey-Bass.

Mead, M. (1977) . *The originality of Milton Erickson*. The American Journal of Clinical Hypnosis, 20, 4-5.

Palazzoli, M. S., Boscolo, S., Cecchin, G., & Prata, G. (1978) . *Paradox and counterparadox: A new model in the therapy of the family in schizophrenic transaction*. New York, NY: Jason Aronson.

Rohrbaugh, M., Tennen, H., Press, S., & White, L. (1981) . *Compliance, defiance, and therapeutic paradox: Guidelines for strategic use of paradoxical interventions*. American Journal of Orthopsychiatry, 51 (3), 454-467.

Sulloway, F. J. (1997) . *Born to rebel: Birth order, family dynamics, and creative lives*. New York, NY: Vintage Books.

Szasz, T. (1961) . *The myth of mental illness*. New York, NY: Harper & Row.

Watzlawick, P., Bavelas, J. B., & Jackson, D. D. (1967) . *Pragmatics of human communication*. New York, NY: Norton.

Watzlawick, P., Weakland, J. H., & Fisch, R. (1974) . *Change: Principles of problem formulation and problem resolution*. New York; London: W.W. Norton.

Weeks, G. R., & L'Abate, L. (1982) . *Paradoxical psychotherapy: Theory and practice with individuals, couples, and families*. New York, NY: Brunner/Mazel.

Zeig, J. K. (1974) . *Hypnotherapy Techniques with Psychotic In-Patients*. American Journal of Clinical Hypnosis, 17, 56-59.

Zeig, J. K. (1980a) . *Symptom Prescription and Ericksonian Principles of Hypnosis and Psychotherapy*. American Journal of Clinical Hypnosis, 23, 16-22.

Zeig, J. K. (1980b) . *Symptom Prescription Techniques: Clinical Applications Using Elements of Communication*. American Journal of Clinical Hypnosis, 23, 22-33.

Zeig, J. K. (Ed.) (1982) . *Ericksonian approaches to hypnosis and psychotherapy*. New York, NY: Brunner/Mazel.

Zeig, J. K. (1985) . *Therapeutic patterns of Ericksonian influence communication. In J. K. Zeig (Ed.), The evolution of psycho- therapy: The second conference (pp. 392-405)* . New York, NY: Brunzer/Mazel.

Zeig, J. K. (1992) . *The virtues of our faults: A key concept of Ericksonian therapy. In J. K. Zeig (Ed.) The evolution of psycho- therapy: The second conference (pp. 252-266)* . New York, NY: Brunzer/Mazel.

Zeig, J. K. (2002) . *Clinical heuristics. In J. K. Zeig (Ed.), Brief therapy: Lasting impressions (pp. 41-62)* .Phoenix, AZ: The Milton H. Erickson Foundation Press.

Zeig, J. K. (2014) . *The induction of hypnosis: An Ericksonian elicitation approach*. Phoenix, AZ: The Milton H. Erickson Foundation Press.

Zeig, J. K. (2015) . *Psychoaerobics: An experiential method to empower therapist excellence*. Phoenix, AZ: Milton H. Erickson Press.

Zeig, J. K., et al. (2017) . *Ericksonian therapy now: The master class with Jeffrey K. Zeig*. Phoenix, AZ: Zeig, Tucker & Theien, Inc.

Zeig, J. K., & Erickson, M. H. (1980) . *Teaching seminar with Milton H. Erickson*, M.D. New York, NY: Brunner, Mazel.

Zeig, J. K., & Erickson, M. H. (1985) . *Experiencing Erickson: An introduction to the man and his work*. New York, NY: Brunner/Mazel.

Zeig, J. K., & Munion, M. W. (1990) . *What is psychotherapy?: Contemporary perspectives*. San Fancisco, CA: Jossey-Bass Publishers.

Zimbardo, P. G., & Boyd, J. (2009) . *The time paradox: The new psychology of time that will change your life*. New York, NY (Original work published in 2008): Free Press.

艾瑞克森基金会的相关信息

The Milton Erickson Foundation
2632 East Thomas Road
Suite 200
Phoenix Arizona 85016
www.erickson-foundation.org
Tele：602-956-6196

Jeffrey K. Zeig, Ph.D., Founder and Director

治疗视频

Five Minute Tips for Therapists（萨德博士 5 分钟治疗秘笈）
https://v.qq.com/x/page/j0543hz7qer.html